武汉大学经济发展研究中心学术丛书

迈向农业现代化的 中国土地制度改革研究

钟水映　李春香　李强谊/著

教育部人文社会科学重点研究基地重大项目
"中国土地制度改革与农业现代化道路研究"的
研究成果（编号：12JJD790046）

科　学　出　版　社

北　京

内 容 简 介

　　本书从经济发展和结构演进的角度,对农业现代化这一核心概念的内涵进行了反思和再定义。在此基础上,将中国农业现代化和农地制度的进一步改革建立起关联,认为建立有利于农村人口从农村退出的土地制度,是中国实现农业现代化的核心课题之一。作者梳理了近 40 年农地制度改革和发展的两条线索,分析了现行农地制度下农村人口不愿、不能从农村退出的原因,对农地制度改革实践中有代表性的探索模式进行了比较分析,勾勒出中国农村土地制度进一步演进的方向,提出进一步改革和完善农地制度的原则、方向、具体措施和配套政策。

　　本书适合的阅读和参考对象是从事经济学、管理学、社会学,尤其是农业经济、土地管理等领域的理论研究和社会实践人士。

图书在版编目(CIP)数据

迈向农业现代化的中国土地制度改革研究/钟水映,李春香,李强谊著.
—北京:科学出版社,2017.6
　(武汉大学经济发展研究中心学术丛书)
　ISBN 978-7-03-053642-6

　Ⅰ. ①迈⋯　Ⅱ. ①钟⋯ ②李⋯ ③李⋯　Ⅲ. ①土地制度–土地改革–研究–中国　Ⅳ. ①F321.1

　中国版本图书馆 CIP 数据核字(2017)第 137730 号

责任编辑:徐　倩 / 责任校对:彭珍珍
责任印制:吴兆东 / 封面设计:无极书装

斜 学 出 版 社 出版
北京东黄城根北街 16 号
邮政编码:100717
http://www.sciencep.com

北京京华虎彩印刷有限公司 印刷
科学出版社发行　各地新华书店经销
*

2017 年 6 月第 一 版　开本:720×1000 1/16
2017 年 6 月第一次印刷　印张:15 3/4
字数:308 000

定价:98.00 元
(如有印装质量问题,我社负责调换)

总　序

经过改革开放后的经济高速增长，中国由一个农业国初步转变为工业国，进入中等收入国家的行列。这是中国经济发展进程中重要的里程碑。在新的发展阶段，发展环境、发展要素、发展问题都发生了显著的变化，我们面临新的挑战、新的发展目标和发展任务，需要新的发展动力。

新的实践呼唤新的发展理论。在现代经济学体系中，发展经济学是唯一专注于发展中国家经济增长与发展问题的分支学科。长期以来，武汉大学一直是中国发展经济学的研究重镇。改革开放之初，著名经济学家武汉大学教授谭崇台最早把发展经济学引入中国。1990年，谭崇台先生发起并创建了武汉大学经济发展研究中心。2000年，武汉大学经济发展研究中心被教育部确定为人文社会科学重点研究基地。

作为教育部人文社会科学重点研究基地中唯一以发展经济学理论与经济发展研究为己任的研究机构，武汉大学经济发展研究中心肩负着该领域的学术研究、学术交流、人才培养、咨询服务、思想传播等使命。我们计划从2017年开始陆续推出五个系列学术产品："武汉大学经济发展研究中心学术丛书"、《发展经济学研究》、《珞珈智库·经济观察》、《珞珈经济年度论坛》和《中国发展经济学年度发展报告》，并统一标识、统一装帧设计。

以发展经济学理论和方法研究中国经济实践，以中国经济发展的经验事实推动发展经济学的理论创新，是武汉大学经济发展研究中心的学术追求。策划出版"武汉大学经济发展研究中心学术丛书"，其目的不仅仅是多角度、多方位地展示和检阅本中心学者研究中国经济发展问题的学术成果，更重要的是，激励学者在全球经济的视野中把握中国经济，从中国经济增长与结构变迁的经验事实中探寻发展的逻辑，从中国发展故事中凝练具有普遍意义的发展经验与理论，在现代经济学的理论创新中注入中国元素，为开创发展经济学研究的中国时代，贡献我们的力量。

　　这是中国经济"摸着石头过河"之后千帆竞发的航海时代，这是中国经济学界贡献创新的黄金时期。前行中的每一片迷雾，每一座冰山，每一阵风暴，都考验中国人的勇气和智慧；航路上的每一次挫折，每一场惊险，每一个欢笑，也都是经济学研究难得的经验素材。生活在深刻变革的时代，研究中国经济增长与结构变迁，我们躬逢其时；与伟大的实践同行，推进经济学理论创新，我们责无旁贷！

武汉大学经济发展研究中心

2017 年 6 月 26 日

目　　录

第1章　农业现代化的再认识与再思考

1.1　农业现代化含义的再认识

什么是农业现代化？国门开放之初，韩丁农场作为农业现代化样板被介绍给国人，给致力于实现"四个现代化"但又对其内涵还不甚了解的人们打开了眼界，并且产生了极大的刺激和震撼。韩丁农场给国人带来的认识就是：农业现代化是大规模生产、高强度投入、全方位社会服务。自此30余年，随着理论和实践的探索不断深入，人们对农业现代化的理解也日渐深入和具体。《中国现代化报告2012——农业现代化研究》曾经系统梳理了国内学者对农业现代化的理解，从中我们不难看出，基本上，多数学者是从生产装备、生产技术、生产效率、社会化服务等角度进行理解和发挥（何传启，2012）。时至今日，中国社会对农业现代化的主流认识仍然是"用现代工业经营管理理念谋划农业，用现代物质条件装备农业，用现代科学技术改造农业，用现代产业体系提升农业，推进传统农业向现代农业转变"。通俗的说法即是农业现代化是"土地大集中、资本大投入、装备高科技、基础设施完善、公共服务齐全"（宋亚平，2012）。应该说，这种对农业现代化的理解，确实抓住了其基本实质的某些重要特征。但这种对农业现代化的"高、大、全"模式的认识也存在偏颇之处，它以某种农业发展方式替代了多元的农业现代化实现方式，并且容易误导人们忽视农业现代化实现过程中的路径选择。作者在这里抛开农业生产和发展方式的传统视角，转而从整个国家和社会经济结构向现代化演进的动态过程来认识农业现代化。

从经济学角度看，一国的农业现代化是在既定的农业生产自然环境、社会需求和资源禀赋等条件下，由于工业化和城镇化产生的非农部门的拉动，农业生产者追逐不断上涨的社会平均收入水平，农业生产领域中的土地、劳力、资本、技术等生产要素在新的经济结构、新的技术条件、新的制度环境下不断重新组合，实现更高效率生产的动态过程。这一过程的核心目标是不断增加农业劳动者收入，以期达到与非农劳动者收入的相对平衡，过程实现的手段是涉农生产要素按照市场原则的重新组合，过程的客观结果表现为农业生产的组织和效率得到改善，农业部门劳动者创造的增加值与其他部门大致相当。对农业现代化内涵的这一理解有如下几个突出的含义。

第一，农业现代化在社会需求环境方面受制于农业在国家经济发展和社会稳定中的所承担的角色及任务。按照传统的说法，农业是国民经济的基础产业。这个论点曾经遭到一些人的质疑，认为在农业生产高度发达的经济体系中的重要性已经变得无关紧要，至少是相对次要。持此论者还举出日本、韩国、新加坡、中国香港、中国台湾等国家和地区的例子证明，只要经济高度发达，在国际经济竞争体系中就可以占据产业价值链高端地位，农业发展对一国经济而言，实在无足轻重。按照比较优势原则借助于国际市场上解决农产品的需求问题，是一个有效率的最优选择（徐滇庆，2012）。不得不承认，这种观点有其理论逻辑依据和现实案例支撑。但如果把这种主张毫无例外地应用到规模大小不一、农业生产禀赋差异悬殊的一切国家，则有可能产生讨论人口问题时类似"荷兰谬论"的错误。对于像新加坡和中国香港这样的人口规模极小的国家和地区，特殊的地理条件和经济结构使得它们有理由基本放弃农业。对于日本、韩国、中国台湾等国家和地区，有一定人口规模、农业生产资源禀赋也不优越，在经济发展到一定程度时，较高程度依靠国际市场解决农产品需求，并且凭借发达的非农经济反哺农业，使之达到相当的现代化程度，既是一种基于市场比较利益主动的选择，其实也含有无可奈何的被动成分，日本、韩国、中国台湾经常为农牧产品的开放与否与其经济倚重的美国产生矛盾与摩擦。像中国、印度这样的人口大国、农业大国，较高程度地依赖国际市场解决农产品需求，其可能面临的经济、社会乃至政治风险也是任何治国理政的政治家不敢妄下决断的。这些国家的农业现代化，必须建立在农产品基本自给（至少是较高程度自给）的基础之上。这是这些国家农业现代化的社会需求环境，是这些国家农业现代化不能超越和脱离的一个基本维度。

第二，农业现代化在客观基础方面受制于一国和地区的农业生产资源禀赋，换言之，就是人地关系和农业生产条件在很大程度上影响了农业现代化的发展模式选择。放眼世界各国发展现代农业，大致存在三种基本模式，一是以劳动替代的机械技术为主要特色的大规模生产模式，二是以土地替代的生物技术为主要特征的较小规模生产模式，三是介于前二者之间的生物技术和机械技术兼顾型中等规模生产模式。从农业生产资源禀赋角度来看，劳均农地资源超过 $30hm^2$ 的，会选择第一种模式。地广人稀的农地资源和连片易于耕作的生产条件适合于机械化大生产。这种农业生产模式以美国为代表，类似的国家还有加拿大、澳大利亚以及南美洲的巴西和阿根廷等；劳均农地资源不足 $3hm^2$ 的，会选择第二种模式，典型的国家是日本，人多地少而且地形多样复杂，只能进行小规模的精耕细作；劳均农地资源在 $3\sim30hm^2$ 的，会选择第三种模式，以法国为代表。这种格局的形成，正如林毅夫所揭示的那样，是因为一个经济体中要素禀赋的相对丰度不同，会导致技术变迁的有效路径产生差异（林毅夫，1994）。在惊叹和艳羡于典型发达国家现代农业大农场生产模式的时候，我们认识中国农业现代化不能回避这样的一个维度：我们的人地关系和耕作条件适合什么样的农业现代化模式？

第三，农业现代化是一个动态过程，各国的农业现代化水平、模式、路径选择均可能有自己的特色。农业现代化由一国的工业化和城镇化的发展而带动，是一个在新的经济结构、新的技术水平和新的制度环境下农业生产者为提高自己收入而进行的生产要素组合的动态过程。农业现代化在发展水平上受制于一国经济、技术和社会环境，一国用来装备农业现代化的物质条件和水平、用来改造农业的现代科学技术、用来服务农业的现代产业体系和社会生产组织均取决于该国的工业化和城镇化发展的水平。换言之，从产业发展的历史和逻辑上看，现代农业发展要靠非农产业发展的引领和支撑，农业现代化发展水平如何，要看工业化和城镇化发展程度，一国的工业化和城镇化发展的模式与水平决定了农业现代化发展的水平、过程以及可能达到的上限。20 世纪 80 年代，中国黑龙江友谊农场试图按照美国农业现代化的生产模式打造中国的农业现代化样板，引进了美国韩丁农场的模式，结果因为缺乏这一模式所必需的社会经济环境支撑，无疾而终，即是最好的例证（商伯成，1995）。

第四，农业现代化的核心也是最为直接的动力，就是在工业化和城镇化发展所形成的新的经济结构和技术条件下，不断提高农业劳动者收入水平，与非农业劳动者之间达成动态的相对平衡。这里所谓动态的相对平衡，并非从收入指标上讲，农业劳动者的收入与非农领域劳动者收入绝对持平，而是意味着在非农领域劳动力吸纳能力不断扩张、劳动者工资水平不断上涨的条件下，农业生产要素重新组合后，农业劳动者收入与之保持一个相对稳定的对应关系。按照速水佑次郎（速水佑次郎和拉坦，2000）对日本农业发展的经验总结，随着工业化和城镇化的发展，农业的发展先后经历三个阶段：追求农产品产量和食品供给的阶段、解决农村贫困的阶段、调整和优化结构的阶段。这其实反映了农业生产在不同的社会经济发展背景下不同的发展目标的选择和转换：早期的农业生产是以土地生产率为主要衡量指标的发展阶段，目标是满足基本食品需求，继之则是以劳动生产率为主要衡量指标的发展阶段，目标是提高农业生产者收入。实现这一转变，要通过土地、劳动力、资本、技术等要素不断重新组合才能实现，而各国在资源禀赋条件和发展水平不一（其实是各要素的相对价格不一）的条件下，自然会形成不同的组合，从而表现为不同的农业现代化生产模式。

因此，不同国家的农业现代化，总是在自己独特的条件下进行的，即使某国农业生产率较高，别的国家未必就要向其看齐，也未必就能向其看齐，因为不同国家具体条件决定了该国的农业现代化水平。脱离具体国家和地区背景抽象谈农业现代化，机械地拿别的国家和地区农业现代化生产的某些特征和指标来认识比较中国的农业现代化是有失偏颇并且容易走向误区。

按照上述理解来认识农业现代化，是 30 余年来我们对中国农业现代化的理论认识不断实践探索不断深入的结果。改革开放之初，国人见识了美国韩丁农场式的大生产，感到极度震撼与艳羡，引之为现代化的榜样。自此，大规模农场进行集约生产、大资本投入带来的高度自动化和高技术含量、发达的社会化组织提供的全方位服务、高效率的产出人均农产品的"高、大、全"特征，成为人们对农业现代化内涵理解中几个必不可少的要素。然而，经过 30 余年的农业发展实践，并且在更大范围观察和研究世界各国农业现代化发展的历史与不同路径后，人们发现，在人地关系紧张、工业化和城镇化处于中期发展阶段的大国，无论是政府着意引导和推动的，还是民间资本自发努力地建设类似发达国家的"高、大、全"模式的农业现代化努力，始终是受到多方制约，效果不彰。即便在少数地方出现个别似乎成功的案例，却囿于具体条件和环境难以在大范围内加以复制与推广。整体而言，中国的农业生产仍然是处于农户家庭小农业生产的格局，以致在快速发展的工业化和城镇化背景下产生了严重的"三农问题"。2010 年党的十七届五中全会提出了"在工业化、城镇化深入发展中同步推进农业现代化"的思想，即工业化、城镇化和农业现代化"三化同步"，2012 年十八大报告以及 2013 年《中共中央国务院关于加快发展现代农业进一步增强农村发展活力的若干意见》提出的"四化同步"的思想，强调了工业化、信息化、城镇化对农业现代化的引领和拉动，同时也提出了农业自身的集约化、专业化、组织化和社会化的发展目标。这些变化，绝不是简单的文字表述调整和改变，而是体现了我们对农业现代化内涵认识的深化。把农业现代化与工业化、城镇化、信息化结合起来，从"高、大、全"到"四化同步"，这表明我们对中国的农业现代化的理解更加深刻、更加符合中国发展的现实。

1.2　农业现代化的不同发展模式

在世界农业现代化的进程中，各个国家或地区的发展历史、资源禀赋条件和文化底蕴决定了不同的农业现代化发展模式。以美加模式、欧洲模式、东亚模式作为典型模式的国家和地区根据自身条件选择了最适合自己的发展道路。虽然农业现代化的发展有各种不同的模式，但不同的模式有其共同的规律和基本特征可循。当前，我国正处于中国特色农业现代化建设的关键时期，有必要分析研究其他国家农业现代化的发展历程，以期在实践中为提高我国农业化发展水平提供经验和教训。

1.2.1　美加模式

美国和加拿大是典型的地域广阔，人均土地资源丰富，区域化、专业化、经营一体化、现代化是美国和加拿大现代农业的基本特征。美加模式农业的生产方式和生产力水平都处于世界最发达之列，美加模式以家庭农场为主，据统计，家庭农场约占各类农场总数的绝大多数，由于许多合伙农场和公司农场也以家庭农场为依托，因此美加的农场几乎都是家庭农场。美国和加拿大法律规定了政府在农业领域的基本职能，政府在农业和农村发展中起着重要作用。美国和加拿大的科技、经济和军事实力都得到大幅度提升，农业发展也全面进入现代化阶段。

1. 政府扶持和市场机制结合

美国和加拿大是农业高度发达的国家，也是世界粮食生产大国。法律明确规定了政府在农业领域的基本职能，美加政府十分重视农业，联邦和各省政府共同管理并资助了一系列的农业国内项目。联邦政府主要负责全国性的农业项目、跨省的农产品和服务流动、农业科学研究等，除此之外，还有统领农业社会服务体系的农业部下属的农场服务机构、农产品外销局和风险管理机构。

在美国和加拿大，农业服务机构的使命是以市场为导向，使农业在经济、环境健康的情况下，提供充足、安全的食品，维持高质量的农业社区。国家制定了全国农产品网络推销、农场推广计划、农产品在海外市场推广策略等，提高了农业在全球市场上的竞争力。这不仅保证了农场和农产主在变化多端的国际市场能有力地应对不确定的市场气候，而且巩固了农业经济的稳定性地位。美加政府还成立了风险管理机构应对农业在生产和经营过程中遭受的自然灾害，该机构通过联邦农作物保险公司提供保险，使农民拥有应对农业风险的金融工具，极大地提高了农民的生产积极性。

此外，美加政府还为现代农业提供了法律法规等制度支持、基础设施建设、农业补贴、农业新产品研发和推广、财政与金融支持、劳动者素质培训，走农业集约化、生产专业化、服务社会化的道路，实现政府扶持与市场机制相结合。

2. 生产布局区域化和生产专业化

美加模式的农业普遍采取集中生产分散供应的模式，美国和加拿大的农场一般只生产一种甚至只从事某种产品的某一生产环节的工作，而其他生产环节，如产品的深加工等，则由其他企业去做。生产布局区域化、生产专业化的农业现代化路径，有利于实现规模效应，提高劳动生产效率，且可以保证产品质量、降低经营成本等。农产品生产最终目的是把农产品推销到市场上去，经营一体化是农业产业化的核心。此外，美加模式具有高度产业化的经营模式、组织产业化经营形式以及调节利益的有效机制，使农业生产的产供销形成一条利益链，形成风险共担的利益共同体。美国和加拿大都是成熟的市场经济国家，政府通过立法的方式确立行业协会的合法性地位，并赋予其相应的职能。农业行业协会是农民自愿发起组织起来的中介组织，承担了组织农民面向市场、提供信息服务、进行配额管理等职能。协会可以向政府方便快捷地反映农民的意愿和农业生产中亟待解决的问题，在政府与农民之间建立一个桥梁和纽带。除上述职能，农业行业协会还起着收集、分析、传播市场信息、组织参加贸易展销及交流、开拓新兴市场的作用。

3. 农业的现代化和农业机械化

美国和加拿大农业科技化水平高，劳动生产效率最高、农产品出口量最大、城市化程度高，农业已经成为美国和加拿大最具有竞争力的产业。据统计调查，随着农业科技水平的提高，今天的美国和加拿大的一个农民生产的粮食可以养活 100 多人，在 1960 年一个农民生产的粮食只能养活 26 人。而我国由于农业现代化的水平低和劳动者的科学文化素质普遍不高，我国一个农民生产的粮食大概只能养活 5 个人。美国和加拿大农场以家庭农场为主，公司型的农场越来越少，小型农场所占比例较高。美国和加拿大的农业现代化最开始是农业生产的机械化，随着科技水平的不断进步，将改进的农业机械技术和科技成果应用到农业生产过程中。科技的现代化为家庭农场带来了生机，联合收割机安装有卫星定位系统，运用现代的耕作机械、水利灌溉设备。通过采用化学的、生物的技术，改善与增加农作物品种，提高单产水平。在美国和加拿大，大部分农民都受过大学农业专业教育，他们会运用计算机、智能手机、互联网等现代化的手段交流行业信息，获取新知识的途径多元化，便于及时了解新的市场动向。知识型农民使现代化农业设施更好地发挥了作用，科学种植，机械标准化作业，极大地提高了生产效率。美加模式的农业现代化步伐之所以走得又稳又快，给我们最大的启示是在政府的宏观调控下，引入竞争机制，加大对农业科技的投入，根据不同时期的社会政治经济环境适时调整土地政策。

1.2.2　欧洲模式

从 20 世纪 50 年代开始，欧洲以提高农业生产率为目标，形成了以生产集约加机械技术的复合型模式，加快了农业现代化的发展进程。法国、英国、丹麦、荷兰等都是欧盟国家，是欧洲典型现代农业化的代表，在农业政策支持、管理模式、机械化生产等方面体现了发达国家农业生产技术的基本特点。法国是欧洲农业最发达的国家，目前法国农业现代化程度很高。从资源禀赋方面来看，法国是典型的地少人多的传统农业大国，其产品不但能够满足本国的需求，还能大量出口，是世界上农产品出口量最大的几个国家之一。

1. 农业政策支持力度大

1947 年，英国实施了第一个农业法，之后多次颁布了鼓励农业发展的法令。欧洲农业的发展与规划依法行事，且大多数农业现代化的国家都已经加入了欧盟，欧盟共同农业政策的实施，对农业生产以及贸易等行为的政府宏观指导提出了更高的要求。各项法律法规的制定，对农业现代化的发展起到了保护和鼓励作用，推动了农业的健康发展。加入欧盟的各个欧洲成员国均能享受到欧盟的农业补贴政策，各农场按照耕地比例强制休耕，对休耕地进行补贴；对生产者进行直接补贴；对小麦、燕麦等粮食作物是最低保护价收购；加大对农业科研、农民培训、食品加工等方面的科技投入。同时，国家还向农民提供低息贷款、低价土地，实行税收优惠政策，建立农民社会保障体制。这样不但保护了耕种环境和稳定耕种规模，又保证了农民的生产积极性。

2. 农业生产专业化水平高

农业生产专业化是指充分利用自然条件和农业资源，把不同的农作物和畜禽集中到最适宜的地区，形成专业化的商品生产基地。第二次世界大战之后，荷兰经过几十年的探索，走出了一条适合本国国情特点的农业现代之路，由农产品进口国成为出口国。荷兰政府以节约土地、提高土地生产率为目标调整农业结构和生产布局，其中温室设施农业居世界领先地位，是荷兰最具特色的农业产业。目前荷兰主要种植鲜花和蔬菜，温室建筑面积占全世界玻璃温室面积的 1/4，已达到 11 亿 m^2。荷兰已成为世界上四大蔬菜种子出口国之一。英国的东南部土壤肥沃，农业以谷物生产为主；英格兰南部、威尔士大部和苏格兰北部地势较高，土壤条件较差，以畜牧业为主；北爱尔兰则以养牛、猪和种植马铃薯为主。法国是一个地少人多的传统农业大国，农业规模化、产业化经营的模式，既提高了土地产出率，又提高了劳动生产率。农业生产专业化的推行，促进了农业市场化进程，成为农业现代化的体制基础和动力源泉。

3. 农业机械化水平高

欧洲各国农业劳动力数量少，人均成本高，且人均耕地面积少，大多数国家呈人少地少的特征。例如，法国主要的经营方式是中小农场，耕作面积在 80hm^2 以下的农场占农场总数的 81%。通过大力发展农业机械化改变制约农业现代化的因素，提高集约化生产水平。目前，欧洲的农业机械化已达到很高水平，从耕地、播种、除草、收获到进仓等各个程序，各种农业机具齐全。甚至连养猪养鸡的农场、种植花卉的农场、种植蔬菜的农场都实现了机械化，其机械化程度在世界处于领先水平。目前，法国的农业机械品种齐全、现代化程度高，从而大大提高了农业单位的生产效率。英国已进入新时期的农机装备时代，即由原来小型、轻便、系列化逐步向大功率、精准化和信息化转变。现在的欧洲农民都拥有农业技术专业高中或者农业专业大专学历，特别是西欧国家的农民要经过专业培训并考试及格领到"绿色证书"后，才能成为正式农民，再加上有数量众多的农业科研和农业科技人员，便于新时代的农民用现代化的科技水平科学种田、懂科学、善经营，从而实现劳动生产率和土地生产率共同提高。欧洲模式的农业结构是典型的高效集约模式，农业生产技术和管理方式体现了当今发达国家现代农业的主要特点。

1.2.3　东亚模式

　　东亚模式以人地比率高度紧张的日本、韩国、中国台湾等国家和地区为代表。东亚模式实现的农业现代化走的是小农经济现代化道路，以建立小农（自耕农）土地所有制为前提，以小农家庭经营为主要微观基础。

　　1. 建立了小农土地所有制

　　20世纪40年代中期到50年代初，日本、韩国、中国台湾等国家和地区都先后实施了农村土地制度改革，建立了小农土地所有制。小农土地制度的建立有很强的正溢出效应，有利于激化农民的生产积极性，从而促进农村地区的政治、经济和社会的稳定，为经济腾飞和现代化创造了一个稳定的社会环境。日本是明显的人多地少国家，国土总面积仅为37.8万km^2，其中山地占80%，耕地仅占14.7%，人均0.52亩（1亩=667m^2），比中国的人均耕地面积还少，但日本劳动力资源较丰富。韩国的自然条件与历史基础都比较薄弱，第二次世界大战之前韩国的地主大部分是日本人，国土总面积约为10万km^2，近70%为山地、丘陵，农业可耕地面积仅占21%。全国人口为4500万，人口密度世界最高，人均拥有耕地仅0.7亩。中国台湾地区农业的基本状况也是人多地少，人均耕地面积少，农民基本实行高度劳动集约型、资本集约型和技术集约型农业生产，达到农无闲年、地无闲田的地步。土改后，在农地资源稀缺的情况下满足了绝大部分小农对土地的渴望，实现了小农所有者和经营者的统一。小农土地所有制实施后，建立了自耕农阶层，为现代化建设提供了大量要素，极大地激发了农业劳动者的生产积极性，促进了土地产出率的提高。为满足农业现代化的需要，政府通过立法等手段，鼓励租赁形式的土地流转制度，以达到各种程度的土地规模经营。

　　2. 小农经济现代化的微观主体是家庭

　　东亚模式的小农经济现代化的主要微观主体是家庭。由于农业生产容易受土壤气候、环境等复杂的外部因素影响，生产具有明显的季节性和地域性。当农业生产面临自然危险条件的约束时，小农经济便于农民及时做出决策和反应，这点非常适合家庭经营。小农经济的生产模式有利于充分保障农民的就业，保护了农民赖以生存的生态环境，保持了物种的生物多样化，促进了农村的文化传承，壮大了农村中农业的生产队伍的力量。在以小农土地所有制为基础的东亚模式中，对于绝大部分家庭的农民，农业不仅是谋生的手段，而且在一定程度上起到了社会保障和稳定社会的作用，是促进经济增长、减贫的主要工具。东亚模式的传统农业耕作方法是多投入劳动力、多投入肥料优化土地的集约型土地经营方法，现在正向技术集约型农业转变，即在耕地面积一定前提下，主要依靠先进农业科技来提高土地产出率，促进农产品不断增收。因此，小农制家庭经营模式是高效的，提高了农业生产率，将环境保护和资源的可持续利用紧密结合起来。

3. 成立农业合作组织

日本、韩国和中国台湾地区的农业合作组织——农协（会）起到了保护土改后小农的利益的作用，成为了协调和沟通小农和政府之间的一座桥梁。当农民在政治上被有效地加入地方或地区"农业社"或农民协会时，农民通过农协（会）与政府人员的沟通是最有效、最便捷的方式。中国台湾农协（会）是台湾方面与农民之间的一座桥梁，是一个农有、农治、农享的农民自主性组织，韩国《农协法》规定：农协充当会员与农户的代言人，促进和保护农民的利益与权利。农协（会）通过共同购销，统一采购农业生产资料，统一出售产品，相比农民直接在市场进行交易，降低了小农和市场的交易成本，产生了外部的规模效应。这大大地提高了农民在农资采购和农产品价格博弈中的话语权，有利于形成合作经营的方式，一定程度解决了农业规模化经营的难题。农业合作经营的生产方式，不但减少了农业生产成本，而且也降低了农户的经营风险，使农户在国内外市场上处于有利的竞争地位，有利于农业的稳定发展。因此，农村专业合作组织、农业行业协会、农民技术协会等，实现了农业生产、经营和服务的社会化，增强了农民在国内外市场上的竞争能力，降低了农业生产经营成本与风险。

1.3 农业现代化发展模式选择的制约因素

不同国家在农业现代化进程中选择不同的发展模式，并非主观随意选择的结果，而是一系列制约因素作用的结果。所谓农业现代化的制约因素，就是那些从根本上阻碍农业现代化发动与演进的因素。从前面对农业现代化内涵的认识可以引申出，凡是从根本上影响农业劳动生产率的提高、妨碍农业生产者收入提高与非农业领域劳动者收入达到大体平衡、长期阻碍传统农业向现代农业演进的因素，都可称为农业现代化的制约因素。依此而论，国家经济制度（如土地制度等）、宏观农业政策、地区经济发展水平、区域市场化进程等都可能从根本上长期影响某地区的农业发展，都可视为农业现代化的制约因素，只不过是地区不同，这些因素的表现形态和影响程度不同而已。结合历史和现实经验，作者将影响一个国家和地区农业现代化发展的制约因素归结为四个方面。

第一是农业生产资源禀赋。农业生产资源禀赋包括两个基本方面：一是人地关系的紧张度或者宽裕度；二是农业生产条件的优劣，如地形地貌、气候、水文等条件。人地关系的紧张度或者宽裕度决定了生产要素的组合方式以及要素组合变革的技术路线。地广人稀或者人多地少，是农地价格和劳动力价格变化的基础，在追逐不断上升的劳动收入的过程中，要素组合按照最优的报酬获得方式变化。农业生产条件的优劣，也反映在农地价格的变化之中。

第二是非农业发展水平。农业现代化是工业化和城市化得到一定程度的发展之后才出现的命题。工业化和城市化带来的非农业生产要素组合以及劳动者收入的提高，像一台巨大的抽水机，将传统农业生产领域的各种要素，包括土地、劳动力，吸引进非农领域，由此催生农业生产技术和组织模式发生相应的变化。没有工业化和城市化，也就无所谓农业现代化。现代农业生产的技术装备和社会化服务支持体系，均是工业化和城市化发展到一定程度才能提供。遍观世界各国，没有高度发达的工业化和城市化，农业现代化也不可能得到发展。从整个意义上讲，农业现代化是工业化和城市化的衍生品，工业化和城市化的水平决定了一个国家和地区农业现代化的水平。

第三是土地制度。如果工业化和城市化的发展是经济结构演进过程中农业外部对农业现代化的拉动或者制约因素，那么土地制度则是影响农业现代化的内部或者直接因素。土地制度包括农地制度和农地转用制度。农地制度是一个国家或地区有关农业生产用地在所有、占有、使用、收益分配等方面的法规和政策的集合。它决定了经济结构演进过程中农业要素能否按照经济原则重组，农业现代化能否在市场机制下顺利实现。世界各国经济发展的历史已经表明，如果一个国家土地制度僵化，不能有效地对基于市场效率信号实现农业生产的要素重组，那么农业生产的效率就不可能随着工业化和城市化的发展而提高，农业作为产业也不可能为工业化和城市化提供资金与要素支持，工业化和城市化带来的拉动力也不可能引致农业生产的改善。

第四是其他相关国情与社会制度。如前面所述，如果一国地域较广、人口众多，农产品的庞大需求、数量众多农村人口的就业等客观需求，就会影响一国农业现代化模式的选择。又如，农业现代化可以看成工业化和城市化为基本力量带动的经济结构演进的结果。工业化和城市化所产生的拉动力必须有顺畅的传导机制，才能促进农业生产的各个领域实现要素重组，实现农业劳动者收入与非农业领域劳动者的收入达到相对均衡状态。从广义来讲，这里所说的顺畅的传导机制，甚至包括上面所说的土地制度；狭义而言，包括影响各种生产要素组合的一系列相关政策。以人口政策为例，如果国家实行严格的人口控制政策，阻碍乡村人口向城市转移，控制农业劳动力从农业领域向非农业领域的转移，则工业化和城市化所产生的要素重组推力不能对农业生产领域发挥作用，整个国家和社会就会被割裂成为先进生产力的城市和现代部门以及落后的农业与衰败的农村，农业现代化也就无从谈起。

第2章 中国农业现代化的现实困境与目标模式

2.1 中国农业现代化的现状与国际比较

改革开放之初，甚至在更早的 20 世纪 50 年代，中国就提出了实现农业现代化发展目标。经过改革开放以来 30 余年的发展，中国已经成为世界第二大经济体。但是在农业现代化方面，我们处于一个什么样的状况呢？我们用几个重要指标与世界上有代表性的农业生产国（美国、俄罗斯、法国）及与中国农业生产条件有高度相似性的国家（日本、韩国）进行横向对比（表 2-1）。

表 2-1 农业现代化几个主要指标的国际比较

指标	中国	法国	日本	韩国	俄罗斯	美国
农村人口比例（2012 年，%）	47.40	13.58	32.74	16.45	26.65	17.15
农业劳动力比例（2010 年，%）	39.6	2.90	3.70	6.60	9.70 (2009)	1.60
人均 GDP（gross domestic product）（2011 年，美元）	5 444.79	42 377.42	45 902.67	22 424.06	13 089.34	48 111.97
农业劳动者人均增加值（2010 年，美元）	544.96	57 973.49 (2009)	40 385.27	19 807.49	2 730.84	51 369.51
经营规模（2011 年，hm²/人）	0.22	33.64	3.21	1.24	19.91	65.24
单位面积耕地产出率（2011 年，kg/hm²，谷物）	5 705.54	6 859.13	4 910.73	7 037.87	2 261.60	6 818.03
化肥施用量（2009 年，kg/hm²）	503.94	148.27	290.95	362.08	15.61	109.45
每个农业个人农业资本存量（2007 年，美元）	1 108.40	146 355.24	168 725.69	11 435.16	25 176.87	231 795.19
人均劳动生产率（2011 年，美元）	1 142.83	101 616.01	56 925.09	27 660.41	8 911.26	89 263.82

资料来源：本表数据来源于根据世界银行、联合国粮农组织网站数据库和中国国家统计局年度数据。个别年份中国的数据不一致时，以中国国家统计局数据为准。如 2012 年中国农村人口比例，联合国粮农组织数据为 51.1%，中国国家统计局为 47.4%

从农业生产基本情况的几个主要指标的横向比较可以看出，中国的农业生产与发达国家农业生产之间还存在相当大的差距；从人口和劳动力结构上来看，尽管农村人口比例已经降至 50% 以下，但中国的农业生产劳动力的比例仍然偏高，是其他国家的 4～10 倍；从农业生产经营经济效率来看，中国的农业劳动者人均创造增加值只有人均 GDP 的 10%，而其他几个国家之中，除了俄罗斯为 20.9%，日本、韩国都接近于 90%，美国、法国甚至超过 100%。人均劳动生产率，最低的俄罗斯也为中国的 7.8 倍，日本、韩国分别为中国的 50 倍和 24 倍，美国、法国更分别为中国的 78 倍和 89 倍；从农业生产的物质基础条件上看，中国农业生产人均经营规模偏小，韩国、日本人均经营规模在世界范围内算是较小的，也分别为中国的 5.6 倍和 14.6 倍，美国、法国人均经营规模则分别为中国的 297 倍和 153 倍。每个农业个人的农业资本存量，最低的韩国也是中国的 10 倍，最高的美国则是中国的 209 倍。但从对耕地利用的强度和效率来看又是另一种情形：中国农业生产化肥施用量远超其他国家，是日本的 1.73 倍，韩国的 1.39 倍，法国的 3.40 倍，美国的 4.6 倍，俄罗斯的 32.3 倍。中国的单位面积耕地产出率则与其他国家相差不大，是美国、法国、韩国等国家的 80% 以上，是日本的 116%，甚至是俄罗斯的 2.5 倍。

中国的农业生产现状与发达国家农业现代化生产水平差距之远、农业生产的物质基础和社会经济结构背景反差之大，不得不促使我们思考：对中国而言，经济发展和结构演进过程中的农业现代化到底意味着什么？农业现代化的目标与路径应该怎样选择？

2.2　空间非均衡视角中国农业现代化的发展

党的十八大报告中首次提出要促进工业化、信息化、城镇化与农业现代化的同步发展，要求我国农业现代化能够对工业化、信息化、城镇化的发展起到大力支持作用，走出一条以工业化、信息化、城镇化、农业现代化协调发展的道路。然而，我国农业现代化发展始终滞后于其他"三化"的发展，因此，在促进"四化"同步发展的过程中，关键在于加快农业现代化发展的步伐。当前，我国农业现代化发展面临着诸多问题，如资源分配不均、生产效率低下，农业发展水平空间非均衡等，其中，农业现代化发展水平的空间非均衡表现最为突出。因此，精确掌握农业现代化发展水平的分布特征和长期演进趋势及规律，不仅是科学制定各地区农业现代化发展的重要任务，而且也可以为我国今后制定农业现代化发展战略和相关政策提供翔实的理论依据。通过对现有文献的梳理可以发现，现有文献主要集中于探讨"三化"或者"四化"之间的协调发展关系、发展政策，而对于我国农业现代化发展水平的空间非均衡特征及其演进过程，国内鲜有学者对其进行分析。为了弥补已有研究的不足，本书从以下三个方面对已有研究进行了补充：第一，在借鉴前人研究成果的基础上，从农业投入水平、农业产出水平、农村社会发展水平、农村生态发展水平等四个维度构建了较为全面的农业现代化发展评价指标体系，并且运用了客观分析方法——熵权综合指数法测算了我国农业现代化发展水平的综合指数，并且用该指数衡量了我国农业现代化发展水平。第二，利用 Dagum 基尼系数及其按子群分解方法，计算了我国农业现代化发展水平的空间非均衡程度，同时对其进行了详细的分解，从而深层次地揭示出我国农业现代化发展水平空间非均衡的构成及其来源；第三，运用了 Markov 链方法考察了我国农业现代化发展水平的内部动态演进过程。

2.2.1　指标体系的构建

本书在借鉴了前人研究成果的基础上，遵循科学性、综合性、可行性、动态性、可操作性等原则，构建了我国农业现代化发展水平的评价指标体系（周迪和程慧平，2015；辛岭和蒋和平，2010），如表 2-2 所示。

表 2-2　中国农业现代化发展水平的评价指标体系

目标层	准则层	指标符号	指标层	指标单位
农业现代化发展水平	农业投入水平	X_1	单位耕地面积总动力数	kW/hm^2
		X_2	有效灌溉面积比	%
		X_3	单位耕地面积有效化肥施用量	kg/hm^2
		X_4	劳均财政支农投入	元/人
		X_5	农业技术人员比例	%
	农业产出水平	X_6	劳动生产率	元/人
		X_7	土地生产率	%
		X_8	农民人均纯收入	元/人
		X_9	农业人均 GDP	$元/hm^2$
		X_{10}	农业增加值比例	元/人
	农村社会发展水平	X_{11}	人均粮食产量	kg/人
		X_{12}	谷物单位面积产量	kg/hm^2
		X_{13}	农村居民恩格尔系数	—
		X_{14}	人均用电量	kW·h/人
		X_{15}	人均住房面积	$m^2/人$
		X_{16}	农村居民家庭劳动力文化程度	年/人
	农村生态发展水平	X_{17}	森林覆盖率	%
		X_{18}	水土流失治理率	%
		X_{19}	农作物病虫鼠害防治面积占比	%
		X_{20}	森林病虫害防治面积占比	%

2.2.2　研究方法

1. 熵权综合指数法的原理与思路

熵（entropy）是由德国物理学家鲁道夫·克劳修斯在 1850 年提出的，其基本原理是根据各指标数据集合所提供的某种信息熵值的大小，客观地确定各指标权重的赋权方法，从而有效地避免了主观因素在确定权重时产生的影响。熵权综合指数法的理论建模如下（苏静，2015）。

1）建立决策矩阵

假设评价对象集合为 $M = (M_1, M_2, \cdots, M_m)$，指标集合为 $D = (D_1, D_2, \cdots, D_n)$，评价对象 M_i 中指标 D_i 的样本值为 x_{ij}，其中 $i = 1, 2, \cdots, m$，$j = 1, 2, \cdots, n$，则可以得到如下初始决策矩阵：

$$I = \begin{bmatrix} x_{11} & x_{12} & \cdots & x_{1n} \\ x_{21} & x_{22} & \cdots & x_{2n} \\ \vdots & \vdots & & \vdots \\ x_{m1} & x_{m2} & \cdots & x_{mn} \end{bmatrix} \tag{2-1}$$

2）决策矩阵标准化

由于各评价指标的属性存在较大差异，直接对原始数据进行分析，就会导致最终结果不合理，所以我们需要对原始数据进行标准化处理。对数据进行标准化处理的方法较多，本书选择极差法对其进行处理。一般而言，正向指标（越大越好型）遵照式（2-2）将其进行标准化处理；反向指标（越小越好型）遵照式（2-3）将其进行标准化处理。

$$x'_{ij} = \frac{x_{ij} - \min(x_j)}{\max(x_j) - \min(x_j)} \tag{2-2}$$

$$x'_{ij} = \frac{\max(x_j) - x_{ij}}{\max(x_j) - \min(x_j)} \tag{2-3}$$

指标标准化处理后，就可将式（2-1）转化为标准化矩阵，记为

$$x' = (x'_{ij})_{m \times n} \tag{2-4}$$

3）计算特征比例和信息熵值

第 j 个指标对应的第 i 个评价对象的特征比例通过式（2-5）进行计算：

$$p_{ij} = \frac{x'_{ij}}{\sum_{i=1}^{m} x'_{ij}}, \quad 0 \leqslant p_{ij} \leqslant 1 \tag{2-5}$$

同时，进一步通过式（2-6）得到第 j 个指标的信息熵值，即

$$e_j = \frac{1}{\ln(m)} \sum_{i=1}^{m} p_{ij} \ln(p_{ij}), \quad \text{当} \ p_{ij} = 0 \ \text{或者} \ 1 \ \text{时}, \ \text{定义} \ p_{ij} \ln(p_{ij}) = 0 \tag{2-6}$$

4）定义差异系数与确定熵权

得到熵值后，将差异系数定义为 $d_j = 1 - e_j$，因此，d_j 越大，熵权也就越大。用 w 表示熵权，则第 j 项指标的权重可以通过式（2-7）得到

$$w_j = \frac{d_j}{\sum\limits_{k=1}^{n} d_k}, \quad j = 1, 2, \cdots, n \qquad (2\text{-}7)$$

5）计算综合指数

利用指标权重 w_j 和各指标的标准化数据 x'_{ij}，就可以得到各对象的加权值 g_{ij}，即

$$g_{ij} = w_j \times x'_{ij}, \quad 1 \leqslant i \leqslant m, \quad 1 \leqslant j \leqslant n \qquad (2\text{-}8)$$

接下来将每一层级的各对象所对应的相应指标 g_{ij} 通过式（2-9）进行加总，就可以得到评价指标体系的综合指数 G_{ij}：

$$G_{ij} = \sum_{j=n}^{n} g_{ij} \qquad (2\text{-}9)$$

2. Dagum 基尼系数及其按子群分解方法

Dagum 基尼系数是 Dagum 在 1997 年提出的，在考察空间非均衡问题上，具有其非常独特的优势，不仅能够考察总体差距，而且还能够进一步将总体差距进行详细分解，已经有不少学者将该方法运用到了经济学、社会学等学科中（刘华军等，2013a，2013b；沈丽和鲍建慧，2013）。

Dagum 基尼系数的定义为

$$G = \frac{\sum\limits_{j=1}^{k} \sum\limits_{h=1}^{k} \sum\limits_{i=1}^{n_j} \sum\limits_{r=1}^{n_h} \left| y_{ji} - y_{hr} \right|}{2\mu n^2} \qquad (2\text{-}10)$$

式中，y_{ji}（y_{hr}）表示 $j(h)$ 地区内任意省份的农业现代化发展水平；μ 表示全国农业现代化总体发展水平；n 表示考察对象的总个数；k 表示划分的地区数；n_j（n_h）表示 $j(h)$ 地区内省份的个数。在计算 Dagum 基尼系数之前，还需要对各地区农业现代化平均发展水平进行排序，如下所示：

$$\overline{Y_1} \leqslant \overline{Y_h} \leqslant \cdots \overline{Y_j} \leqslant \cdots \overline{Y_k} \qquad (2\text{-}11)$$

按照 Dagum 基尼系数的分解方法，可以将基尼系数分解成三个部分，分别为地区间差距的贡献 G_{nb}，即地区与地区之间的农业现代化发展水平的分布差距，这里主要指东部地区、中部地区、西部地区的农业现代化发展水平的分布差距；地区内差距的贡献 G_w，即地区内部之间农业现代化发展水平的分布差距，这里主要指东部地区、中部地区、西部地区所含省份之间的农业现代化发展水平的分布差距；以及超变密度的贡献 G_t，即三个地区之间农业现代化发展水平交叉影响的一种基尼系数余数，且满足：$G = G_{nb} + G_w + G_t$，G_{jj} 表示 j 地区的地区内基尼系

数；G_{jh} 表示 j 地区和 h 地区之间的地区间基尼系数。

$$G_w = \sum_{j=1}^{k} G_{jj} p_j s_j \tag{2-12}$$

$$G_{jj} = \frac{\sum_{i=1}^{n_j} \sum_{r=1}^{n_h} |y_{ji} - y_{jr}|}{2\overline{Y_j} n_j^2} \tag{2-13}$$

$$G_{nb} = \sum_{j=2}^{k} \sum_{h=1}^{j-1} G_{jh} (p_j s_h + p_h s_j) D_{jh} \tag{2-14}$$

$$G_{jh} = \frac{\sum_{i=1}^{n_j} \sum_{r=1}^{n_h} |y_{ji} - y_{jr}|}{n_j n_h (\overline{Y_j} + \overline{Y_h})} \tag{2-15}$$

$$G_t = \sum_{j=2}^{k} \sum_{h=1}^{j-1} G_{jh} (p_j s_h + p_h s_j)(1 - D_{jh}) \tag{2-16}$$

式中，$p_j = \dfrac{n_j}{n}$，$s_j = \dfrac{n_j \overline{Y_j}}{n\overline{Y}}$，$j = 1, 2, \cdots, k$；$D_{jh}$ 为 $j(h)$ 地区间相对农业现代化贡献率影响程度，其定义为式（2-17），其中，将 d_{jh} 定义为地区间农业现代化贡献率差值，即 j、h 地区中所有 $y_{ji} - y_{hr} > 0$ 的样本值加总的加权平均值，如式（2-18）所示；p_{jh} 定义为超变一阶矩，即 $y_{hr} - y_{ji} > 0$ 的样本加总的加权平均值，如式（2-19）所示。

$$D_{jh} = \frac{d_{jh} - p_{jh}}{d_{jh} + p_{jh}} \tag{2-17}$$

$$d_{jh} = \int_0^{\infty} \mathrm{d}F_j(y) \int_0^y (y - x)\mathrm{d}F_h(x) \tag{2-18}$$

$$p_{jh} = \int_0^{\infty} \mathrm{d}F_h(y) \int_0^y (y - x)\mathrm{d}F_j(x) \tag{2-19}$$

3. Markov 链方法

Markov 链主要用来刻画变量的内部动态分布特征，本书主要用 Markov 链来分析我国农业现代化发展水平的内部动态分布过程（沈丽和鲍建慧，2013）。其基本原理：Markov 链是一个随机过程 $\{X(t), t \in T\}$ 的状态空间，如果对于时间 t 的任意 n 个数值，Markov 链满足：

$$P\{X(t_n) \leqslant x_n \mid X(t_1) = x_1, X(t_2) = x_2, \cdots, X(t_{n-1}) = x_{n-1}\}$$
$$= P\{X(t_n) \leqslant x_n \mid X(t_{n-1}) = x_{n-1}\}, x_n \in \mathbf{R} \tag{2-20}$$

式中，$X(t_n)$ 是在条件 $X(t_i) = x_i$ 下的条件分布函数，假设农业现代化发展水平的转移概率只与农业现代化发展水平状态 i 和农业现代化发展水平状态 j 有关，与 n

无关，就可以得到时齐的 Markov 链。将式（2-20）进行变形之后得到

$$P\{X_{n+1}=j\,|\,X_0=i_0,X_1=i_1,X_2=i_2,\cdots,X_{n-1}=i_{n-1},X_n=i\}$$
$$=P\{X_{n+1}=j\,|\,X_n=i\} \tag{2-21}$$

式（2-21）刻画了 Markov 链的特性，表明农业现代化发展水平从一种状态空间转变为另一种状态空间的概率分布。如果将我国农业现代化发展水平划分为 N 种类型，通过 Markov 链，就可以得到一个 $N\times N$ 的农业现代化发展水平状态转移概率矩阵 P：

$$P=p_{ij}=\begin{bmatrix} p_{11} & p_{12} & \cdots & p_{1j} & \cdots \\ p_{21} & p_{22} & \cdots & p_{1j} & \cdots \\ \vdots & \vdots & & \vdots & \\ p_{i1} & p_{i2} & \cdots & p_{ij} & \cdots \\ \vdots & \vdots & & \vdots & \end{bmatrix} \tag{2-22}$$

$$p_{ij}\geqslant 0,\quad ij\in \mathbf{N} \tag{2-23}$$

$$\sum_{j\in N}p_{ij}=1,\quad ij\in \mathbf{N} \tag{2-24}$$

式（2-22）中， p_{ij} 表示由农业现代化发展水平状态 i 转移到农业现代化发展水平状态 j 的概率。通过状态转移概率矩阵 P，则可以判断出我国农业现代化发展水平的内部动态分布特征。Markov 链分析过程中，重点就是求出状态转移概率矩阵 P 中的每一种状态转移概率 p_{ij}。

$$p_{ij}=\frac{n_{ij}}{n_i} \tag{2-25}$$

式（2-25）中 n_{ij} 表示考察期内由农业现代化发展水平状态 i 转移到农业现代化发展水平状态 j 的出现次数， n_i 表示第 i 种农业现代化发展水平状态出现的总次数。

Markov 链分析当中，下一个重要步骤就是判断 Markov 链的平稳分布，假设 Markov 链中 Y_t 为 $1\times L$ 的行向量，表示 t 时期考察变量的分布状态概率矩阵，如果满足 $Y_{t+s}\times P^s=Y_t$，则说明 Markov 链服从平稳分布，由此我们就可以得到 Y_t 的稳态分布 Y。

2.2.3　数据来源与区域划分

本书所使用的原始数据来源于《中国农村统计年鉴》《中国统计年鉴》《中国财政年鉴》、各省（自治区、直辖市）统计年鉴、国泰安、中经网等数据库资源。考虑数据的可得性，本书考察的时间跨度为 1997～2013 年。截面单元为 31 个省（自治区、直辖市）（其中，不包括香港、澳门、台湾）。同时，考虑分地区讨论更

加具有实际意义，因此，本书根据我国地区划分标准，将我国划分为东部、中部、西部三大地区[①]。

2.2.4 我国农业现代化发展水平的地区差距及其来源

为了进一步刻画我国农业现代化发展水平的空间非均衡，作者根据 Dagum 在 1997 年提出的基尼系数及其分解方法，分别计算了 1997 年到 2013 年我国农业现代化发展水平的总体基尼系数，并且进一步按照东部、中部和西部三大地区进行了分解，同时测算了我国三大地区的基尼系数，计算结果如表 2-3 所示。

表 2-3 我国农业现代化发展水平的基尼系数及其分解结果

年份	总体	地区内基尼系数			地区间基尼系数			贡献率/%		
		东部	中部	西部	东-中	东-西	中-西	地区间	地区内	超变密度
1997	0.2442	0.0871	0.2109	0.2126	0.1773	0.3770	0.3368	67.08	20.53	12.39
1998	0.2423	0.0810	0.1914	0.1832	0.1705	0.4023	0.3332	73.24	18.43	8.34
1999	0.2607	0.0967	0.2024	0.2020	0.1917	0.4247	0.3519	72.09	18.93	8.98
2000	0.2754	0.1150	0.2023	0.2170	0.2130	0.4471	0.3519	72.27	19.35	8.38
2001	0.2824	0.1301	0.2205	0.2179	0.2194	0.4465	0.3588	70.30	20.42	9.29
2002	0.2742	0.1331	0.2084	0.1963	0.2143	0.4366	0.3434	70.82	20.31	8.87
2003	0.2632	0.1003	0.2030	0.1792	0.2106	0.4352	0.3286	74.52	18.30	7.19
2004	0.2539	0.0965	0.1991	0.1762	0.1882	0.4211	0.3337	73.83	18.59	7.57
2005	0.2626	0.1002	0.1419	0.1837	0.2195	0.4617	0.2978	81.83	16.33	1.84
2006	0.2596	0.1282	0.1452	0.1554	0.2028	0.4477	0.3086	78.86	17.88	3.26
2007	0.2655	0.1103	0.1554	0.1723	0.2016	0.4670	0.3263	80.63	16.97	2.41
2008	0.2543	0.0919	0.2032	0.1617	0.1862	0.4280	0.3390	74.86	17.97	7.17
2009	0.2542	0.1127	0.1578	0.1646	0.1997	0.4376	0.3008	79.07	17.84	3.09
2010	0.2470	0.1143	0.1601	0.1464	0.1943	0.4232	0.2910	78.60	18.06	3.34
2011	0.2420	0.1080	0.1580	0.1586	0.1872	0.4131	0.2886	78.15	18.29	3.56
2012	0.2478	0.1067	0.1613	0.1810	0.1927	0.4202	0.2952	77.75	18.52	3.74
2013	0.2541	0.1320	0.1637	0.1720	0.1910	0.4243	0.3067	75.93	19.65	4.42

---

① 其中东部地区包括北京、天津、河北、辽宁、上海、江苏、浙江、福建、山东、广东、海南共 11 个省市；中部地区包括山西、内蒙古、吉林、黑龙江、安徽、江西、河南、湖北、湖南共 9 个省区；西部地区包括广西、云南、四川、重庆、贵州、陕西、西藏、甘肃、青海、宁夏和新疆，共 11 个省（自治区、直辖市）

1. 我国农业现代化发展水平的总体差距及其演变趋势

图 2-1 描述了我国农业现代化发展水平总体差距的演变趋势，可以发现，从 1997 年到 2013 年，我国农业现代化发展水平的总体差距呈现先扩大、后缩小的演变趋势。具体来看，总体差距由 1997 年 0.2442，大幅度上升到 2001 年达到最大值 0.2824，而 2002 年开始又转为下降趋势，并且在 2004 年达到极小值 0.2539，随后开始上下波动，并且在 2011 年达到最小值为 0.2420，2013 年则上升到 0.2541。若以 1997 年、2000 年、2005 年为基期，2013 年我国农业现代化发展水平的总体差距年均分别上升 0.25%、下降 0.59%、下降 0.41%。

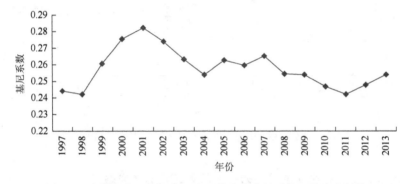

图 2-1　我国农业现代化发展水平的总体基尼系数及其演变趋势

2. 我国农业现代化发展水平的地区内差距及其演变趋势

图 2-2 描述了我国农业现代化发展水平的地区内差距及其演变趋势，从图 2-2 可以发现，在样本考察期内，东部地区农业现代化发展水平的地区内差距呈上升趋势，而中部和西部地区农业现代化发展水平的地区内差距则呈下降趋势。具体来看，在样本考察期内，东部地区内差距一直呈现出上下波动趋势，由 1997 年 0.0871 上升到 2002 年达到最大值 0.1331，而 2002 年之后，则不停的上下波动，2013 年达到 0.1320。中部地区内差距波动较为明显，其演变过程可以分为两个阶段：第一阶段，从 1997 年的 0.2109 波动上升至 2001 年达到最大值 0.2205，然后逐渐下降至 2005 年的 0.1419，达到最小值；第二阶段，从 2006 年的 0.1452 小幅度上升到 2013 年的 0.1637（除了 2008 年）。西部地区内差距变化趋势跟中部地区较为类似，其地区内差距的演变过程也可以分为两个阶段：第一个阶段从 1997 年到 2006 年，地区内差距由 1997 年的 0.2126 先上升至 2001 年达到最大值 0.2179（除了 1998 年），随后不断下降，在 2006 年达到 0.1554；第二阶段，从 2007 年到 2013 年，在此期间，西部地区内差距呈微弱的上下波动趋势，2010 年达到

最小值 0.1464，而 2013 年又上升至 0.1720。若以 1997 年为基期，2013 年东部地区农业现代化发展水平的地区内差距年均上升 2.63%，而中部、西部地区农业现代化发展水平的地区内差距年均分别下降 1.57%、1.32%；若以 2000 年为基期，2013 年东部地区、中部地区、西部地区农业现代化发展水平的地区内差距年均分别上升 1.07%、下降 1.62%、下降 1.77%。若以 2005 年为基期，2013 年东部地区、中部地区、西部地区的农业现代化发展水平的地区内差距年均分别上升 3.51%、上升 1.80%、下降 0.82%。

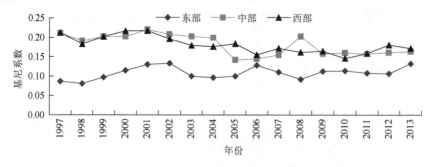

图 2-2　我国东部、中部、西部地区内基尼系数的演变趋势

3. 我国农业现代化发展水平的地区间差距及其演变趋势

图 2-3 描述了我国农业现代化发展水平的地区间差距及其演变趋势，从图 2-3 可以发现，我国农业现代化发展水平的地区间差距较为明显，从总体上来看，东西部地区间差距最大，其次是中西部地区间差距，而东中部地区间差距最小。从演变过程来看，东中部地区间差距由 1997 年的 0.1773，波动上升至 2005 年的 0.2195，达到最大值，随后出现微弱的下降趋势，2013 年达到 0.1910。东西部地区间差距由 1997 年的最小值 0.3770，波动上升至 2007 年的 0.4670，达到最大值，而 2007 年之后，呈下降趋势，2013 年达到 0.4243。中西部地区间差距的演变趋势可以分为两个阶段：第一阶段，1997 年到 2001 年，在此期间，地区间差距呈现小幅度上升趋势，在 2001 年达到最大值 0.3588；第二阶段，2001 年到 2013 年，在此期间，其地区间差距出现上下波动趋势，并且在 2011 年达到最小值 0.2886，而 2013 年又上升为 0.3067。若以 1997 年为基期，2013 年东中部地区、东西部地区、中西部地区的地区间差距年均分别上升 0.47%、上升 0.74%、下降 0.58%。若以 2000 年为基期，2013 年东中部地区、东西部地区、中西部地区的地区间差距年均分别下降 0.84%、下降 0.40%、下降 1.05%。若以 2005 年为基期，2013 年东中部地区、东西部地区、中西部地区的地区间差距年均分别下降 1.72%、下降 1.05%、上升 0.37%。

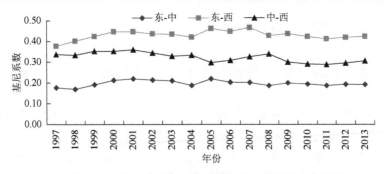

图 2-3　我国东部、中部、西部地区间基尼系数的演变趋势

4. 我国农业现代化发展水平地区差距的贡献率及其演变态势

图 2-4 描述了我国农业现代化发展水平地区差距的贡献率及其演变态势。从 1997 年到 2013 年，我国农业现代化发展水平地区间差距的贡献率总体上呈上升趋势，地区内差距的贡献率变化不大，而超变密度的贡献率总体上呈下降趋势。具体来看，地区间差距的贡献率最大，其次是地区内差距的贡献率，而超变密度的贡献率最小。

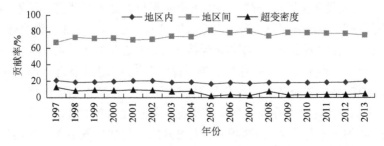

图 2-4　我国农业现代化发展水平地区差距的贡献率及其演变态势

从演变过程来看，地区内差距的贡献率从 1997 年到 2013 年，变化非常平稳，基本维持在 20%左右。地区间差距的贡献率波动较为明显，其演变过程可以分为两个阶段：第一阶段，1997 年到 2005 年，在此期间，基本上呈现出上升趋势，由 1997 年的 67.08%上升到 2005 年达到最大值 81.83%；第二阶段，2005 年到 2013 年，一直呈现出微弱下降趋势，2013 年达到 75.93%。超变密度的贡献率在考察期内，其演变趋势也可以分为两个阶段：第一阶段，从 1997 年的 12.39%下降到 2005 年达到最小值 1.84%；第二阶段，2005 年到 2013 年，一直呈现出小幅度的上升趋势，2013 年达到 4.42%。若以 1997 年为基期，2013 年地区内差距的贡献率、超变密度的贡献率年均分别下降 0.27%、6.24%。而地区间差距的贡献率年均上升 0.78%。若以 2000 年为基期，2013 年地区内差距、地区间差距的贡献率分别年均上升 0.12%、0.38%，而超变密度的贡献率则年均下降 4.81%；若以 2005 年为基期，2013 年地区内差距贡献率、超变密度贡献率年均分别上升 2.34%、11.58%，

而地区间差距的贡献率年均下降 0.93%。

2.2.5 我国农业现代化发展水平的 Markov 链分析

结合我国农业现代化发展水平状况，同时借鉴了周迪和程慧平（2015）的做法，将我国农业现代化发展水平划分为 5 种类型，其中，区间（0, 0.1]为类型Ⅰ，称为农业现代化低水平省份；区间（0.1, 0.2]为类型Ⅱ，称为农业现代化中低水平省份；区间（0.2, 0.4]为类型Ⅲ，称为农业现代化中等水平省份；区间（0.4, 0.5]为类型Ⅳ，称为农业现代化中高水平省份；区间（0.5, 1]，为类型Ⅴ，称为农业现代化高水平省份。

表 2-4 给出了我国农业现代化发展水平的转移概率计算结果，表 2-4 充分展示了在样本考察期内我国农业现代化发展水平的内部动态性信息。根据表 2-4 可以看出，对角线上的转移概率明显要高于非对角线上的转移概率，说明我国农业现代化发展水平状态之间流动性较低。具体来看，表 2-4 的第 2 行说明有 85.71%的省份其农业现代化发展水平在当年年末仍然保持在低水平状态，而 14.29%的省份其农业现代化发展水平则上升到中低水平状态。表 2-4 的第 3 行说明有 88.2%的省区其农业现代化发展水平在当年年末保持仍然保持在中低水平状态，而有 9.72%的省区上升了到中等水平状态，并且有 2.08%省份下降到低水平状态。表 2-4 的第 4 行说明有 89.79%的省份其农业现代化发展水平在当年年末仍然保持在中等水平状态，而有 5.53%省份上升到中高水平状态，并且有 2.98%省份下降到中低水平状态。表 2-4 的第 5 行说明有 69.49%的省份其农业现代化发展水平在当年年末仍然保持在中高水平状态，而有 10.17%的省份上升到高水平状态，并且有 20.34%的省份下降到中等水平状态。表 2-4 的第 6 行说明有 60.87%的省份其农业现代化发展水平在当年年末仍然保持在高水平状态，而有 26.09%、13.04%的省份分别下降到中高水平状态和中等水平状态。

表 2-4　我国农业现代化发展水平的 Markov 链转移矩阵概率分布

$t/t+1$	类型Ⅰ	类型Ⅱ	类型Ⅲ	类型Ⅳ	类型Ⅴ
类型Ⅰ	0.8571	0.1429	0.0000	0.0000	0.0000
类型Ⅱ	0.0208	0.8820	0.0972	0.0000	0.0000
类型Ⅲ	0.0000	0.0298	0.8979	0.0553	0.0170
类型Ⅳ	0.0000	0.0000	0.2034	0.6949	0.1017
类型Ⅴ	0.0000	0.0000	0.1304	0.2609	0.6087

　　表 2-5 则显示出 1997 年到 2013 年的初始分布和 Markov 链的稳态分布，根据表 2-5 可以看出，我国农业现代化发展水平的长期均衡状态将处在中等、中高、高水平状态，其中，中等水平最高，达到 57.19%，其次是中低水平，达到 17.52%，再次是中高水平达 16.07%，而高水平和低水平分布较少，分别为 6.66% 和 2.56%，相对于初始分布状态而言，稳态分布中处于低水平和中低水平的省份有较大幅度的下降，其中，高水平省份所占比例上升了 6.66%，中高水平省份所占比例上升了 16.07%，中等水平省份所占比例上升了 18.48% 达到 57.19%，中低水平省份所占比例下降了 27.64% 达到 17.52%，而低水平省份所占比例下降了 13.57% 达到 2.56%。这也表明了中等以上的水平具有较强的稳定性，从长期来看，我国农业现代化发展水平会逐步向中等以上的水平发展。

表 2-5　我国农业现代化发展水平的初始分布和稳态分析

分布	类型 I	类型 II	类型 III	类型 IV	类型 V
初始分布	0.1613	0.4516	0.3871	0.0000	0.0000
稳态分布	0.0256	0.1752	0.5719	0.1607	0.0666

2.2.6　结论与政策建议

　　本书使用我国 31 个省份 1997 年到 2013 年农业现代化发展水平的相关数据，通过构建农业现代化发展水平的指标体系，利用熵权综合指数法测算了我国农业现代化发展水平，并且对农业现代化发展水平的地区差距及其内部动态演进过程进行了实证研究，研究结论如下。

　　（1）Dagum 基尼系数及分解结果表明，我国农业现代化发展水平的总体差距在样本考察期内呈先上升、后下降的演变趋势。从三大地区来看，东部地区农业现代化发展水平的地区内差距呈现出上升趋势，而中部和西部地区农业现代化发展水平的地区内差距则呈现出下降趋势。地区间差距是造成我国农业现代化发展水平空间非均衡的首要原因，并且其对总体差距的贡献率呈波动上升趋势；而超变密度对总体差距的贡献率呈先上升、再下降的演变趋势，地区内差距对总体差距的贡献率变化较小。

　　（2）Markov 链分析表明，我国农业现代化发展水平状态流动性较低。从整体来看，我国农业现代化发展水平存在较为明显的上升趋势，并且农业现代化发展的低水平省份将逐步减少，总体向中等、中高和高水平状态的趋势发展。针对本书实证结果，由此得到如下政策建议。

　　第一，加大国家对西部地区农业基础设施的投入，引导农业科技人才回归。

根据本书实证结果可知，我国农业现代化发展水平排名最后的五个省份均分布在西部地区（分别是贵州、青海、西藏、宁夏、甘肃）。农业现代化发展本身就是一种高投入、高产出的产业，而地方的基础设施建设水平在农业现代化发展过程中起到至关重要的作用。但是西部地区的经济发展水平相比东中部而言，较为落后，自我发展能力有限，农业基础设施的投入主要依靠国家和其他地区的支持。因此，国家应该加大对西部地区农业基础设施的投入，同时，积极引导农业科技人才回归，为当地的资金投入和人力资本积累提供支撑条件，进而为西部地区农业现代化发展创造坚实的基础。

第二，加强区域间农业现代化发展全方位的交流与合作，发挥省际的协同效应。根据实证分析发现，东部地区农业现代化发展水平明显要高于中西部地区，因此，加强东部地区与中西部地区农业现代化发展的交流与合作，最大限度地发挥地区之间的相互合作关系。中西部地区可以通过借鉴东部地区在农业现代化发展过程中的先进技术经验、管理经验来提高本地农业现代化的发展水平，缩小区域间农业现代化发展差距，进而降低我国农业现代化发展水平的空间非均衡程度，实现全国农业现代化整体水平均衡发展。

第三，因地制宜，充分利用资源禀赋，推动农业现代化发展。由于我国各地区经济发展水平、资源禀赋、自然条件、技术条件等方面存在较大差异，因此，各地区要充分利用各自的比较优势，有效发挥特色农业现代化。具体而言，东部地区利用区位优势，加大研发投入，发展技术密集型和资金集约型的农业现代化发展道路；中部地区可以依托东部地区农业现代化发展优势，加强土地制度创新，适当调整土地经营政策，进而推行农业现代化发展的多样化规模经营方式。对于西部地区而言，虽然自然资源丰富，但是受到地理位置的限制，自然环境较为恶劣，很多农业生产难以实施，因此，西部地区应该充分发挥自身优势，发展特色化农业。

2.3　中国农业现代化的制约因素

按照上面以农业劳动者收入增加为核心的农业生产要素重组角度来理解农业现代化，我们就可以发现，中国农业现代化的发展面临着如下三大困境和制约因素。

2.3.1　保障国民农产品基本需求的客观要求制约

农业现代化，是农业生产者为了在新的经济结构条件下获得与非农产业劳动者相当收入水平而自觉进行生产要素重组的结果，其根本动机就是提高要素生产效率，增加收入。农业生产要素生产效率的提高途径，要么是土地生产率的提高，即单位面积土地生产更多的产品，要么劳均生产率的提高，即单位劳动力（或者资本）负担更大面积土地的耕种。这就是通常人们所说的精耕细作方式和规模经营方式。熟悉农业生产的人都知道，在既定的耕作习惯和生产技术条件下，小规模的精耕细作，可以获得更高的单产，但经济收益相对低下，而大规模的经营，则可以获得较高的劳动生产率，但往往伴随着土地生产率的牺牲。在没有其他约束条件下，农业生产者到底选择什么方式，是生产者在各要素投入与产出之间进行权衡的结果。从经济学的角度看，这种权衡后的平衡，是各种要素的边际收益率达到均衡。

　　但是，中国农业现代化过程中的农业生产显然不满足上述纯粹的理论假设，因为作为人口大国，农产品的数量产出是一个刚性的外部约束条件。具体体现在现实中一定数量的土地资源必须用于农业目的（如 18 亿亩的红线），每年的农产品总产量必须满足国民的基本需求。这就是说，速水佑次郎所说的农业发展三阶段中的第一阶段目标，要贯穿于中国农业现代化发展的始终，即使进入了提高农民收入解除其贫困和优化结构的第二三阶段，中国始终也不能免除农产品数量需求的制约。这就是说，中国的农业现代化面临的困境是：如果以单纯追求土地产出率为目标的生产方式，可以实现农产品数量目标，但农业生产者收入水平不可能有很大提高；如果以追求劳动生产率为目标的生产方式，可能实现劳动者收入水平提高的目标，但很难实现较高农产品产量，与确保国民农产品基本需求的目标相冲突。

　　中国作为人口大国，是否一定要将保证农产品生产的数量和满足农产品的基本自给作为基本国策？对于这一点，官方和主流的意见是明确的。这一结论是基于以下几个判断：第一，中国人口数量庞大，即使按照联合国预测方案中的低参数，在 2030 年左右，人口总数也将达到 14.5 亿左右，农产品需求将持续增加；第二，中国处于工业化和城镇化加速发展时期，不可避免地占用大量耕地，虽然实行所谓最为严格的耕地保护制度并且试图达到占补平衡，但数量的绝对减少和占优补劣必将对粮食产量造成影响；第三，经济发展和生活福利的提高将对水产品、水果及制品、奶及制品等非粮食的消费增加，饲料用粮、种子用粮、工业用粮（生物乙醇等）以及其他用粮在未来不断增加，使得粮食总需求在一段时期内仍将持续上升。国内外研究者基于不同参数和假设对中国未来农产品需求的供求缺口研究结论相差较大，一般而言国外学者对中国粮食供给前景相对悲观，而国内学者相对乐观，但有一个大致相同的认识，就是在 2030 年左右中国人口达到顶峰时，中国粮食需求将比现在高出 10%~20%，未来几十年中国粮食供给持续偏紧，而且需要进口的数量不断增加（表 2-6）（钟水映和李魁，2009）。

表 2-6　2030 年中国粮食供求缺口

研究者	需求量/亿吨	供给量/亿吨	缺口/亿吨	缺口比例/%
布朗	6.41	2.72	3.69	57.57
世界银行	6.8～7.17	6.4～6.6	0.4～0.57	5.88～7.95
美国农业部	5.79	5.00	0.79	13.64
日本海外合作基金会	8.06	4.14	3.92	48.64
陈锡康	7.25～7.8	6.75～7.25	0.5～0.55	6.90～7.05
黄佩民	6.82	6.37	0.45	6.60
龙方	6.37	5.95～6.41	−0.04～0.42	0～6.59
钟水映和李魁	6.53～7.13	6.22～6.82	0.31	4.35～4.75

　　中国必须面对的现实是，基本农产品必须立足于高度自给，无农不稳、农业发生波折将严重影响经济全局这一特点是中国有别于其他国家的客观现实。有些人视农产品市场为一般商品，奉市场调节为金科玉律，鼓吹中国没有必要追求较高的农产品自给率，而是通过国际市场满足农产品需求。如有学者说，加拿大可以养活 4.5 亿人，美国可以养活 16 亿人，而加拿大只有 3200 万人，美国只有 3 亿人。它们粮食生产潜力大得很，加上南半球的一些国家，如澳大利亚、巴西和阿根廷等，世界粮食供给根本不成问题，反倒是这些国家发愁拿不到订单（徐滇庆，2012）。殊不知，中国目前 90% 以上的粮食自给率是国家乃至世界农业稳定的一个重要因素。1996 年在罗马召开的世界粮食首脑会议上以及 2007 年国际市场粮食价格高涨时，中国政府承诺中国粮食进口量不超过国内生产量的 5%。这个承诺不仅是对稳定世界农产品市场的贡献，其实也是中国自身利益之所在。人地关系同样紧张的日本、韩国、中国台湾等国家和地区可以用比较优势，通过高效率的非农业生产竞争力优势，放弃农产品高自给率的目标追求，从国际市场上解决国民的农产品需求。事实上，这些国家和地区也没有完全放弃处于比较劣势的农业，而是采取了有别于欧美的农业生产模式，并对农业生产加以保护。因此，中国农业现代化的发展，无可回避的约束就是必须保障国民农产品基本需求，具体而言就是不能放弃对土地生产率的追求。

2.3.2　人地关系紧张的客观资源禀赋条件制约

　　中国人口发展的基本现状、趋势和 21 世纪现代化发展的目标，决定了中国农业现代化只能是在人地关系紧约束的条件下进行的。

　　联合国粮农组织提供的资料显示，世界人均耕地为 0.25hm²，而 2010 年我国人均耕地仅为 0.091hm²，低于世界平均水平的 40%，仅仅相当于人地关系相对宽松的加拿大的 1/15 和美国的 1/6，比人地关系相对较紧的印度也还要低 1/2。根据国土资源部历年的公报显示，1998～2010 年，全国耕地面积从 19.45 亿亩减少到 18.26 亿亩，每年减少 900 万亩以上。2012 年全国转为建设用地的农用地为 42.91 万 hm²，其中包括耕地 25.94 万 hm²。

工业化和城镇化的发展，将不可避免对农业生产资源的占用。作者曾经对中国工业化、城镇化与耕地数量之间的关系进行了一个计量分析，研究结果发现，中国城镇化每提高 1%，会带来农地减少 47.5 万 hm²；而工业化每提高 1%，会带来农地减少 30.82 万 hm²。日本工业化完成时的工业化产值比例最高为 1973 年的 45.55%；韩国最高为 1991 年的 46.62%；中国台湾地区最高为 1987 年的 47.5%。2012 年，中国（不包括港、澳、台，下同）的工业化水平达到 45.3%，基本上接近日本、韩国和中国台湾等国家和地区工业化完成时期的最高水平。尽管我们很难认为中国工业化发展已经完成，但未来的成长空间基本上是一种结构性的调整和区域之间的重组。从这个角度看，工业化对中国农地资源的占用影响已经退居次要。

但中国的城镇化发展显然方兴未艾，2012 年城镇人口比例为 52.6%，在过去 30 年里提高了 31.47%。以中国这样大的规模，城镇人口比例年均提高 1%，在世界人口史上是空前的。以世界城镇化率较高国家的经验判断，中国城镇化水平提高的空间仍然将有 20% 左右的空间，粗略估算对耕地的需求在 1.45 亿亩，保持足够数量的耕地，已经成为具有高度挑战性的难题。

是否一定要坚守 18 亿亩耕地的红线，理论界和实践部门存有不同意见。有学者认为其实耕地减少到 15 亿亩也没有多大关系，主张让市场决定土地的用途（茅于轼，2011）。这里不去正面讨论这个问题，作者想强调的是，无论 15 亿亩还是 18 亿亩，中国的人地关系极为紧张的判断并不会改变。即使中国城镇化水平将来可以达到 80% 左右的程度，仍然将有约 3 亿的农村人口存在，即使农业生产劳动力下降到 10% 的比例，也只能达到劳均 20 亩耕地的基本格局，实现中国农业现代化和农民收入提高的资源禀赋约束将始终存在。

2.3.3　农业生产要素重组的过程受到制约

中国农业现代化过程中生产要素重组面临的障碍之一，就是工业化和城镇化对农业生产要素重组的拉动力无法有效传递，成为农业生产要素重组的推动力。具体而言，30 余年来，工业化和城镇化所产生的非农业收入水平的提高、对农村大量劳动力的吸纳，并没有使农业生产效率也得到同步提高，从而导致农民收入水平保持相对平衡。农民和城镇居民收入差距仍然较大，农民家庭收入虽然也有所增加，但主要依靠的是非农收入部分的增量来维持的。造成这个局面，是由于缺乏农村人口退出机制，大量农村劳动力虽然长期务工经商，却并非真正退出农村，工业化和城镇化对农业现代化过程中农业生产要素重组的传导力被"半城镇化"的劳动力流动模式给消解了。工业化和城镇化无法对农业生产要素重组形成有效拉动，可以从"城镇化进程中的农村人口剪刀差"现象得到直观的说明。

所谓"城镇化进程中的农村人口剪刀差"现象，指的是改革开放以来，随着工业化和城镇化的发展和吸引，乡村人口数量不断降低，但乡村农民户数却有增无减这一反常现象。在统计图上，上升的乡村农民户数和下降的乡村人口比例构成了一幅"X"形图像。乡村农户数量有增无减，直接的结果就是在大量农村人口流出农村时，这些家庭仍然享有以户为单位承包的农地经营权，即使这些土地只是被弱劳动力应付地耕种着直至荒废。

农业生产要素重组受到制约的另外一个主要方面为农业生产要素重组的微观基础缺失，主要表现为最为重要的生产要素土地在不同农业生产者之间进行有效流动的市场基础难以建立。由于现行法律制度农地要素的产权权能的限制，制约了作为交易对象的农地要素重组市场的发育。农村土地产权主体或者其代理人模糊不清，使得土地流转的利益主体被虚化，难以适应现代农业市场化发展的要求（黄祖辉，2008）。有志于扩大生产规模的生产者无法通过市场获得权利有保障的农地资源组织生产，愿意出让农地权利的农民，无法通过市场交易获得让渡利益。即使有局部的、短暂的使用权让渡行为，但这种非正式的要素流转无法获得合法的地位和有保障的预期，离完整的农业要素重组过程相差甚远。因此，困扰中国农村的一个普遍现象是，虽然有着潜在的重组市场需求和供给，但由于交易对象作为生产要素存在的权能缺陷，农地流转市场不能真正建立和繁荣起来。近年来也曾出现过政府主导的农地流转或者政府大力促成的农业产业化龙头企业带动的农地流转，但其间的政府行政色彩甚为浓厚，实际效果与基于市场原则的要素重组相差甚远。政府主导的土地流转流弊是：要么企业是醉翁之意不在酒，做农地流转集中经营的表面文章，行非农开发和套取其他优惠政策之实，偏离了农业生产要素重组实现现代化的要义；要么是拉郎配的流转，一遇政策或者大的经济环境风吹草动，流转和重组即告瓦解。

2.3.4　土地生产率低下，地区发展不均衡

自从 1990 年至 2013 年，经历了 23 年的发展，我国土地生产率发展水平取得了较大的进步，但是省与省之间土地生产率发展水平仍然存在较为明显的空间非均衡特征。

具体来看，1990 年我国土地生产率发展水平最高的是四川，达到 6.1085，其次是吉林为 5.8042，最低的是甘肃，仅为 2.4023。2013 年我国土地生产率发展水平最高的是吉林，达到 7.4136，其次是辽宁，为 6.8051，最低的是贵州，仅为 3.3029。

相比 1990 年而言,我国土地生产率发展水平年均变化最快的是内蒙古,年均增长 2.98%;其次为西藏,年均增长 2.80%;最慢的是四川,年均下降 0.67%。相比 2000 年而言,我国土地生产率发展水平年均变化最快的是内蒙古,年均增长 4.46%;其次为吉林,年均增长 4.33%;最慢的是贵州,年均下降 0.84%。

图 2-5 直观地描述了 1990 年到 2013 年全国及东部、中部、西部三大地区土地生产率平均发展水平的演变轨迹。从图 2-5 可以看出,东部地区的土地生产率平均发展水平最高,其次是中部地区,而西部地区的土地生产率平均发展水平则最低。全国土地生产率平均发展水平由 1990 年的 3.9328t/hm²,持续上升到 1996 年的 4.4905t/hm²,达到极大值,随后下降到 2000 年达到极小值 4.2380t/hm²,而 2000 年之后,基本保持波动上升趋势,2013 年达到最大值 5.2946t/hm²。东部地区土地生产率平均发展水平由 1990 年的 4.4968t/hm²,上升到 1996 年的 5.1294t/hm²,达到极大值,随后下降到 2000 年达到极小值 4.7906t/hm²,而 2000 年之后,基本保持波动上升趋势,2013 年达到最大值 5.8140t/hm²。中部地区土地生产率平均发展水平由 1990 年的 4.0046t/hm²,先短暂下降到 1991 年的 3.6977t/hm²,然后立即上升到 1996 年的 4.6025t/hm²,达到极大值,随后下降到 2000 年达到极小值 4.1370t/hm²,而 2000 年之后,基本保持波动上升趋势,2013 年达到最大值 5.5225t/hm²。西部地区土地生产率平均发展水平由 1990 年的 3.3099t/hm²,除个别年份,保持持续上升态势,2013 年达到最大值 4.5887t/hm²。若以 1990 年为基期,2013 年全国、东部、中部、西部地区的土地生产率平均发展水平年均分别增长 1.30%、1.12%、1.41%、1.43%。

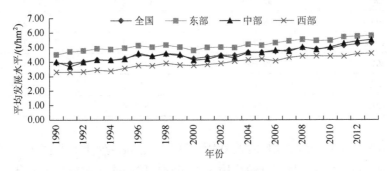

图 2-5 全国和东、中、西部土地生产率平均发展水平

2.3.5 农村与城镇居民收入水平差异明显

农业现代化的核心也是最为直接的动力,就是在工业化和城镇化发展所形成的新的经济结构和技术条件下,不断提高农业劳动者收入水平,与非农业劳动者之间达成动态的相对平衡。从目前来看,我国农村居民与城镇居民的收入差异非常明显(表 2-7)。

表2-7　农民与城镇居民收入水平表　　　　单位：元

年份	城镇	农村	城乡收入比
1990	1510.20	686.30	2.20
1991	1619.21	699.97	2.31
1992	1775.50	741.43	2.39
1993	1944.74	765.03	2.54
1994	2110.16	803.40	2.63
1995	2213.08	845.97	2.62
1996	2299.22	922.05	2.49
1997	2377.75	964.39	2.47
1998	2514.97	1005.85	2.50
1999	2749.01	1044.23	2.63
2000	2925.11	1066.06	2.74
2001	3173.63	1110.83	2.86
2002	3599.02	1164.20	3.09
2003	3923.01	1214.26	3.23
2004	4224.90	1296.74	3.26
2005	4630.47	1377.23	3.36
2006	5113.03	1479.12	3.46
2007	5736.63	1619.60	3.54
2008	6218.43	1749.27	3.55
2009	6826.01	1897.91	3.60
2010	7358.13	2104.77	3.50
2011	7976.39	2344.71	3.40
2012	8741.78	2595.46	3.37
2013	9353.94	2836.94	3.30

　　图2-6 显示了我国城镇居民收入和农村居民收入的演变趋势，从图2-6可以看出。20 世纪 90 年代以来，我国城镇居民收入和农村居民收入保持持续上升的演变趋势，相比农村居民收入而言，城镇居民收入水平上升幅度较快，城乡收入差距越来越大，短时间内难以缓解。具体来看，城镇居民收入水平由 1990 年的 1510.20 元/人，持续上升到 2013 年达到 9353.94 元/人，上升幅度为 1990 年的 6.19 倍。而农村居民收入水平则由 1990 年的 686.30 元/人，持续上升到 2013 年达到 2836.94 元/人，上升幅度为 1990 年的 4.13 倍。若以 1990 年为基期，2013 年我国城镇居民收入、农村居民收入年均分别增长：8.25%、6.36%；若以 2000 年为基期，2013 年我国城镇居民收入、农村居民收入年均分别增长：9.35%、7.82%。

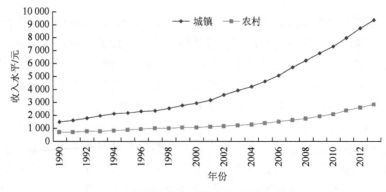

图 2-6　我国城乡居民收入水平的演变趋势

　　图 2-7 描述了我国城乡居民收入比的演变趋势,从图 2-7 可以看出,在考察期内,我国城乡居民收入比呈现出先上升后下降的演变趋势,具体来看,可以分为三个阶段:第一阶段,1990 年到 1997 年,总体上经历了先上升、再下降的演变趋势,由 1990 年的 2.20,逐渐上升到 1994 年达到极大值 2.63,随后小幅度下降至 1997 年,达到极小值 2.47。第二阶段,1998 年到 2009 年,在此期间,城乡居民收入比总体上保持持续上升的演变态势,由 1998 年的 2.50,持续上升到 2009 年达到最大值 3.60,上升幅度达到 44%。第三阶段,2010 年到 2013 年,基本呈现出下降趋势,由 2010 年的 3.50,持续下降到 2013 年的 3.3,下降幅度为 5.7%。若以 1990 年为基期,2013 年我国城乡居民收入比年均上升 1.78%。若以 2000 年为基期,2013 年我国城乡居民收入比年均上升 1.44%。

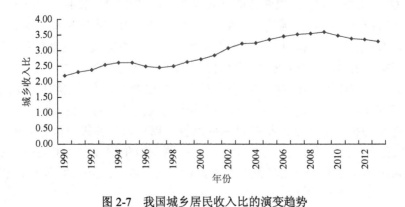

图 2-7　我国城乡居民收入比的演变趋势

2.4　中国农业现代化的目标模式与特色

　　从农业生产要素重组以实现农民收入提高的角度认识农业现代化,实事求是地分析中国农业现代化发展面临的客观制约和制度障碍，就可以把握中国农业现代化发展目标模式的基本轮廓，作者将其概括为：中国的农业现代化将是一种以社会化服务体系支撑的家庭经营为主导模式的、兼顾土地生产率和劳动生产率的、以生物技术加小型机械的相对较小规模的生产方式。与世界重要农业生产国家相比，中国的农业现代化发展模式将体现如下几个重要特点。

（1）中国的农业现代化将是一种兼顾土地生产率和劳动生产率的农业发展模式。满足国民基本食物需求、实现粮食较高自给水平的基本定位决定了中国必须追求较高的土地生产率。而要不断提高农民收入以实现农业劳动者收入与非农业劳动者收入之间的相对动态平衡，则又必须使得劳动生产率较现在有一个较大的提高。未来的中国农业现代化将在这两个指标之间寻得一个合理的平衡点。

中国传统农业社会的精工细作方式和历史上始终存在的粮食压力，使得中国的土地生产率已经达到相对较高水平。以谷物生产为例，中国每公顷产量达到5.5t，已经远远高于俄罗斯、印度、巴西等农业大国。但与美国（6.6t）、日本（6.2t）、韩国（7.1t）和法国（7.3t）的水平还有 10%～35%的差距。需要指出是，中国的目前的土地生产率是以较多的人工投入和较高的化肥施用量支撑的，每公顷化肥施用量高达 468kg，是美国的 4.5 倍（103.1kg）、日本的 1.7 倍（278.2kg）、法国的 3.2 倍（146.1kg），只与韩国（479.5kg）相当。在农业生产技术没有明显突破的前提下，面对未来粮食需求高出目前水平 10%～20%的挑战，必须进一步提高土地生产率。如果说中国农业生产的土地生产率还存在进一步提高的空间，则相对而言，劳动生产率提高的空间更大。发达国家农业劳动者人均产值接近甚至超过人均 GDP 水平，如美国农业劳动者人均产值是国民人均 GDP 的 98%，日本是136%，韩国是 92.5%，法国是 121%，印度也达到 44%，中国只有 15%。由此可见，中国农业现代化过程中农业生产要素重组，在保持较高土地生产率并尽可能继续加以提高的同时，重要的努力空间在于提高劳动生产率。

（2）中国农业现代化生产规模有所扩大，并逐渐发展为以生物技术加小型机械的生产方式。提高劳动生产率，无非是集约利用土地提高单位面积出产率和扩大单位劳动力担负的耕地面积数量两种途径。以日本、韩国为代表的较小规模国家，农业土地出产率高于中国 10%～20%，说明以生物技术为主的现代农业手段仍然可以为中国农业劳动者提高收入提供空间。除此之外，提高劳动生产率，应该在生产经营规模的适当扩大上寻找出路。

就一般情形而言，中国农业生产的微观单位不可能普遍采取数十、数百公顷的大农场规模经营方式。一是中国的耕地资源相当部分不利于大机器耕作，二是基本实现现代化条件下仍然有约 3 亿农业人口、劳均不足 20 亩耕地的紧箍咒决定了中国农业生产规模是较小类型的，虽然并不排除个别人地关系宽松的地方出现大农场生产。

但是，作者所主张的较小规模农业生产，是与美加等典型大农场生产相对而言的，它的规模仍然比目前的平均家庭经营规模要大，具体而言应该是目前规模的 3～5 倍，以目前劳均 6 亩多耕地的水平推算，中国现代化农业生产规模应该在劳均 20～30 亩的水平。这种经营规模在世界上看仍然属于小规模经营，但与一些学者主张的小农生产方式有根本区别。有学者以农民生计和社会稳定为由，强调农村"人均一亩三分地，户均不过十亩田"的小农格局至少要维持三五十年（贺雪峰，2010）。这样的小农生产格局，始终无法实现农业现代化所要求的生产要素重组，也根本不可能提高农业生产者收入以期达到与非农生产者的动态平衡。长期以来，农村居民人均纯收入始终为城镇居民可支配收入的 30%左右，如果将规模经营扩大到目前水平的 3～5 倍，则可望实现与非农业生产收入的相对平衡。

（3）中国的农业现代化将是以高度社会化服务体系支撑家庭经营为主的模式。未来中国劳均 20～30 亩规模的农业生产经营模式，最为合理的选择是以家庭经营为主的方式。一是世界各国农业生产的实践证明，农业生产对劳动力需求的季节性波动大和生产过程的难以监督管理的特点，决定了家庭经营是一种相对有效的模式，而企业式的经营则相对低效。换言之，家庭式经营具有适应农业生产的天然特点，也具有使用现代农业生产要素进行较大规模经营的内在潜力。即使美国这样的大农场生产模式为主的国家，家庭农场也占有 90%的比例，即使剩下的 10%为公司制农场，其中 85%也是家族式公司（韩俊，2012）。二是以家庭经营为主的农业生产模式，与目前农村家庭承包经营的基本格局保持延续和平稳过渡，可以避免土地大规模和频繁地在不同生产经营者之间让渡带来的波动。在土地所有权基本制度不变的情况下，公司制或者其他合作生产模式必须触动现有的家庭承包制度，对经历了土地改革、合作化和人民公社的中国农民来说，这样的变化最易触动他们的敏感神经，容易引起骚动和不安。三是中国农业现代化的生产，并不必绝对排斥公司制的规模经营模式。在人地关系相对宽裕、集体经济发达的一些地区，非家庭经营的农业生产组织形式只要能够达到提升农业生产效率、增加农业生产者收入水平的效果，就应该允许和鼓励其发展。只是我们应该关注近年来出现的这样一种现象：一些地方政府通过行政主导促成土地流转，树立了一批"龙头企业+合作组织+农户"的规模经营典型。这种探索虽然有其积极意义，也值得鼓励，但应该警惕的是，一些涉农企业，其重心并非进行规模农业生产经营，而是以此作为幌子争取政府优惠政策的筹码。这样的规模经营，缺乏起码的坚实的经济基础，一旦外部条件发生变化，往往形成土地权利纠纷，形成社会不稳定因素。

中国农业现代化道路要区别于其他国家，走出一条具有中国特色的农业现代化道路，实现中国农业现代化的目标，必须在工业化和城镇化引领力推动下实现农业生产的适度规模经营和劳动者收入的不断提高。其具体路径则是进行农业生产要素的重组，尤其是土地的流转和集中。

　　土地的流转和集中，基本途径有两个：一个是在现有的家庭承包基础上，通过农户间的土地使用权自愿流转，农地经营者不断扩大生产规模；另一个是农户以土地使用权的物权化为基础，形成股份制、股份合作制等联合体，或者退出农村的农户以利益补偿永久性向联合体让渡土地使用权而形成较大规模的经营实体。中国的地域差异大、农业和非农业发展的水平相差也大，各地的规模经营水平和实现途径，应当因地制宜。

　　以农业现代化为目标的相关制度，尤其是农地制度的安排就应该围绕上述目标进行顶层制度设计，其核心思路是打通工业化和城镇化拉动力对农业生产要素重组的传导渠道，重塑土地等农业生产要素重组的微观基础，形成农村人口的退出机制，促进农业生产的适度规模经营的实现，使得农业劳动生产者获得与非农业生产者相对平衡的收入。作者将这一顶层制度设计的思路总结为 32 字方针，即"社区所有、家庭永佃、物化赋权、用途管理、市场流转、规模经营、城乡一体、放水养鱼"。这一思路包括三个大的方面，试简单解释如下。

　　"社区所有、家庭永佃、物化赋权"是通过农地使用权的物权化制度安排构造农业生产要素的微观基础。名义上我国农地归农民集体经济组织所有，由农民家庭获得承包权。但现实情况是，所谓的"双层经营"已经事实上解体，"承包"也徒有虚名，农民家庭实际上按照人头享有农地的使用权。基础法律制度、现实权能分割与农业现代化生产要求的要素顺利重组之间存在着互不适应和内在冲突。学术界和实践部门曾经出现过将现行土地集体所有制向完全国有并实行"国有永佃"或者彻底私有化等不同主张。必须看到，由于新中国成立以来不同时期的土地归属变化比较大，大动作进行农地所有权的激烈变化，必将引起各种权利主张者对历史权利的追溯，这将付出高昂的历史成本，形成重大社会风险。较为现实和可行的改革路线是，以现有的土地社区所有（集体所有）作为法律基础，并通过确权等手段使其使用权一次性地永久界定到农户家庭，将农户拥有的农地使用权（永佃权）物化，将继承、买卖、租赁、抵押等权利完全交给农民，从而构造出农业生产要素顺利重组的微观基础。

　　"用途管理、市场流转、规模经营"是对土地等生产要素重组过程进行规范，其目标是达到适度规模经营。这里涉及两个重要问题：一是土地作为重要农业生产要素在重组过程中的用途管制问题。这里提出"用途管理"，是要在坚持"农地农用"的基本原则下，放开农民家庭对农地使用权的处置。物化的农地使用权，意味着农民对土地的处置具有更强的自主性，将直接面对农地用途转换增值带来的巨大经济诱惑，如果不进行用途管理，将会出现大量农地流失现象，损害国家整体的粮食供给能力。用途管理，是世界各国对耕地实施保护政策的普遍做法。二是土地等生产要素重组过程中交易的主体问题。现行的政策对社会资本进入农村和农业持消极的态度，其实大可不必。在农地农用的原则下，社会资本进入土地等要素的重组，可以起到加大农业投入、推动规模经营、催生社会化服务等良好效果。只要管住农地用途的总闸门，遵循"依法、自愿、有偿"的原则进行要素重组，就不必担心社会资本进入农业的副作用。

"城乡一体、放水养鱼"就是要在土地等要素重组的过程中，沟通城乡，建立流畅的农村人口退出机制，使得有能力、有意愿的农村人口在宽松的社会和经济条件下，进入非农产业，融入城镇，转化为真正城镇市民。第一代农民工在进入老年后丧失在城镇中务工经商的竞争力而不得不退回乡村，是一种无奈的选择，相当比例的新生代农民工则无论从务农经历和个人意愿来讲，很难再如父母辈一样回到农村。应该顺势利导，通过土地流转机制，让他们彻底退出农村，为规模经营提供空间。对退出农村的人口，应该秉持"放水养鱼"的思路，在劳动就业、社会保障、子女教育等方面实行一视同仁的政策。同时，通过廉租房、保障房等手段为其提供起码居住条件。对自主创业和自我雇佣或者雇佣进城劳动者的用工单位，设立一个较长时期的过渡期（如一代人的时间 20 年），免除各类相应税费负担，提供宽松融入环境。这样才能真正打通工业化和城镇化对农业现代化引领力的传导机制，使得工业化和城镇化带来的福利转化为推动农业现代化的动力。

第3章 土地制度、农村人口退出与农业现代化

3.1 土地制度的基本内涵与功能

自新中国成立以来，我国的土地制度经历了多次变革。随着我国经济的飞速发展，土地问题日益突显。为何土地问题屡屡得不到彻底解决，这是我们值得深思的问题。目前，我们首要考虑的最主要问题是农村的土地制度安排是否合理有效。我国农民总数很大，如果能够彻底解决农民问题，也能够从根本上解决土地问题，那么中国的问题也随之得以解决。研究我国的土地制度，特别是新中国成立以来农村土地制度的演变过程及其重大意义，能够为我国政府制定或出台相关的土地政策提供一些帮助。

我国幅员辽阔，地大物博。土地是人类赖以生存的物质资料，土地也是农业生产的基础。如果农业生产中没有土地的存在，农业生产将是一片空白。可见，土地对人类生存有着重大意义。土地是实际存在的，是不会改变的，但土地制度随着经济发展形势在不断地进行改革，而人类在合理利用和开发土地资源的过程中，由于某些条件的限制，从经济角度来看，不仅受土地资源有限的约束，从生态结构来看，还受某些客观规律的影响。这些就涉及如何进行资源的合理有效利用和高效的资源配置问题。谈到资源的合理有效利用和高效的资源配置，这从侧面折射出一种生产关系，即土地关系是最核心的生产关系。土地所有制是生产资料所有制的重要构成部分，是土地制度的核心内容。土地所有制决定着以土地为基础的生产关系，也就是说土地所有制决定在生产过程中人们之间的分配关系，更确切地来说，它决定了土地的使用制度，能够直接影响生产的价格、市场的价格以及土地产品的成本。与此同时，土地所有制对国家或社会进行土地管理有着重要影响。由上可知，在经济社会中，要处理好人与人之间的关系，构建和谐文明社会，这都会涉及土地制度的问题。

3.1.1 土地制度的含义

土地制度由土地经济制度和土地法权制度构成。土地经济制度是人们在社会制度下在土地利用过程中形成的所有的土地关系。土地法权制度是人们在土地利用过程中形成土地关系的法权体现，是上层建筑的重要组成部分。在社会意识形态中，土地经济制度是土地法权制度的基础，土地经济制度又决定土地法权制度。土地制度是人与人，人与土地之间关系的反映。土地制

度有广义和狭义之分，广义的土地制度是指人们在特定的社会经济条件下，因土地的利用和归属的问题而产生的所有关系的总和。例如，土地所有制度、土地使用制度、土地的国家管理制度、土地规划制度、土地保护制度以及土地征用制度等。狭义的土地制度仅仅是指土地所有制度、土地的国家管理制度和土地使用制度。

新中国成立以后的一段时期内，由于特定的历史因素，人们的思想观念比较传统，习惯性地把土地制度理解成狭义的土地制度。但在改革开放以后实行社会主义市场经济体制，随着我国经济制度的不断创新与发展，人们对我国土地制度的概念有了新的认识，人们摆脱了封建传统思想的束缚，紧跟时代的发展潮流，更加注重广义的土地制度。人们不仅意识到要重视土地所有制度、土地使用制度和土地的国家管理制度，而且还提高了在新经济形势下对新的土地关系和新的土地制度的关注度，如土地利用制度、土地税收制度、土地规划制度以及土地流转制度等。本书所谈到的土地制度指的是广义的土地制度，但主要探讨的是土地所有制度、土地使用制度和土地的国家管理制度（陈露，2014）。

3.1.2　土地制度的功能

1. 鼓励功能

鼓励就是要调动经济当事人的生产积极性，鼓励能够推动经济当事人对生产劳动的生产动力。很明显，鼓励功能是否能够达到预期的效果，最关键的地方就在于经济当事人的个人利益或成本价格与社会的利益或成本价格是否相一致。与此同时，我们也应该注意到任何制度的出台不一定符合每个人的思想观念，而经济当事人在追求利益最大化的前提下，可能会对制度产生不满或抵触情绪，这恰恰与该制度的本意形成鲜明的反差。总而言之，制度的不合理性将会导致经济当事人从事不理性的行为，反之，制度的合理化安排必然会激励经济当事人理性做事，也可以说，相对合理化的制度会正确指导人们更加理性地去从事工作。

2. 制约功能

一项制度的确定能够对经济当事人等行为选择有所限制，如果一项制度不能够对经济当事人的行为产生制约作用，那么该制度也不能称为制度，只是一个摆设而已。一项制度的功能包括两层含义：一是指促使经济当事人在合理规范内从事工作；二是制约经济当事人的行为不越过制度边界。一项制度能否真正发挥其制约功能，最关键的是该制度的边界是否明确，权利是否有效。例如，家庭联产承包责任制，它根本上体现了农民与生产资料的直接结合的关系。而这一直接结合的特殊形式是社会主义公有制。在阶级社会里，生产资料私有制决定了劳动者与生产资料的分离。作为阶级社会最后社会形态的资本主义社会也是如此,也恰恰是资本主义私有制规定着劳动者与生产资料的分离,使资本主义的生产社会性与资本主义私人占有形式之间的基本矛盾不断激化,导致了一次又一次的资本主义社会危机。这项制度让经济当事人合理规范地从事工作,从而达到更高的理想水平。

3. 合理利益分配功能

不同制度的安排对应不同的产权安排,不同的产权安排则又与个人或者其他人的利益受损权利相对应,也就是说,制度是衡量合理利益分配的准则。不同的制度安排对利益分配也会产生不同的作用,从而对利益收入产生的不同效应也会有所影响。例如,土地所有制的不同安排相应界定了不同的土地所有权的安排,而不同土地所有权的产权安排则又相应地确定了不同的利益所有者,同时也确定了不同流向的地租。当然,这种不同的收入效益又会改变经济当事人对待土地制度的变革和创新的看法,从而影响土地制度变革的成本范围和影响程度的大小。

4. 配置功能

土地制度对土地资源的合理配置有着非常重要的作用。从本质上来说,土地制度的出台在一定程度上使土地资源得到了合理的配置,从而影响土地资源的高效率利用。例如,在没有或者缺乏土地流转制度的安排的前提下,土地肯定不能随相对价格的变动而自由流动,不能由效益较低的部门、行业、使用者流向效益较高的部门、行业、使用者。因此,要根据一定适当的分配原则来选择合适的土地制度来实现土地资源的合理配置,这个环节占据比较重要的地位。例如,针对我国人多地少、人均耕地占有量少、耕地后备资源不足的实际情况,我国对土地资源配置十分重视耕地的保护,1998 年 8 月 29 日,第九届全国人大常委会第四次会议修订并通过《中华人民共和国土地管理法》。通过制定土地制度来进行合理的资源配置,实现资源的高效率利用。

5. 保障功能

由于经济当事人的理性能力有限、环境的复杂性和不确定性,人们对未来的预期存在很多担忧,但是这些担忧是无法避免的,它具有风险大和不稳定性。通过某些制度的安排,能够对经济当事人的权益有保护作用,从而使经济当事人能够对未来的预期进行合理的安排,也能够降低风险性和不确定性。与此同时,不同制度的安排其保护功能必然也会有所差别。例如,在人民公社化体制下土地制度对农民的权益保障相对较差,但在家庭联产承包责任制下土地制度对农民权益具有较强的保护作用，但现行的土地制度因为承包期时间的不确定性，其保障功能则又相对较差，难以保证农民的权益。

3.2　土地制度与农业发展

3.2.1　我国土地制度的总体发展情况

图 3-1 描述了我国耕地面积及农作物、粮食作物播种面积演变趋势，从图 3-1 可以看出，我国农作物总播种面积在考察期内波动较小，总体呈现出小幅度的上升趋势，由 1978 年的 $1.501\,040\,7\times10^8 hm^2$，波动上升值 2013 年达到 $1.646\,269\,3\times10^8 hm^2$。耕地面积在考察期内的演变趋势可以分为两个阶段，第一阶段，1978 年到 1996 年，在此期间，耕地面积基本维持在 $9.5\times10^7 hm^2$ 左右。第二阶段，1997 年到 2013 年，除了 2007 年和 2008 年，基本维持在 $1.7\times10^7 hm^2$ 左右。而粮食作物播种面积在考察期内则表现为下降趋势，由 1978 年的 $1.205\,872\times10^8 hm^2$ 波动下降至 2013 年达到 $1.119\,555\,60\times10^8 hm^2$。若以 1978 年为基期，2013 年我国耕地面积、农作物总播种面积、粮食作物播种面积年均分别上升 0.88%、上升 0.26%、下降 0.21%。若以 1990 年为基期，2013 年我国耕地面积、农作物总播种面积、粮食作物播种面积年均分别上升 1.51%、上升 0.45%、下降 0.06%。若以 2000 年为基期，2013 年我国耕地面积、农作物总播种面积、粮食作物播种面积年均分别上升 0.30%、上升 0.40%、上升 0.24%。

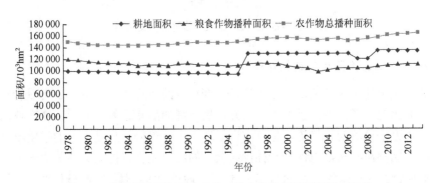

图 3-1　我国耕地面积及农作物、粮食作物播种面积演变趋势

3.2.2　我国经济发展的总体情况

1. 国内生产总值及其三次产业总体发展情况

改革开放以来，我国国内生产总值从 1978 年的 3650.2 亿元增加到 2013 年

的 588 018.76 亿元（图 3-2）。其中第一产业生产总值由 1978 年的 1018.4 亿元，增加到 2013 年的 55 321.71 亿元；第二产业生产总值从 1978 年的 1735.97 亿元增加到 2013 年的 256 810.01 亿元；第三产业生产总值从 1978 年的 895.8 亿元增加到 2013 年的 275 887.04 亿元。从图 3-2 可以看出，三次产业中，第一产业在考察期内，增加速度较慢，而第二和第三产业在考察期内增长速度较快，两者基本保持同样的演变趋势。若以 1978 年为基期，2013 年我国国内生产总值、第一产业生产总值、第二产业生产总值、第三产业生产总值年均分别增长 15.63%、12.09%、15.35%、17.79%。若以 1990 年为基期，2013 年我国国内生产总值、第一产业生产总值、第二产业生产总值、第三产业生产总值年均分别增长 16.15%、11.00%、16.49%、18.04%。若以 2000 年为基期，2013 年我国国内生产总值、第一产业生产总值、第二产业生产总值、第三产业生产总值年均分别增长 14.62%、10.72%、14.27%、16.07%。

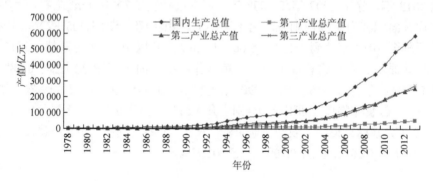

图 3-2　我国三大产业生产总值的演变趋势

2. 我国三次产业生产结构情况

图 3-3 描述了我国三次产业生产结构变化的演变趋势，从图 3-3 可以看出，第一产业比例在考察期内呈现出先上升、后下降的演变趋势，而第二次产业比例则保持较为平稳的变化趋势，总体上也呈现出上升趋势，只是上升的幅度较小。第三产业比例在考察期内保持一种持续上升的演变趋势。根据具体数值来看，第一产业比例由 1978 年的 27.90% 先上升，至 1982 年达到最大值 33.03%，随后持续下降，至 2013 年达到 9.41%。第二产业比例由 1978 年的 47.56% 先波动下降，至 1990 年达到最小值 40.90%，随后波动上升，至 2013 年达到 43.67%。第三产业比例由 1978 年的 24.54% 先下降，至 1980 年达到最小值 22.23%，随后波动上升，至 2013 年达到最大值 46.92%。若以 1978 年为基期，2013 年第一产业生产总值比例、第二产业生产总值比例、第三产业生产总值比例年均分别下降 3.06%、下降 0.24%、上升 1.87%。若以 1990 年为基期，2013 年第一产业生产总值比例、

第二产业生产总值比例、第三产业生产总值比例年均分别下降 4.44%、上升 0.29%、下降 1.63%。若以 2000 年为基期，2013 年第一产业生产总值比例、第二产业生产总值比例、第三产业生产总值比例年均分别下降 3.40%、下降 0.30%、上升 1.27%。

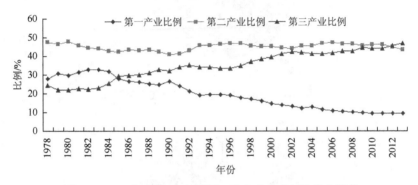

图 3-3　1978 年到 2013 年我国三次产业生产结构演变趋势

3.2.3　东部、中部、西部地区三次产业生产情况

1. 东部、中部、西部第一产业生产情况

图 3-4 描述了 2013 年我国东部、中部和西部地区第一产业生产情况，从全国范围来看，2013 年东部地区的第一产业总值最高，为 22 215.2 亿元，占全国第一产业生产总值的 39%；其次是中部地区，其第一产业生产总值为 20 640.3 亿元，占全国第一产业生产总值的 36%；最后是西部地区第一产业生产总值，仅为 14 101.4 亿元，仅占全国第一产业生产总值的 25%。从图 3-4 可以看出，我国第一产业生产总值在东部、中部以及西部地区存在较大差异。其中西部地区的第一产业生产总值与东部和中部地区相差较为明显。

2. 东部、中部、西部第二产业生产情况

图 3-5 描述了 2013 年我国东部、中部和西部地区第二产业生产情况，从图 3-5 可以发现，第二产业生产总值从大到小依次为东部地区、中部地区、西部地区。其中，东部地区第二产业生产总值为 165 256.5 亿元，占全国第二产业生产总值的 54%；中部地区第二产业生产总值为 88 224 亿元，占全国第二产业生产总值的 29%；西部地区第二产业生产总值为 53 272.4 亿元，占全国第二产业生产总值的 17%。可以发现，相比第一产业而言，第二产业生产总值在东部、中部和西部地区的差距更为明显，东部地区所占比例已经超过了全国第二产业生产总值的 1/2。

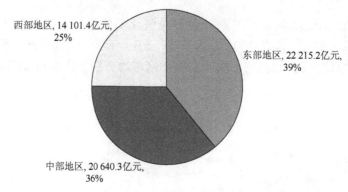

图 3-4　我国 2013 年第一产业生产情况

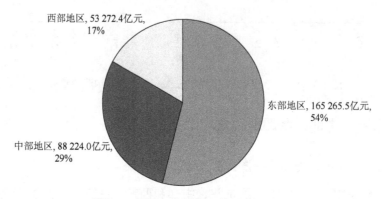

图 3-5　我国 2013 年第二产业生产情况

3. 东部、中部、西部第三产业生产情况

图 3-6 描述了 2013 年我国东部、中部和西部地区第三产业生产情况,从图 3-6 可以发现,第三产业生产总值从大到小依次为东部地区、中部地区、西部地区。其中,东部地区第三产业生产总值为 161 855.8 亿元,占全国第三产业生产总值的 60%;中部地区第三产业生产总值为 62 638.1 亿元,占全国第三产业生产总值的 24%;西部地区第三产业生产总值为 41 796.6 亿元,占全国第三产业生产总值的 16%。可以发现,相比第一产业、第二产业而言,第三产业生产总值在东部、中部和西部地区的差距最为明显,东部地区所中比例已经超过了全国第三产业生产总值的 1/2,占 60%,而西部第一仅占全国第三产业的不到 1/5。

4. 农林牧渔业发展情况

改革开放以来,我国农林牧渔业生产总值从 1978 年的 1396.9 亿元增加到 2013 年的 93 469.9 亿元,年均增长为 12.76%,其中农业生产总值由 1978 年的 1117.5 亿元,增加到 2013 年的 51 497.4 亿元;林业生产总值从 1978 年的 48.1 亿元增加

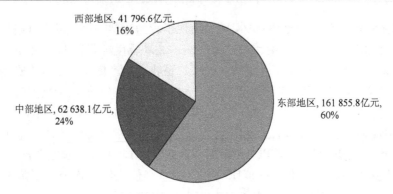

图 3-6　我国 2013 年第三产业生产情况

到 2013 年的 3902.4 亿元；畜牧业生产总值从 1978 年的 209.3 亿元增加到 2013 年的 28 435.5 亿元；渔业生产总值从 1978 年的 22.1 亿元增加到 2013 年的 9634.6 亿元。从图 3-7 可以看出，农业生产总值增长速度最快，其次是畜牧业，而渔业和林业生产总值增长速度最慢。不过整体来看，农业、林业、畜牧业、渔业基本保持上升的发展趋势，只是上升幅度存在较大差异。若以 1978 年为基期，2013 年我国农业总产值、林业总产值、畜牧业总产值、渔业总产值年均分别增长 11.57%、13.39%、15.07%、18.97%。若以 1990 年为基期，2013 年我国农业总产值、林业总产值、畜牧业总产值、渔业总产值年均分别增长 10.72%、11.33%、12.31%、14.71%。若以 2000 年为基期，2013 年我国农业总产值、林业总产值、畜牧业总产值、渔业总产值年均分别增长 10.62%、11.60%、10.92%、10.24%。

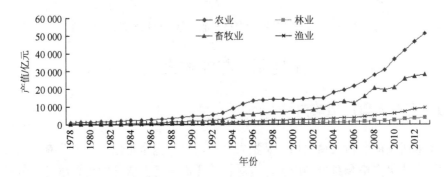

图 3-7　1978 年到 2013 年中国农林牧渔业发展情况的演变趋势

　　图 3-8 描述了 1978 年到 2013 年我国农林牧渔业总产值比例的演变趋势，从图 3-8 可以看出，农业总产值比例和畜牧业总产值比例在考察期内波动较为明显，并且两次呈现出相反的演变趋势，而林业和渔业在考察期内波动较小。具体来看，农业总产值比例在考察期内呈现出持续下降的演变趋势，由 1978 年的 80%持续下

降，到 2008 年达到最小值 50.09%，随后出现了较为短暂的小幅度上升趋势，2013年达到 55.10%。林业总产值比例在考察期内波动幅度非常微弱，由 1978 年的3.44%小幅度波动，到 2013 年达到 4.18%。畜牧业总产值比例在考察期内则呈现出波动上升趋势，由 1978 年的 14.98%先波动上升，到 2008 年达到最大值 36.77%，随后则呈现出小幅度的下降趋势，2013 年达到 30.42%。渔业总产值比例在考察期内波动较小，但是总体上呈现出上升趋势，由 1978 年的 1.58%，缓慢上升，到 2013 年达到 10.31%。若以 1978 年为基期，2013 年我国农业总产值比例、林业总产值比例、畜牧业总产值比例、渔业总产值比例年均分别下降 1.06%、上升 0.55%、上升 2.04%、上升 5.50%。若以 1990 年为基期，2013 年我国农业总产值比例、林业总产值比例、畜牧业总产值比例、渔业总产值比例年均分别下降 0.69%、下降 0.14%、上升 0.74%、上升 2.89%。若以 2000 年为基期，2013年我国农业总产值比例、林业总产值比例、畜牧业总产值比例、渔业总产值比例年均分别下降 0.08%、上升 0.81%、上升 0.19%、下降 0.42%。

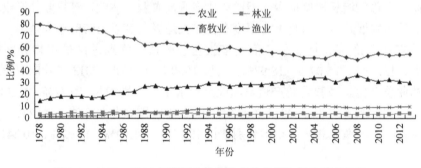

图 3-8　1978～2013 年我国农林牧渔业总产值比例的演变趋势

3.3　土地制度与农村人口退出

3.3.1　农村人口退出的内涵

本书所指的农村人口退出，是指农村人口的"完全退出"，即具有农村集体经济组织成员资格和身份的成员，自愿将其凭借其身份取得的土地承包经营权和宅基地使用权以退还、转让等其他形式给所在农村集体经济组织或其他个人，从法律和经济联系上与原来所在农村社区脱离关系的行为。

农村人口退出，从内容上看，有两个显著的变化：第一，生产经营方式发生变化。农村人口从农业生产领域中退出，进入非农生产领域，至少是退出人口依据原来的分配制度所获得的农业生产性资源（使用权）顺利让渡给仍然滞留在农业生产领域的人口；第二，生活方式发生变化。伴随着生产经营的内容和方式的变化，农民顺利从农村迁移到城镇，从农民转变为市（镇）民。

农村人口退出，从其过程来说，具有两个特征：一是自愿性，二是交易性。所谓农村人口退出的自愿性，是农民将凭借其与生俱来的身份而获得的土地承包权、宅基地使用权让渡出去的选择，是出于自身利益考量的一种自愿性选择，而不是一种被迫行为。所谓农村人口退出的交易性，就是农村人口让渡其土地承包权和宅基地使用权，必须获得相应的经济补偿或者某种基于市场交易的产权让渡安排，而且这种补偿的方式、补偿水平是基于市场交易的结果，产权让渡安排也是按照市场原则作出，而不是以行政手段或者其他方式对其进行任何形式的剥夺。

农村人口退出，从其结果来说，具有两个基本特征：一是彻底性，二是整体性。所谓农民退出的彻底性，是指农民的退出是不可逆的过程，退出是一次性的从乡村迁移到城镇，而不是钟摆式往复迁移。现实生活中"人户分离式退出"，农村人口虽然离开农村流动到城镇长期从事非农业生产经营，但依然拥有土地承包经营权或宅基地使用权以及其他资源，也只能看成农民完全退出进程中的过渡性选择，是一种"半退出"，这类人口未来可能分化成两类人口，一是完全退出农村转移到城镇，二是返回到农村生活。一旦农村人口完全退出，割断了与原来社区的法律与经济关系，他们再要回到原来的农村社区成为集体经济组织成员，是不可能的。所谓农民退出的整体性，是指原来的农村人口在生产方式、生活方式、居住空间等方面同时都发生了非农化的实质性变化，而非在某一个方面发生变化。现实生活中的"离土不离乡，进厂不进城"等，只能看成农民退出进程中的阶段性步骤。

3.3.2 农村人口退出的必要性

农村人口退出既是现代世界经济社会发展中的必然现象，也是中国经济社会转型发展中的必然选择。

（1）"三化"协调发展和中国实现现代化的需要。"三化"在城乡经济社会发展中是一个有机整体，农业现代化和工业化、城镇化必须同步协调推进，经济社会才能良性循环发展，也被实现现代化国家的实践所证实，而只有同时实现"三化"，中国现代化的进程才能真正完成。如果"三化"中某个环节发展受阻，将会导致工农、城乡关系失衡，从而影响整个中国现代化的进程。如果城镇化超前于工业化，会产生严重的"城市病"；如果城镇化落后于工业化，则会拖工业化的后腿。如果没有前两者的发展，农村剩余劳动力不能实现有效转移，农业现代化则不可能实现，农业现代化滞后，会使工业发展缺乏市场和条件，工业化和城镇化缺乏劳动力、土地等生产要素的支撑。2013 年，中国第一产业从业人员比例依然达 31.4%，农业综合机械化率达 59%，中国农业现代化任重道远。不仅农业现代化严重滞后，而且中国城镇化长期滞后于工业化，城镇建设滞后，城镇基础设施跟不上城镇发展和人民的需要。"三化"协调的关键是农村剩余劳动力的彻底退出，农村人口的退出，一方面推动传统农业向现代农业的转变，现代农业必须依靠工业化和城镇化转移大量剩余人口，另一方面，为工业化和城镇化健康发展提供稳定的劳动力等要素供给。因此，农村人口的退出是"三化"协调发展的关键。

（2）城镇化健康发展的需要。2014 年末中国户籍人口城镇化率为 37%左右，不仅大大低于 54.77%的常住人口城镇化率，而且大大低于与我国人均收入水平相近的发展中国家，其平均水平为 60%左右，更不用说发达国家 80%的平均水平了。城镇化发展滞后导致了资源浪费、土地城镇化超前、城镇建设滞后、公共设施不足等问题，也对未来社会的稳定带来一定的隐患。尤其是新生代农民工，他们对农地和家乡的情结在减弱，向往城市生活，回家种田的可能性在不断下降。推进农业转移人口有序市民化，推进城镇化健康发展是我国未来的战略重点之一，健康的城镇化发展必然要求畅通的农村人口退出通道和城镇融入通道。

（3）农村农业实现现代化的需要。如何促进农村土地的集约利用、提高土地生产率以及增加农民收入，多年来一直是各级政府与学术界关注的焦点。随着城镇化的发展和农村人口大量外流，农业生产率徘徊、下降与土地闲置、浪费并存。从理论上来讲农村人口向城市流动减少了从事农业生产的人口，有助于缓解农业"人多地少"的矛盾。但是由于农民工"离乡不离土"，依然从事农业生产经营，或由留守老人妇女维持基本生产，不仅不利于农业劳动生产率的提高，也没有改变小农经济的现状。在这一过程中，农村宅基地的使用不仅没有下降，反而上升，闲置浪费现象严重。只有推进部分具备转移条件的农村人口彻底退出才能为留在农村人口让渡更多的土地等发展资源，留在农村的人口拥有更多的发展资源和空间，才能实现收入水平提高和生产、生活的现代化。只有减少农民，才能富裕农民，因此，"三农"问题的解决，必然表现为大量的农村人口退出。

3.3.3　农村土地制度

农村土地制度是反映农村人与人、人与地之间关系的重要制度。农村土地制度是人们在长期的农业生产经营中，围绕土地（包括农用地和非农用地）的占有、使用、经营、管理等问题而形成的各种规则体系的综合。本书主要指狭义的农村土地制度，从内容上讲，农村土地制度主要包括以下几个方面：一是农村土地所有权制度，二是农村土地使用流转制度，三是农村土地收益分配制度，四是农村土地管理制度。

下面简称农地制度，但与学者通常所指的农地制度相区别，既包括农用地也包括非农用地的相关制度安排。

1. 农村土地所有权制度

土地所有权制度是指在一定的社会条件下人们拥有土地的权利制度。土地所有权制度是各种土地关系的基础，也是土地制度的核心。土地占有、土地使用、土地处置、土地经营、土地收益等制度均为其派生制度。土地所有权意味着土地所有权主体对土地最充分、最完全的支配。农村土地所有权权利具有绝对性、排他性、可分离性，是一种完整、充分的物权。国家通过国家强制力保证所有权及相关权益的合法性。土地所有权在本质上也是一定社会的所有制形式在法律上的表现，根据农村土地产权主体的不同，又分为国家产权、集体产权、私人产权。中国农村土地主要采用集体产权的形式，由集体成员共同享有的所有权，很多经济发达国家采用私有产权或多种产权复合形式，如越南实行国有产权等。

2. 农村土地使用流转制度

农村土地使用流转制度是指有关产权主体使用农村土地的权利的相关制度安排，包括土地经营的组织形式、经营规模、有限处置权、收益权等制度体系，是农村土地所有权制度有效的实现形式。农村土地使用流转制度直接与农业经营效率有关。例如，中国的家庭联产承包责任制，承包权和使用权独立出来，以户为单位进行生产，农业生产效率曾经大大提高；家庭农场、合伙制农场、资本主义农场、国有农场和生产合作社等形式流行于欧美、亚洲地区。对于农村非农用地使用形式多样，发达国家买卖市场和租赁市场较发达，中国宅基地的使用基本上是免费福利性使用。

农村土地流转是指农地的相关产权，如所有权、使用权、租赁权等，在产权主体之间的变动。所有权的流转，如国家征用土地、土地所有权的互换等；使用权的流转，如承包经营权的流转等。土地流转在国外表现为土地的市场交易，形式主要有土地的买卖、土地抵押、土地租赁及土地征用等，但以租赁形式最为普遍。中国农村土地流转，从流转的权限上涉及两个方面：一是将农村集体所有土地转化为国有土地，属于所有权产权的流转，法律进行严格控制；二是不改变农村集体产权的流转，包括承包经营权流转、宅基地使用权流转和经营性建设用地使用权流转等。其中，第一种流转受到限制较少，从集体承包农村土地的农户，可依法将土地使用权（经营权）通过转让、转包、租赁、互换和入股等形式转移给其他的农户、企业组织。

3. 农村土地收益分配制度

收益权作为产权的派出权之一，也是最基本的权利，通过所有权、占有权、使用权、处置权等权利获得的收益均需通过收益权的获得来提高产权主体的权利和利益。作为对农村土地收益进行分配的制度安排，农村土地收益分配制度是农村土地制度中重要的制度之一，对农村经济的可持续发展以及土地的高效利用具有重要意义。农村土地收益，根据收益来源的不同分为生产经营收益和产权流转收益。土地收益的增加，可以由多种原因引起，如要素投入增加、供求关系变化、土地用途的改变和土地使用方式的改变等。农村土地收益分配主体是指参与农村收益分配过程的直接利益主体，农村土地的所有者、使用者、承包者、经营者，以及作为社会经济管理者的国家都是农村土地收益分配的主体。

4. 农村土地管理制度

农村土地管理制度包括了土地管理的规范化、法治化问题和农村土地保护的措施，主要包括地籍管理制度、土地利用管理、用途管制等制度。农村地籍管理，即国家对农村土地的地理位置、数量质量、类别界址、权属关系、经营状况的注册、登记、管理等。中国古代就有土地登记制度，而国外发达国家地籍管理相关制度比较完善。土地利用管理主要是指导规范土地利用主体合理组织利用土地。土地用途管制制度指由政府、土地管理部门要求土地严格按确定的用途和条件使用的制度，如农用地转用审批等。

3.3.4　农村土地制度与农村人口退出的关系

1. 农村人口退出迁移决策模型

传统人口流动理论的解释力自刘易斯开始产生了一系列的人口流动理论，著名的有刘易斯-费景汉-拉尼斯二元结构模型、托达罗预期收入理论、舒尔茨成本-收益理论、雷文斯坦的迁移规律等理论，对人口流动现象进行分析与解释。

1) 刘易斯-费景汉-拉尼斯二元结构模型

1954 年，刘易斯建立了第一个人口流动模型。他认为在发展中国家并存现代工业和传统农业两部门，传统农业部门的剩余劳动力以不变的价格被城市现代工业部门吸纳，直至两部门的劳动生产率相等，工业化过程完成。然而，刘易斯仅仅从工业部门的扩张出发，通过工业资本积累及其对剩余劳动力需求这一机制研究工农业之间的关系，忽视了农业部门自身的发展、工资率等宏观经济变量对农业劳动力转移的影响。针对刘易斯模型存在的不足，1961 年，费景汉和拉尼斯对模型进行了修正和完善。

但是，刘易斯-费景汉-拉尼斯模型的前提假设在中国缺乏适应性。该模型中，一个重要的前提是，农业劳动生产率随着剩余劳动力的转移而不断提高，这实际上隐含着转移后，农业领域劳动力和生产资源（土地等）进行动态配置的条件不断优化，恰恰在这一点上，中国的情况不能满足这一条件。在中国，由于承包权的相对固化，很多农村人口以暂时流动的方式离开农村后，承包的土地并没有转化为其他农业劳动者的生产性资源。大量耕地荒废或者维持性耕种，多数农民宁愿无收益地让自己的土地在那里"象征性存在"。由于土地要素并没有随人口流动而优化配置，农业生产劳动率因而也没有相应提升，大大削弱了该模型对中国农村问题的解释力。

2）托达罗预期收入理论

1969 年，托达罗提出城乡人口迁移模型，认为农村劳动力向城市转移的目标是"预期"收入最大化，城乡实际工资差和城市就业概率是其决策依据。从而对刘易斯-费景汉-拉尼斯模型进行补充，不仅对发展中国家城乡流动现象作了简单而有力的说明，而且解释了高城市失业率和农村人口向城市迁移并存的现象。

尽管如此托达罗模型对我国特殊的人口流动与迁移现象也存在不足。托达罗模型假定农村不存在剩余劳动力，这对于人多地少的发展中国家特别是中国不切实际。而且托达罗模型暗含劳动者迁移后永远居住在城市，即使他们找不到工作，但实际上，有些找不到合适工作的迁移者又返回农村。最重要，中国相当多的迁移者满足托达罗迁移条件，他们并没有真正实施迁移行为，依然在流动，这是托达罗模型无法解释的。此外，托达罗模型忽略了迁移者在城市中的生活成本，只强调了城乡收入差异对农村劳动力转移的吸引力，但忽视了城乡生活成本差异对人口流动的反向拉力。

3）舒尔茨成本-收益理论

1961 年，舒尔茨从微观的角度对人口转移，尤其是人口从农村向城市的转移的原因进行了研究。他认为人力资本形成途径之一的"个人和家庭适应于变换就业机会的迁移"是迁移者在实施该行为时对迁移成本和迁移收益比较的结果，提出成本-收益理论。托达罗预期收入理论对于城乡人口流动的解释仅仅局限于工资差别，较少考虑流动的成本问题，成本-收益理论弥补了这方面的不足。而且，成本-收益理论对货币成本收益以外的非货币因素进行考察，考察因素更全面，但也存在难以量化的难题。

此外，20 世纪 80 年代，以斯塔克为代表的新经济迁移理论突破了传统理论的经济人假设，创造性地引入了社会人假设；将家庭作为迁移决策的基本单位；并引入了相对贫困程度这一新的迁移变量，加强了人口流动模型的解释力。雷文斯坦的迁移规律、博格的推拉理论都对人口在地区间的迁移动因、规律进行了深入分析，对解释乡城迁移决策提供了较好的理论支持。

综合来看，不管是刘易斯、费景汉、拉尼斯等从结构转换宏观生产力发展的角度来分析城乡人口流动现象，还是托达罗、博格和舒尔茨等从微观个体决策角度来分析人口流动，还是斯塔克从家庭视角来分析，尽管视角不同，这些理论都正确认识到了经济因素是促进劳动力流动的主要原因，对城乡人口流动现象规律和动因进行了较好的分析。但是，这些分析都是在一定的假设前提下，有些前提假设在中国缺乏适应性，而且是在人口自由流动没有限制条件下进行的理论创新，跟我国人口流动的制度背景完全不一样。因此，传统的人口流动理论，一方面，无法合理解释中国近年来出现的农民工"回流"和"农工荒"现象，另一方面，虽然解释了中国的城乡人口流动现象，却解释不了中国城乡流动人口流动而不彻底迁移，流动而不从农村"退出"的现象。

2. 国内学者对西方传统人口流动模型的修正与改进

针对西方传统人口迁移理论在解释有关问题时的不足，特别是对我国人口流动迁移现实问题解释的不足，国内有关学者进行了较多研究与改进，并取得一些成果。

有学者从影响迁移因素的角度对模型进行修正。姚波等（2003）以托达罗模型为基础，建立城市二元劳动力市场下的人口流动模型，加入劳动力价格歧视、劳动力进入的制度成本、城乡福利差异等影响因素进行分析，并将流动人口范围扩大到包括暂时流动人口 M_1 和迁移人口 M_2。何新易和廖淑华（2005）也以托达罗人口流动模型为基础，根据我国城市存在劳动歧视状况，把城乡流动人口进入的劳动力市场分为两类，两类市场就业概率分别由不同的因素决定，并加入劳动歧视价格差额、进入成本、农民工进城后的生活费用对托达罗模型进行修正。张杰飞（2008）根据我国特有客观事实加入工资拖欠风险、工作搜寻成本等因素对托达罗模型进行修正。肖文韬、孙细明则考虑了城乡生活成本差距。衣光春和徐蔚（2004）在托达罗模型中添加一个制度变量 α，$M=\alpha f[V(0)]$，用 α 表示制度对劳动力流动的约束或松动程度。

有学者对迁移行为的决策变量进行修正。赵武和蔡宏波（2007）认为城乡预期净收益差距是流动人口决策的更合理的动因，加入城市进入成本、城乡生活成本、迁移成本等成本因素，并结合我国的特殊国情对其中有关变量做了重新释义，引入 ω（在城市中找到工作的农村劳动力数量/流入城市的农村劳动力总量）来代替就业率预期，城市平均工资水平 W 用农民工的平均工资代替。夏永祥和魏玮（2012）认为预期净收入是城乡人口迁移的决策变量，并依据中国特殊的城乡和区域双重差异引入了流动成本概念，对托达罗模型进行修正。

有学者对迁移决策的主体因素进行修正。张帆（2012）扩展决策模型的个体影响因素，包括三个：上一代因素（previous generation factor，PGF）、决策个体因素（decision individual factor，IF）和下一代因素（next generation factor，NGF），明确三个因素对家庭总收入和总风险的不同影响，得到代际化托达罗模型。周天勇和胡锋（2007）认为农民迁移决策是一个家庭的理性经济决策行为，决策依据依然是城乡预期收入差异，其中，农村收入是家庭成员的务农收入和进城务工收入的平均数，进而可以推广到全社会农民的平均收入，并认为一个国家的劳动力和失业人口在农业部门、城市非正规部门和正规部门的分布始终保持一种均衡状态，进而从上述方面入手，对托达罗模型进行了修正和改进。

有学者对模型进行动态化修正。朱劲松（2009）对托罗达模型进行改进，引入权益保护与家庭迁移因素，将托达罗模型分成两个阶段，农民-农民工阶段和农民工-市民阶段。

有学者对模型进行了创新建立了新模型。王文波等（2007）针对经典的刘易斯模型和托达罗模型在中国人口流动分析中的局限性，尝试将物理学中解释电子运动的 P-N 结二元结构模型运用到人口流动领域中，对人口流动的二元动力学特性进行描述并构建一种新的城市化人口流动模型。李梦凡和张良（2011）在托达罗人口流动模型的基础上，将人口转移 M 与城市化 U 联系起来，改正后的城市化模型 U 不仅与 M 有关，而且和农民工收入水平、城市生活成本等其他因素有关。

综合以上研究来看，这些成果针对传统人口流动模型的适用性问题进行了较好的探索，以预期净收入作为流动人口迁移决策依据更符合实际，迁移对象的考量以家庭为单位更具有现实意义，对城市劳动力就业市场划分和就业概率的描述更符合客观实际。但是以上大部分修正模型未包括迁移人口，对于迁移人口而言，考虑城乡二元结构下福利保障方面的巨大差异，迁移人口的决策不再单一地由城乡预期收入差异决定，而受多重因素的影响。更为重要的是，现有的模型大都是静态的模型，很少有模型能够将人口流动迁移的不同时期，城乡人口的相互变动趋势和机理进行动态的描述和解释，特别是流动人口流而不迁的现象。

3. 人口流动模型的再修正

从前面可知，很多学者从不同的角度对经典模型进行了进一步的修正和完善，但是从人口彻底迁移退出的角度来修正的较少。由于中国的特殊国情，人口迁移不仅受经济因素的驱动，而且主要受户籍及其背后的相关制度制约。本书将在前人的基础上继续探索符合我国国情的人口流动迁移模型。

考虑加入制度分析的必要性与可行性，以个人或家庭决策视角，将研究视野置于整个宏观经济背景的分析更具有优势。首先，在劳动力主体行为的分析视角下，制度对个体的行为影响更直接，而产业部门或地区视角对制度分析没有优势。

其次，以迁移主体为视角进行分析，便于考虑预期因素的影响。以产业或区域为分析视角，难以考虑预期因素。

同时考虑迁移决策并不是独立的个体行为，而通常是家族或者家庭的行为，考虑家庭整体效益的最大化。

因此，本书在托达罗个体决策模型的基础上，结合新经济迁移理论的家庭分析视角对模型进行修正，同时，考虑中国流动人口迁移背后显性的和隐形的制度因素，如户籍制度及其背后的养老保险、医疗、教育、住房和土地制度等福利制度的影响，建立符合中国实际情况的人口流动迁移模型。

在短期内，个体流动的决策依据是预期净收入。预期城乡收入净差异 d 越大，流入城市人口越多。当前，中国乡城流动人数巨大，主要是城乡收入差距较大的结果。大多数迁移者找到工作往往要经过一个或几个周期，人口模型应该建立在若干个时期的基础上。短期内农村流动人口流动决策的依据如下：

$$V_1(0) = \int_{t=0}^{n} [P(t)Yu(t) - Yr(t) - U(t)]e^{-rt}dt \qquad (3-1)$$

$$M = f(V_1(0)), \ f' > 0 \qquad (3-2)$$

其中，$Yu(t)$、$Yr(t)$ 分别表示城镇、农村平均收入；$P(t)$ 表示找到工作的累加概率；$U(t)$ 为城乡生活成本差距。

若 $V_1(0) > 0$，流动者做出流动打算，愿意流入城市；若 $V_1(0) < 0$，流动者不愿意流入城市，甚至从城市回流到农村。

长期以来，具有若干期流动经历的流动人口在进行迁移退出决策时，鉴于我国的现实情况，其迁移决策的决定是从家庭的角度出发，其考虑的因素不仅是迁移前后家庭经济收入差异、家庭城乡生活成本的差异，还有城乡制度性收益的差异，决策依据是家庭整体收益最大化。而且，其预期收益的考量周期可能是无数期、几十年，因此这里的期数可以近似于无限期来代替。长期内的迁移决策依据如下：

$$V_2(0) = \int_{t=0}^{\infty} [N_1(P(t)Yu(t) - Yr(t)) + NS(t) - NU(t)]e^{-rt}dt - C(0) \qquad (3-3)$$

$$M = f(V_2(0)), \ f' > 0 \qquad (3-4)$$

其中，N_1 为家庭劳动力数量；N 为家庭成员数量；$S(t)$ 为城乡人均制度性收益差异；$U(t)$ 为城乡人均生活成本差异；$C(0)$ 表示迁移费用。

家庭制度性净收益 $NS(t)$ 可以表示为

$$NS(t) = NW(t) \pm NL(t) \qquad (3-5)$$

其中，$W(t)$ 为城乡人均福利差异；$L(t)$ 为农村人口人均土地收益，包括承包地和宅基地等。

如果农村退出人口实现户籍转换市民化时要求强制退出土地，此时，

$$NS(t) = NW(t) - NL(t) \qquad (3-6)$$

如果农村退出人口实现户籍转换市民化时不要求强制退出土地，此时，

$$NS(t) = NW(t) + NL(t) \qquad (3-7)$$

家庭生活成本 $NU(t)$ 可以表示为

$$NU(t) = NR(t) + NC'(t) \qquad (3-8)$$

其中，$R(t)$ 为城乡人均住房租金差异；$C'(t)$ 为城乡其他人均生活成本差异。

$$R(t) = R_u(t) - R_r(t) \tag{3-9}$$

$$R_u(t) = m \times r(t) \tag{3-10}$$

$$R_r(t) = C_h(t) \tag{3-11}$$

其中，$R_u(t)$、$R_r(t)$ 为城乡人均住房租金；m 为城镇经济适用房人均面积；$r(t)$ 为租金价格；$C_h(t)$ 为农村房屋建筑成本人均折旧（在宅基地无成本取得的情况下）。

将式（3-5）、式（3-8）～式（3-11）代入式（3-3），得到

$$V_2(0) = \int_{t=0}^{\infty} [N_1(P(t)Yu(t) - Yr(t)) + NW(t) \pm NL(t) - N(mr(t) - C_h(t) + C'(t))]e^{-rt}dt - C(0)$$

$$\tag{3-12}$$

如果同时满足条件 $V_1(0) > 0$，$V_2(0) > 0$，表示迁移者及其家庭愿意迁入城市。若 $V_1(0) > 0$，$V_2(0) < 0$，迁移者不愿意迁入城市，继续流动。若 $V_1(0) < 0$，$V_2(0) < 0$，迁移者不愿意流动，或从城市回流农村。

在现有的条件下，即使存在城乡劳动者收入的差异，在考虑家庭整体生活成本的情况下，在城乡制度性净收益较小的情况下，此时 $N_1(P(t)Yu(t) - Yr(t)) + NS(t) < NU(t)$，也即家庭预期净收益的增加小于家庭预期净成本的增加，$C(0)$ 较小可以忽略，对于很多流动人口家庭也很难满足 $V_2(0) > 0$，因此，大多数的流动人口家庭即使满足第一个条件 $V_1(0) > 0$，也无法满足第二个条件，依然难以实施迁移决策。

3.3.5　农地制度对农村人口退出的制约

1. 农村人口现阶段退出的主要制约因素

对于农村流动人口退出而言，土地制度是核心因素。2013 年国家统计局河南调查总队发布的《建立农民工市民化促进机制的研究与思考》的调研报告显示 53.5% 的在城市农业转移人口认为市民化的最大障碍是收入低或不稳定，43.6% 的在城市务工农业转移人口认为市民化的最大障碍是买不起住房。《中国流动人口发展报告 2012》也显示，2011 年，流动人口家庭在居住地的月平均消费支出为 1029 元，将近占收入的 1/2，其中食品和住房占总支出的 73%，而且住房较多还是条件较差的城乡结合部、城中村的出租屋。

表面上看来，农民工工资低、不稳定，城市住房价格偏高，即 $P(t)Yu(t)$ 偏低、$U(t)$ 偏高等阻碍了农民工市民化，在部分农民工工资已达到或超过城市居民平均收入水平而依然选择不迁移的情况下，实质上反映了农民工市民化制度性净收益的不足，反映了农民现有财产不能有效转移与价值实现的尴尬，作为农民最主要财产的农村土地不能转换成农民市民化的财产基础，而且有可能"丧失"。

我国户籍制度与农村土地制度是紧密关联的，法律法规和政策明确规定农村

集体经济组织成员凭身份取得宅基地和承包地的初始分配权,具有明显的福利性。对于农村人口从农村退出土地的处置,《中华人民共和国农村土地承包法》第二十六条规定承包期内,承包方全家迁入小城镇落户的,可以保留土地承包经营权;承包方全家迁入设区的市落户的,应当将承包的耕地和草地交回发包方。对于农村宅基地,《中华人民共和国土地管理法》第六十五条第(三)项规定建设用地"因撤销、迁移等原因而停止使用土地的,农村集体经济组织报经原批准用地的人民政府批准,可以收回土地使用权"。可以看出农村人口落户设区以上城市的法律有强制退出农村土地的规定。

现有的农村土地分配、退出制度与户籍制度挂钩导致农村人口退出时土地相关权益很难实现。尽管 2014 年 7 月出台的《国务院关于进一步推进户籍制度改革的意见》(国发〔2014〕25 号)明确提出"现阶段,不得以退出土地承包经营权、宅基地使用权、集体收益分配权作为农民进城落户的条件",但是对于农村人口退出土地没有明确的补偿规定。而且,现有的法规政策也缺乏对农村人口退出时土地市场化流转、退出的相关规定与安排。在现行相关法规政策下农村土地产权市场化流转只能在有限的范围内流转。依据《中华人民共和国土地管理法》第六十二条、《中华人民共和国物权法》第一百五十五条及有关政策,有条件的允许宅基地使用权流转也需在集体经济组织内部,且转让行为征得集体经济组织同意。因此,农村人口退出过程中,土地权益很难得到市场化实现,但土地权益又在人口迁移决策中起到重要作用。

由式(3-3)可知,在迁移过程中流动人口家庭的迁移决策主要取决于 $N_1(P(t)Yu(t) - Yr(t)) + NS(t)$ 和 $NU(t)$ 的比较,也即 $N_1(P(t)Yu(t) - Yr(t)) + NW(t) \pm NL(t)$ 和 $NU(t)$ 的比较,在流动人口劳动性收入增长有限的情况下,家庭制度性净收益 $NS(t)$ 起到关键的作用,特别是土地收益又起到了决定性的重要作用。

如果农村退出人口市民化时,要求强制退出土地,此时,$NS(t) = NW(t) - NL(t)$。在改革开放初期由于城市户籍背后的含金量较高,也即 $NW(t)$ 较高,即使农村人口转户时退出土地损失为 $NL(t)$,$NS(t)$ 也较高,农村人口依然愿意转户进城。随着城市户籍背后的含金量不断下降,$NS(t)$ 的获利空间在拉小,对于不同的流动人口家庭 $NS(t)$ 数值较小或者 $NS(t) < 0$,家庭未来预期净收益多小于家庭预期生活成本的增加,即 $V_2(0) < 0$,迁移者不愿意迁移。

如果农村退出人口市民化时,不要求强制退出土地,$NS(t) = NW(t) + NL(t)$,又有两种情况。

如果农村人口退出时没有畅通的土地流转、退出补偿机制,那么他们的土地权益很难实现,处于悬空或利用不充分的状态,$NL(t)$ 较小,或 $NL(t) = 0$,$NS(t) \geqslant NW(t)$,此时也很难满足 $V_2(0) > 0$;如果农村退出人口能够顺利实现土地流转、退出补偿的情况下,他们的土地权益能够得到较好的实现,$NL(t)$ 值较大,

从而 $NS(t)$ 值较大，对于流动人口家庭而言，家庭预期净收益很容易跨越家庭预期生活成本的增加，实现 $V_2(0) > 0$，迁移者愿意实施迁移行动。

有转户需求的农村人口对退出时农村土地财产功能实现的需求，在调查中也得到了证实。据作者 2013 年在湖北武汉市、麻城市的农民工问卷调查，在 156 份有效问卷中，67 份问卷愿意货币补偿退出宅基地，在有偿的条件下，一处宅基地的补偿价格，填写一处 5 万元及以下的有 11 人，占 16.4%；填写补偿要求 5 万～10 万元的有 14 人，占 20.8%，填写在 10 万～20 万元的有 15 人，占 22.4%，填写在 20 万～30 万元的有 5 人，占 7.5%,填写在 30 万～40 万元的有 6 人,占 9.0%，补偿要求在 40 万元以上的有 16 人，占 23.9%。其中，选择 40 万元及以上的农民工大部分是在大城市常年务工，深知大城市的房价水平，也影响了其心理预期。

综上可以看出，农民已把农村土地特别是宅基地及房屋看成自己的财产，当面临身份转换或有其他需要时，他们希望它们能实现价值。特别在目前我国房价偏高与工资不对等的情况下，住房即使对城市原居民都是不小的压力，更何况对城乡流动人口，其拥有合法产权的农村土地及其房屋既是其重要的福利也是其主要财产。由于户籍制度和土地制度存在密切相关性，农村流动人口在作迁移决策时必然要考虑其土地的保留及处置问题。而正是土地退出、交易环节缺失，隐藏、影响了农村土地功能的发挥，影响到农村人口的迁移决策，从而使传统的人口流动理论在我国特殊制度背景下缺乏一定的解释力。

同时，由于城市户籍制度和相关福利制度紧密挂钩，流入地政府因为要为转户人员"买单"也积极性不高，特别是大城市更对转户人口条件有严格限制，在此状况下，流动人口家庭具有转户性质的迁移无法有效实行，市民化遭遇"瓶颈"也在情理之中。

2. 农村人口土地功能需求变化

农村人口的顺畅退出受制于以土地制度为主的相关制度的制约，而这种制约是随着农村土地对农村人口的功能发生变化产生的，随着经济社会的发展，农村土地对农村人口的功能也在发生变化，农村土地对农村人口来说不再是简单地具有生产和保障功能，还具有财产功能，从而农村人口的退出呼唤土地制度改革的供给，实现其更多的功能。

现代经济社会的发展具有一定的规律性，在不同经济社会发展阶段，农村人口处于不同的生产生活环境。随着工业化和城镇化的进行，农村人口的生产和生活方式也在发生变迁，越来越多的农村人口从农村转移到城镇。相应地，农民对土地的需要也在发生变化。农村人口对土地的需求，可以划分为生产性需求、保障性需求和财产性需求三类。

生产性需求是比较基本的生存性需求，是农民在农地上进行生产获得收入维持日常生活的基本手段和实现形式；保障性需求是层次更高的需求，对于农民来说，土地不再是谋生的唯一手段，农民的货币收入主要来自非农收入，在社会保障不完善的情况下，土地就是他们的社会保障；财产性需求是农民的生产性需求通过其他经营方式的实现得到较高程度保障，安全保障性需求（社会保障）得到一定程度满足的基础上，对土地提出更高层次的需求，也是一种发展性需求，主要指农民为实现自身更好的发展，如扩大经营规模、进入城镇等，拥有财产性收入而对农村土地提出的需求。三类需求属于不同的层次。生产性需求属于初级层次，保障性需求是中级层次，财产性需求为高级层次。

随着经济社会发展和农民收入水平的变化，农民对土地的三类需求呈现出不同特征。通常，在低收入阶段，生产性需求往往是主要的土地功能需求，而且随着收入水平的提高，生产性需求增长放缓甚至缓慢下降，保障性需求随快速的经济发展而快速增长；在中等收入阶段，保障性需求仍然较快增长，生产性需求开始进一步下降，财产性需求开始较快增长；至高收入阶段，财产性需求快速增长并成为主要的新增需求，生产性需求趋于平稳，保障性需求由于社会保障的逐步完善而趋于平稳或下降。从收入弹性角度来审视，对于生产性需求而言，其经济学特性为必需品，收入弹性在0～1；对于财产性需求而言，其经济学特性为奢侈品，收入弹性大于1；保障性需求的经济学特性介于必需品和奢饰品之间。三类需求随经济社会发展或农民收入的变动趋势，可以描述为S曲线（图3-9）。

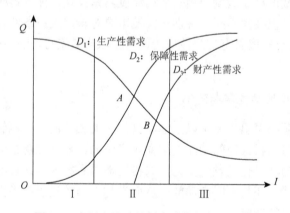

图3-9　农民土地功能需求随收入变化示意图

在图3-9中，横轴代表农民收入水平，纵轴代表需求量，生产性需求曲线、保障性需求曲线与财产性需求曲线分别对应于D_1、D_2和D_3，Ⅰ、Ⅱ、Ⅲ分别对应于农民收入的三个水平，即低收入水平、中等收入水平和高收入水平。曲线D_1、D_2和D_3分别相交于A点和B点。

从需求的替代性来看也可以得出相同的结论，在经济发展初级阶段，农业是主导产业，土地的任务主要是为劳动者提供足够的粮食以满足生存需要，土地的生产功能居于主要地位。随着经济社会的发展，农产品生产成本连续上涨，经营性收入难以提高，投入产出率下降，农地生产收益率下降，农户的生产功能需求在没有相关制度约束下会被其他农产品获得渠道替代而下降。同时，由于土地的固定性和保值增值性较好，投入较少，通过流转等途径能实现收益相对稳定，成为农民最好的风险保障，农地的社会保障功能上升。当经济发展到较高的水平，农地社会保障功能逐步被社会保障体系所替代，其财产性需求因投入低、收益率高而上升。但因区位、区域经济发展水平的差异，不同区域的农民会处于不同的群体类型演替阶段，引起农民对农地资源生产功能、社会保障功能和财产功能的需求程度以及替代程度存在很大差别。在经济发展水平较高的地区，农民从粮食市场获得粮食的比例较大，参加非农就业的机会较多，他们对耕地生产功能、社会保障功能的依赖程度较低，被替代程度较大。

3.4　土地保障功能与农村养老保障体系的建设

农村"人口退出"是一个长期的过程，要加快实现农业现代化进程，必须充分促使中国农村与城镇协调可持续发展，在农村人口退出过程中，农村老龄人口占农村人口退出的比例非常低，但是中国农村社会保障体系尚未建立起来。农民的养老，还主要靠家庭养老方式解决。不仅一般民众，甚至还有许多学者，把农村社会保障体系覆盖面和保障水平低下的原因，特别是城镇人口被纳入养老保障体系而农民由家庭养老的不同制度安排，归因于农村人口享有土地使用权带来的土地保障这一事实。这种认识的逻辑即是：国家给城镇工人以养老保障，给农村农民以土地（使用权），实际上是异曲同工。有学者直截了当地认为，中国农村的土地制度，就是社会保障制度，家庭承包制之所以一再延长，就是因为其具有无法替代的社会保障功能（蔡永飞，2002）。也有学者主张中国应该从欧美国家社会福利制度面临的重重困难的现实中吸取教训，认为建立在土地保障功能基础之上的家庭储蓄养老应该成为农村养老保障的主要选择。试图像欧美一些国家那样建立统一的社会保障制度，目标选择是错误的，实施起来是不可行的，它很可能对正在改革和发展阶段的中国社会和经济产生一系列负面影响（陈平，2002）。

与此相反的一种意见是，建立覆盖面包括农村和城镇的城乡一体化社会保障制度是中国的中长期目标。但在达到这一目标的方式和步骤上，不同的学者有不同的主张。有的主张开征统一的社会保障税（胡鞍钢，2001），有的主张在农村城镇化进程中，先把进城农民工纳入城镇职工养老保险制度，再相机抉择，在条件成熟时将覆盖面加以扩大。也有的学者认为，在农村，目前应该发挥土地的基本保障功能，建立家庭保障基础之上的补充保险模式。采取储蓄积累的方式，以个人账户为主，集体给予适当补贴。这样的养老保险方式可以与城镇职工的"统账"模式实现自然融合，从而实现城乡社会保障制度从二元化向一元化的过渡（邓大松，2002）。

　　不难看出，无论是维持二元保障体系结构还是逐步建立一元化的保障体系的主张，都强调一点，就是要发挥农村土地保障的功能。然而，在作者看来，我们对土地保障功能的理解，仅仅停留在农民可以从土中刨食，农民家庭可以依靠土地独立自主地解决养老问题而不是指望国家和社会这些表面现象之上。土地为什么有保障功能？在什么样的条件下，它能够发挥保障功能？或者说，土地的保障功能的发挥有什么约束条件？土地的保障功能与国家发展和改革背景下的社会保障体系的建立及完善的战略选择是否相容？如果把建立统一的社会保障体系作为目标模式，以土地保障功能为基础的农村保障体系如何与之相容并与之对接？这些问题，学术界和实践部门还没有进行深入研究。本书将集中讨论四个方面的问题①。

　　（1）土地养老功能发生作用的约束条件及其特征。

　　（2）土地是否具有承担农民养老保障的功能。

　　（3）土地是否应该承担农民养老功能。

　　（4）如何从土地养老向社会养老过渡。

3.4.1　土地保障功能发生作用的条件及其特征

　　在中国，人们认为农地对农民具有保障功能，是基于三个基本事实：一是农地集体所有的制度框架下，人人有份的土地使用权初始分配制度，可以保证农民把土地作为基本生产资料获取保证其基本生存条件的生活资源；二是在农民依托土地使用权实行自我就业的条件下，不管农民劳动力实际的就业情形如何，农村劳动力都被认为是实现了与生产资料的结合，不存在失业问题，或者政府至少可以不必像考虑城镇职工的失业问题那样对待农民的失业问题；三是农民家庭可以依靠土地独立自主地解决养老问题而不是指望国家和社会。综上所述，我们可以为土地的保障功能作一个基本定义：所谓土地的保障功能是在特定的土地产权分配形式下，劳动者通过与土地作为生产资料的生产经营方式，在家庭单位内满足基本生存需要，实现就业、养老、医疗等需要的自我供给。

　　从养老功能的角度来看，土地保障功能的发挥，必须具备以下几个基本前提：一是土地产权以人人有份的形式在赖之以生存的人口中进行分配；二是家庭作为

---

　　① 本书的讨论，以养老保障为中心展开。社会保障体系包括养老保障在内的社会保险、社会救济、社会福利、社会优抚等正式制度安排和其他非正式制度安排。只讨论养老保障，是因为养老保障是社会保障的核心内容之一，而且，农村的现实情况是土地的保障功能与养老结合得最为紧密

农业生产经营的基本单位；三是对土地的耕作和经营，必须能够产生出至少能够补偿不变资本投入的收益和满足家庭成员基本生存需要的生活资料；四是土地的所有权或使用权有实际上的传承性乃至可继承的特点。下面试对这几个约束条件作简要分析。

第一，土地的分配格局必须是人人有份，这样才能把所有的农民纳入土地保障功能作用的范围中来。按照产权经济学的观点，土地产权在现实中可以表现为一系列权能的组合，如所有权、占有权、经营（使用）权、收益权、处置权等。农业生产和地产不动性的特点，决定了土地这种特殊的生产资料的使用权具有决定性意义。土地的保障功能，实际上就是把土地的若干权能以某种让人们接受的方式分配下去，使他们具有取得相对应的收益权的客观基础。在这种权能的分配过程中，必须以人头为标准进行分配，否则既难以达成为人们所接受的分配方案，也难以保证土地保障作用的发挥。在现实生活中，我国的农地理论上归集体所有，实际上则是社区所有。土地家庭承包的初始分配时，由于土地资源禀赋的差异，社区之间每一人头分配的土地数量可以有相当大的差距，但社区内则是按照统一的标准进行分配。

第二，与土地按照人头分配的方式相适应，农业生产经营是以家庭为基本单位的方式进行，家庭的生产功能十分突出。土地作为生产资料，是按照个人人头分配的，但土地的经营，是以家庭为单位进行的，血缘纽带组成了一个微型的"团队生产"，基本的亲情和伦理力量维持了这一生产单位成员之间的抚养和赡养的关系。没有以家庭为单位参与生产经营这种方式，按照人头平均分配土地权能就失去了意义，没有基于土地权能的家庭生产经营活动和家庭血缘关系，土地的保障功能也就无从谈起。家庭生产，是一个微型团队，但它不同于制度经济学企业理论所分析的团队生产。企业的团队里，成员之间有独立利益，利益分配靠契约、约束与激励机制解决，而作为生产单位的家庭内部，成员之间的利益固然不总是一致的，但基本上很难与家庭整体利益相分离。家庭成员的利益平衡靠的是亲情和伦理力量，家庭成员养老就是这样一种习惯性制度安排。

第三，通过土地保障功能维系家庭的养老等保障体系，必须使家庭经营的土地产出达到保障家庭成员基本生存需要的水平。达到这一条件，有两个方面的制约因素：一是土地的数量；二是土地的产出水平。在既定产出水平下，土地经营的收益取决于其数量，土地保障能力的大小也就决定于土地数量的多寡。在土地成为稀缺资源，家庭经营土地数量有限的条件下，土地保障能力的大小取决于土地产出能力及其产品的市场价值。极端条件下，土地保障功能的发挥，必须满足产出大于投入的不变成本和维系劳动者的最低消费这一条件。通俗的表达就是，如果土地产出不能大于物质投入并且满足劳动者基本生活需要，土地的保障功能就无从谈起了。以中国农村的现实情况而言，人多地少格局下，土地保障功能的发挥必须提高土地的产出水平和价值，或者是降低土地生产经营的成本。

第四，土地保障功能的发挥，特别是家庭养老功能的发挥，必须是以土地权能的事实性继承或其他方式的传承为条件。按照人头分配的土地，在家庭这个生产单元内又无条件地组合在一起作为生产资料共同生产经营。以土地产出作为养老保障的资源，除了上一条对产出量的要求，还要求这种养老资源的供给具备稳定的、持续不间断的特点。对家庭而言，影响他们从土地获得持续而稳定的产出的因素有两个：一是农业生产经营本身的原因，如气候、虫害、产品市场价格等；二是农民家庭是否拥有从土地获得收益的基本权能，不管是所有权也好，使用权也好，还是其他权能，必须有一种权能（或多种权能及其组合）赋予农民家庭从土地获取收益的法理基础。从长期来看，第二个条件更为重要。满足这个条件，可以有不同的土地产权安排形式。土地私有是一种选择，土地国有或集体所有，但赋予农民永久使用权或其他权能也是一种选择。或者，在不能保证农民家庭对某块土地的长久使用权的情况下，可以有一种替代性的安排，以获得其他土地的相应权能作为补偿。不管土地的所有权在名义上归谁所有，农民家庭只有在事实上获得必要土地权能并持续继承或延续下去，土地对农民家庭才能有保障功能，否则土地保障的链条就会断裂，保障功能就荡然无存。

在满足以上条件下，我们不能不说，让土地承担农民家庭的养老功能是一种具有明显的经济性的制度安排。

首先，它具有充分利用家庭伦理以适应养老保障的特点，可以极大降低养老成本。正如以上分析所言，让土地承担农民的养老功能，不仅发挥了家庭的抚养功能，也加重了家庭的生产功能。就养老而言，它包括老年人经济支持、精神慰藉、日常护理等三个主要方面。土地即使能够承担养老功能，实际上只是提供了满足养老需求的一种经济支持的必要条件，而由家庭成员承担的精神慰藉和日常护理功能，是基于家庭的伦理关系实现的。虽然基于其他形式的养老方式也可以借助家庭伦理在养老方面发挥作用，但在依靠土地养老的条件下，家庭的生产方式和生活方式有着鲜明的特色：家庭成员的共同生产和共同生活。共同生产条件下，老年人可以与家庭其他成员进行有效率的分工；共同生活条件下，家庭伦理可以带来并非基于经济性交易的老年人精神与生理护理支持。这实际上是一种有效率的养老模式。

其次，它是一种适合农业社会的经济型保障模式，可以最大限度地发挥被保障人的主观能动性，降低养老成本。与流行的社会养老模式中现收现付模式和基金积累模式不同，土地养老有其自身鲜明的特点：①在老年人完全丧失劳动能力，失去从土地获得生活必需的来源之前，它是一种自给型养老。依靠土地养老的老人，没有退休年龄的限制，土地养老功能发挥的前提是身体条件允许他们继续劳作。农村老年人出于自身劳动习惯和为家庭成员减轻负担的考虑，通常是生命不息，劳动不止，真正作为"老人"和"闲人"被养起来的时间极短，与城镇退休老年人相比，后者在退休后往往有长达 15 年左右的"养老"时间，必须仰仗养老基金保证其基本生活需求。有调查研究表明，在 75 岁以下的低龄老人中，通过自己劳动养老的占 90%，而依靠子女的比例只有 10%（胡洋，2003）。②土地养老模式下，即使老年农民失去了劳动能力，其养老负担自动转移至家庭成员身上。这固然是家庭伦理关系使然，也是土地作为家庭共同生产资料从而承担养老保障功能的必然逻辑。

3.4.2　土地是否具有承担农民的养老保障功能？

明晰了土地保障功能发挥的约束条件及其特征之后，我们就会进一步探究，在中国，土地的保障功能究竟能否取代养老保障体系。这一课题实际上有两个层次的问题值得研究：第一个层次的问题是，土地保障是否有能力承担农村养老重任？第二个层次的问题则是即使土地保障有能力承担农村养老的重任，它是否就应该取代农村养老保障体系？就第一个层次的问题来看，作者认为中国农村土地并不具备承担农村养老重任的能力。

目前中国农村事实上存在的土地保障功能，一方面作为社会保障体系的替代性制度安排，在为农民提供基本保障、维护农村乃至全社会的稳定等方面发挥重要作用，另一方面，要进一步发挥这种功能，乃至把土地的保障功能上升为一种正式的保障体系制度安排，又面临许多越来越难以克服的困难。土地保障面临的困境可以概括为以下几个方面。

1. 土地的产权制度安排使其难以作为农民养老保障的坚实基础

如前面所述，土地保障功能的前提条件之一是以土地权能的事实性继承或其他方式的传承为条件。20 世纪 70 年代末 80 年代初在全国广泛推行的土地家庭承包制在一定程度上满足了这个前提条件，因而土地的保障功能在此期间也得以发挥：土地的集体所有权被虚化了，使用权得到强化。流行的说法是土地所有权和使用权分离，实际是土地产权的不同权能在不同利益主体之间进行分割。承包制下土地所有权虽然明文规定是集体的，但占有权、使用权、剩余索取权归农户。即使在一些农村承包土地也进行了调整，但基本上仍然遵循的是按照人头分配的方式进行，长期不变的承包制政策实际上就是提供了农民对土地权能的事实性占有和传承。这样，对流动土地的其他权能的继承和传承代替了对固定土地的所有权。

然而，随着时间的推移，土地保障功能所要求的人人拥有并可以传承的土地权能难以保障：一是部分地区在追求农业产业化和规模化的名义下，收回了发包给农户的土地，以集体的名义进行经营，或者再发包给大户进行经营。这种现象在现实中以"两田制""反租倒包"等具体形式出现。虽然它们在解决农业生产效率、提高农业经营效益等方面有其突出的优势，但不可否认的是，它动摇了土地作为家庭养老的基础。二是城镇化和工业化进程中大量农地流失或改作他用造成了数量巨大的失地农民。在比较利益驱动下，乡镇政府乃至村委会，作为法律规定的农地所有者的代理机构基层行政组织，可以毫无顾忌地剥夺农民行使的土地权能，以极低的补偿价格，让他们在一夜之间成为没有土地的农民。虽然我国制定了一系列农村土地保护的法规政策，但在土地国有和集体所有的格局下，种种土地违规占用行为，往往由地方政府和集体组织出面，并通常以冠冕堂皇的发展目标和地区整体利益的名义进行征用，作为弱势的农民，根本没有能力与之进行谈判，以维护自身的权益。2004 年揭露出的江苏某钢铁项目，通过化整为零方式，绕过土地管理的有关规定，非法占地 6000 亩，让 1400 多户、4000 多农民成为无家可归、无地可种的失地农民，有的人甚至住进窝棚、桥洞和废弃的渔船（陈芳和张洪河，2004）。这种现象在全国性的开发热和城镇化的大背景下，并不少见，它说明了以土地作为农民养老保障的产权基础是何等的脆弱。

2. 人地关系失衡，将挑战养老制度和社会保障制度的公平性

养老制度作为社会保障制度的核心内容之一，本身是扶持社会脆弱群体的一种制度安排，它的一个突出特点应该是普及性与相对公平性。然而，一旦把现有土地制度作为农村养老的保障，就会因为人地关系的相对失衡和绝对失衡而产生与制度设计初衷相矛盾的效果。

人地关系的相对失衡，是指不同的区域之间的农民或同一区域内部不同社区的农民，由于历史原因，所享有的土地面积相差悬殊，从而导致土地保障功能在不同区域间的明显差异。

一方面，区域之间的人地关系失衡将造成养老保障公平性的冲突。按照《中华人民共和国土地法》，我国的农村土地归集体所有，基层集体行政组织实际上作为代理者行使土地所有权。然而，实际上，从现实的情况看，农村土地是一种社区所有而非集体组织所有。在村这一级基层组织的构架下，土地因为天然地与血缘地缘关系结合，导致土地产权客观上以社区为界（温铁军，2001），并不是以法律规定的集体组织为界。举一个在农村较为常见的例子：某行政村有甲乙两个自然村庄，共计 1000 亩土地，1000 人。理论上，土地归全村所有成员共有，人均 1 亩土地。实际上，甲庄 400 人，拥有土地 600 亩，乙庄 600 人，拥有土地 400 亩。由于地缘和血缘的关系以及土地使用的历史沿革，人均土地资源较为丰富的甲庄不可能向乙庄出让土地。这样，法律名义上的 1000 人拥有 1000 亩土地的所有格局，被自然所有取代。在这种格局下，不同社区农民人均拥有的土地数量是不同的，有的甚

至相差较大。以土地作为养老保障的资源基础，必然会带来因为人地关系不一而产生的负担程度的较大差异。如果说，这种差异是完全由于劳动者本身劳动付出的差异而产生的，则本身有其合理性，但现实的情况是，这种差异产生的重要原因只是因为在土地集体所有名义下农民拥有的土地数量不同而已。仍然以上述例子来说明。甲庄人均 1.5 亩土地，乙庄人均 0.67 亩土地，如果不考虑家庭规模和结构等其他因素，甲庄土地的养老保障水平就会高出乙庄一倍以上。这种差异是合理的吗？很难说。城镇职工养老保障水平的差异，产生于企业和个人缴费的差异，与自己的劳动付出紧密相关，而农民土地养老保障水平的差异，主要是因为土地集体所有格局下人地关系的不同。这种情况下，乙庄的农民难免要向代表土地所有者的集体组织提出土地养老的公平性问题。

另一方面，农户之间的人地关系失衡也将挑战养老保障制度的公平性。在 20 世纪 70 年代末 80 年代初实行分田到户的承包制后，相对固定的土地使用权和不断变化的人口格局使得同一社区内不同农户的人地关系日益分化，差距越来越大。出于保护农民生产积极性和控制人口增长等因素的考虑，许多地方实行的是按照人头分包土地后在承包期内使用权固定不变的政策，通俗的说法就是"增人不增地，减人不减地"。而由于生老病死、婚丧嫁娶引致的家庭人口增减和养老负担的变化，并没有在作为养老资源基础的土地使用权分配格局上得到相应体现。我们已经不难看到，农村里出现了许多由于家庭裂变人口暴增而土地不增反减的家庭，这种现象发展下去的结果，就是同一社区内不同家庭养老负担相差悬殊，而这种悬殊的养老负担，与劳动者本身努力程度并不相关。显然，这种结果的出现，很难说与养老保障乃至社会保障制度的出发点相吻合。

人地关系的绝对失衡是指我国农村普遍人多地少，小农生产方式下土地产出有限，相对于数量庞大的农村人口，土地的保障和养老功能难以让人期待。土地承包制在全国范围得到推广的 1984 年，全国每个农户仅耕种 8.35 亩土地，每户土地被分割为 9.7 块，每块土地平均面积为 0.86 亩。到目前，全国农村居民家庭平均每人经营耕地面积不足 2 亩，按平均家庭规模折算成平均每户经营面积 7 亩左右，而且分布情况相差悬殊。在东北和西北一些省（自治区、直辖市），人均经营耕地较高，有的甚至达 8 亩和 10 亩，而主要农产品生产区的长江中下游省（自治区、直辖市）及华北平原各省（自治区、直辖市），人均经营耕地普遍不足 2 亩，一些地方甚至人均只有几分土地。这种人地关系下，把养老等保障功能寄托在土地上，是缺乏可靠性的。

3. 土地生产经营收益低下，难以发挥保障作用

如前所述，土地能够维系家庭的养老保障功能，前提条件之一是家庭经营的土地产出达到保障家庭成员基本养老需要的水平。从我国农村土地经营的现实情

况来看，我们还很难说目前的土地经营能够满足这个基本条件。在典型的农业生产区域华中某农业大县，每亩农田负担 200 元，加上人头负担每亩约 350 元。一个典型的 5 口之家种地 8 亩，全年经济负担 2500～3000 元，亩产 1000 斤(1 斤=0.5kg)粮食，不算农民劳动投入，仅仅能够保本，80%的种地农民亏本（李昌平，2002）。一个种田能手耕种 18.3 亩田，辛辛苦苦一年下来所得竟然是负数，发出"打死我也不种田了"的感慨（李昌平，2002）。在种地根本不能够保证农民基本生存需求的情况下，农民的合理选择就是抛荒。例如，安徽省肥东县 1999 年有 20%的中高产田被抛荒，2000 年则上升至 40%，2001 年又上升至 50%。湖北省荆州地区是粮食主产区，2000 年抛荒农田达 15.6%，湖南省同一时期抛荒面积从 160 万亩增加到 195 万亩，上升了 21%（秦晖，2003）。在农地生产经营收益条件极低，农民甚至被迫放弃曾经被视为命根的土地的情况下，土地根本不可能作为农民养老的可靠基础。即使在富裕的苏南农村，有调查研究表明，贫困家庭中，纯农户和以农业为主的农户分别占 48.6%和 18.6%，而且纯农户和以农业为主的农户贫困发生率分别达 35.8%和 27.1%（梁鸿，2000）。在如此高的贫困发生率条件下，借口给农民以土地而推卸养老责任，实际上是政府不作为的一种表现。

近年中央采取了一系列措施试图减轻农民负担，增加农民收入。首先是税费改革，并费归税，把原来的 300 亿元农业税增加到 500 亿元，税率从 5%增加到 8%，试图杜绝其他一切名目的负担。然而中央对农民真实负担情况把握不准，造成农民负担反复增加，而且在基层吃皇粮队伍臃肿问题没有解决的条件下，税费改革的成果有限，它很难让我们跳出明末清初思想家黄宗羲所总结出的历史周期率。2004 年开始，国家提出了在 5 年内全部减免农业税的计划，这无疑是减轻农民负担的重大举措。然而我们有理由忧虑这项政策措施的预期效果：一是减免农业税，使相当多的县市乡镇失去了重要的收入来源，在多数县市财政吃紧，基本是吃饭财政的格局下，如果没有人事和机构改革的相应配套改革，支出刚性的结果很可能让我们重蹈覆辙，导致上有政策，下有对策，乡镇不得不向农民腰包伸手，农民负担陷入越减越重的恶性循环之中；二是目前的农业税只是农民实际负担的一部分，甚至只是一小部分，有所谓"明税轻，暗税重，杂费摊派无底洞"之说，仅仅免除农民的名义农业税，对农民的负担减轻，裨益不大，并不能真正增加土地的收益，提高其保障能力。让土地承担农民养老功能，必须提高土地的收益，让人地关系紧张格局下的农民能够从土地中获得必需的生存和发展资料，否则，在农民种田亏本，甚至没有不种田的权利（即使不种田仍然要上交各种税费）的条件下，土地与其说是农民的最后保障，不如说是其枷锁。

4. 土地保障功能效果与经济结构发展趋势的冲突

自实行家庭承包责任制和人民公社解体以来，原先公社和大队集体养老的功能事实上被土地所替代，20余年的实践以及中国农村正在面临的变革，突出地显示，在国家经济结构和社会结构发生急剧变革的背景下，城镇化和非农化已经成为解决"三农"问题的必由之路，让土地承担农民的养老功能，将导致农村和农业的发展偏离正确的轨道。

在农业税费减免的情形下，农民视土地为一块免费的蛋糕，尽管这块蛋糕并不能完全满足其家庭生存和发展的需要，但在没有任何成本或者成本很小的条件下，农民家庭固守一块土地是一种理性的选择。在这种条件下，土地的养老功能，将掣肘的农民流出，使农民流动"两栖化"，延缓农村城镇化的进程。

农民在城乡两栖流动的模式下，土地发挥的是一种心理保障而非实实在在的可以养老的经济保障。其结果，就是造就大批可以脱离农村但又不愿意放弃土地的"两栖化"农民。农民"两栖化"将引起多方面的弊端。他们一方面不愿意放弃土地，而将其视为一种职业保障或发生不测风云时的退守阵地，又不愿意在农业上投入更多的时间和资金，依旧实行粗放经营。另一方面则又对于所从事的非农产业怀有不稳定心理，没有长期规划。他们虽然增加了许多收入，但不愿意把这些收入用于生产性投资，而是将钱用于畸形的生活消费上。这些年来，我们不断看到在部分农村地区，农业生产日见衰败，楼房屋宇不断推陈出新但却又空无一人。这种土地制度实际上既不能让土地真正承担养老功能，也不适应城镇化发展的需要。

与此同时，让土地承担农民家庭养老保障功能，将强化农民对农村土地的需求，不利于国家人口控制政策，也不符合农业产业化发展的趋势。现行的土地分配政策，基本上是以土地承包期起点时家庭人口数量为主要依据，让农民无税费地使用土地并让土地承担养老功能，其结果就是农民对土地产生一种并非建立在经济效益基础上对土地的需求。一方面，农民将尽可能多生小孩，或者迟迟不将可以转移至城镇的人口转出，以此来增加家庭人口数量和分配土地的砝码；另一方面，则千方百计保留手中的土地，使得目前农村土地零碎化的格局进一步固化，这将大大增加农业规模经营和农业产业化的难度。

3.4.3　土地是否应该承担农民的养老功能？

以上是就土地保障功能本身面临的一些困境进行分析，对其作为农村基本保障制度的可行性进行的探讨，结论是土地难以承担农民养老的功能。这是土地保障功能问题的第一层次问题。第二层次的问题则是，即使土地具备承担农民养老功能的能力，我们能否就以它作为借口而排斥农村社会养老保障体系建设。

如果土地保障功能在承担农民养老功能上没有面临诸多困境，是否就可以不必建立农村的社会保障制度呢？即是说，土地保障是否可以替代农村社会保障体系的建立呢？作者认为也不能。土地保障功能不应该承担农民的养老保障，理由如下。

首先，把土地作为农民的保障手段与国家经济发展和社会进步的目标相冲突，它不是一个合理的制度选择。历史地看，社会保障制度最早自 19 世纪末期在德国开始建立，是工业化的生产方式和与之相适应的生活方式在一国经济社会生活中取得主导地位的结果，是工业化对历史上客观存在的土地保障功能的一种否定。虽然社会保障制度并不在工业化最早的英国最先出现，但一个基本事实是只有完成了工业化，进入到现代国家行列，国家才有可能也有相应的能力从整个社会层面的角度考虑所有成员的基本保障问题，统一的社会保障制度的建立是社会发达程度的标志。长期以来，我国根据自己的赶超型政治经济发展目标，以重工业优先发展的战略和农产品统购统销制度、人民公社集体生产制度和城乡隔离的户籍管理制度等所谓的"三驾马车"（蔡昉，2007），造就了城乡差别悬殊的"二元结构"。"二元结构"下农民得到的是全面而广泛的制度性差别对待（郭书田，1990），也是人口占多数的农民受到的最大不公。这种结构至今仍然未能得到全面矫正。在人民公社制度下，城镇人口通过农业和农村资源的输血，建立并享受着工业社会的社会保障体系，农民的养老保障等则由公社集体解决。从某种意义上讲，这一时期的社会保障制度，是二元的，因为有明显的城乡差别，但又是一元的，因为它有明显的社会统一性。人民公社制度解体之后，农民的养老保障就随着土地经营权的下放而转移至农民家庭，农村养老保障体系基本不复存在。城镇养老制度虽然发生了由单位保障向社会保障的制度性变迁，但仍然处于社会保障制度的庇护之下，而农民则因为有了土地（使用权），养老保障完全由家庭自我负担，不难看出这是"二元社会结构"的继续延伸和发展。继续让土地承担农民的养老功能，实际上就是要继续维持现有的二元保障体系。这从社会进步的角度，从社会公正的角度而言，都是一个让人难以接受的制度安排。

其次，让土地承担农民的养老功能，与我国正在大力推进的农村城镇化发展战略目标相冲突。农民的养老保障问题，实际上只是"三农问题"的一个具体表现，而解决"三农问题"的出路在于非农化和城镇化，大量减少农民数量，这已经成为学界和实践部门经过长期探索后达成的基本共识。我国目前正处于加速工业化和城镇化的过程之中，多项研究表明，21 世纪前 50 年是我国初步完成城镇化的关键时期。即使是比较保守的预测，至 2050 年城镇化水平也将达到 60%左右。城镇化过程之中，农村土地的商业运作和市场价值才能体现出来，人口的空间和产业转移也要求以灵活的方式处理其与土地的经济和社会关系。所有这些，都要求建立适应城镇化需要的土地（使用权）流转制度，更有学者认为，土地流转是中国城市化起飞的先期准备（牛文元，2003）。可以设想，如果我们的制度设计把农民的养老保障依附在土地之上，农民凭借拥有国家或集体以无偿或代价极低的方式给予的土地（使用权）而获得保障，土地的福利性质得以昭彰，势必会造成土地使用权的长期沉淀和固化，形成农村人口流出和和就业结构升级的障碍，从而影响农村人口城镇化和非农化的进程。

再次，以农民有土地保障为借口，把他们排斥在社会保障体系之外的思路与做法，与社会保障体系的基本功能和出发点是相冲突的。社会保障制度的基本性质应该是政府通过强制性措施调节公民的储蓄行为和消费周期，并结合使用再分配的手段来保证所有国民最基本生活需求。工人也好，农民也罢，只要是一国的合法公民，都有权利在社会保障制度下获得最基本的生活保障，同时也为这一保障制度的良性运转承担自己的义务。从这个意义上讲，给农民提供基本社会保障是政府的义务，农民以土地作为其养老保障是其私人选择，两者不可混淆。如果有人仍然以国家给予农民土地作为生产资料为理由，坚持让农民通过土地实现自我保障的观点，我们不妨换一个角度来思考这个问题：在城镇里，大量国有和集体企业为城镇市民提供了大量就业机会，其表现为城镇劳动者与国家、集体的生产资料相结合，为这些劳动者提供了生产资料，按照给予了作为谋生手段的生产资料就可以不必考虑其养老保障的思维逻辑，国家同样也不应该在城镇建立包括养老保障在内的社会保障体系。显然，这种推论的结果是荒谬的，因为其前提，即给予了生产资料（使用权）就可以替代保障体系的假设，是不成立的。

人人都会因为年老而丧失劳动能力，必须通过一种制度安排提供必要的养老保障，不管是提供劳动者自身积累的纵向平衡方式也好，还是通过社会再分配以保证所有社会成员的老年生活基本保障的方式也罢，这就是社会养老保障体系成为必需的基本逻辑。市民如此，农民也该如此。只不过对市民而言，养老保障制度是强制性改变养老者个人的储蓄行为和消费周期，而对农民来说，养老保障制度是强制性改变养老者所在家庭的储蓄行为和消费周期。农民拥有土地使用权，恰如市民在企业和事业单位找到一份工作，与他们是否参加养老保障体系之间没有必然逻辑关系。

3.4.4　从土地保障向社会保障过渡：农业税转养老保险费的"统账模式"

既然土地使用权不能成为把农民排斥在社会养老保障体系之外的借口，那么，随之而来的问题就会是如何建立农民的养老保障体系。

虽然我们不能因为农民有土地使用权而把农民排斥在养老保障体系之外，但建立农民养老保障体系却难以与土地问题相割裂，因为土地是农民养老体系建立的经济基础。如何从现有家庭为单位的以土地为经济基础的养老保障模式过渡到社会型养老模式呢？作者这里提出农业税转养老保险费的农村养老保障"统账模式"的设想。

　　作者认为建立农民养老保障制度，应该整合考虑农业生产经营收益水平、农民养老经济需要、城镇化和土地流转的发展趋势以及与城镇养老保障体系对接等一系列因素，形成以农民家庭和劳动者缴费、国家和集体给予相应补贴和政策优惠措施相结合的养老资金筹集模式。具体来说，可以借鉴城镇养老保险制度的办法，实行个人和家庭账户与集体和社会统筹相结合的农民养老资金筹集方式：改变目前不加区分，毫无例外地减免和废除农业税的方式，而是仍然适当征收农业税，但把它作为建立农民养老保障基金的社会统筹部分，按照农民所交养老金的一定比例，记入专门设立的农民养老保险账户，条件是农民个人或家庭存入相应养老资金记入其个人账户。举例来说，在个人和社会缴费比例为 1∶1 的条件下，农民家庭每年上交 500 元农业税，如果他家向自己的养老账户存入 500 元养老金，则政府把征收农业税所得 500 元记入其专用养老账户，如果农民少交或不交，则农业税照交，但记入其养老账户的资金就相应减少甚至为零。社会统筹部分以农民家庭农业税收额为最高限额，与农民个人和家庭缴费的比例最低为 1∶1，经济较发达地区，视农民的承担能力和支付意愿，可以适当提高到 1∶2 或更高。初步计算，我国每年农业税收 400 亿元，如果都以 1∶1 的比例交纳个人部分养老金，则全年农民养老基金可收集 800 亿元，如果按照 1∶2 的比例，则可筹集 1200 亿元。全国农村 65 岁的人口约 6000 万，以现收现付的形式，每人每年就可得养老金 1300～2000 元。考虑农村地区的较低消费水平，这个支付水平可以初步建立起低水平、广覆盖、可持续的农村养老保障体系。

　　农业税转养老保险费的"统账模式"，实际上是发挥社会和农民个人与家庭两个积极性以建立农村养老体系。这种模式的好处如下。

　　第一，它可以调动农民参与养老体系建设的积极性。作者主张把农业税收起来，以养老金的方式还之于农民，返还的额度与个人交纳养老费挂钩。这样一来，农民就有了交纳农业税的积极性，交纳养老费的积极性也就高涨起来。因为在农民看来，这实际上是在为自己存钱，而不是像以前那样，无偿作贡献。

　　第二，它可以根据各地农村经济发展水平，灵活调整社会统筹与个人、家庭缴费比例。也许有人置疑，正是因为农民负担过重，国家才免除农业税的，实行农业税转养老保险费的农村养老保障"统账模式"，不仅仍然要收农业税，还要农民另外交纳个人部分，可行吗？作者认为，这种置疑有道理，但不用担心。其一，农民负担之所以重，并不是农业税惹的祸，而是其他名目繁多的杂费所至，这正如农谚所言"明税轻，暗税重，杂费、摊派无底洞"。农业税是农民负担的一小部分，非税的杂费和摊派部分往往是农业税的数倍。相反，只要税率适当，农民对农业税的认识是"交皇粮国税，理所当然"。在革除农村其他杂费和摊派的条件下，征收适当水平的农业税，是可行的。即使算上农民自己交纳的个人养老金部分，也不会比废除农业税和各种杂费和摊派之前负担更重。其二，把农业税以养老金的形式返还农民，实际上是一种强制性或积极的诱导性调节农民消费周期制度，只要农民实实在在掌握自己的养老资金账户，他们对缴费的心理感受就与过去交纳农业税和各种杂费和摊派截然不同。

第三，农业税转养老保险费的农村养老保障"统账模式"，适应农村人口城镇化发展趋势，有利于与城镇养老保障体系的对接。设立了个人和家庭账户的农村养老保障"统账模式"模式，与城镇市民养老的"统账模式"模式可以直接对接，在农村人口进入城镇非农业领域劳动就业之后，可以顺利地转入城镇养老保险"统账模式"继续拥有自己的账户，从而为建立全社会统一的养老保障体系提供了可能。

为了建立农村养老保障"统账模式"并适应农村城镇化的发展趋势，同时应该在现有的土地制度上作出进一步调整。作者的设想是在现有的土地承包制基础上，承认农民对承包土地的可继承性租赁权，这其实就是早已有学者提出的让农民拥有土地"永佃权"的思路。不过，把农民养老因素和城镇化结合起来，永佃制思路的若干细节需要深化和完善。例如，对流出农村的人口而言，可以规定他们在转让出土地的条件下，在一段时间里（如 15 年），不管他们是否交纳个人养老金，他们都可以享受原有土地农业税（由租赁权继承者交纳）转化为养老基金的优惠。这段时间里，他们仍然可以按照旧有的农村养老"统账模式"交纳个人养老金，也可以在自愿的条件下，选择进入城镇养老保障体系。这种模式，实际上是用一定时间的农业税对土地租赁权的赎买，以达到土地流转和农民流出的目的。对国家而言，实现了土地流转、规模经营和促进人口城镇化的目标，而且赎买土地租赁权，并不需要额外掏钱，这笔钱由租赁权的继承者负担；对租赁权的继承者而言，在一定时间里，只需负担一定的农业税，其余收益归己。规定时间一过，继承来土地的农业税就可以转化为自己的养老基金；对土地租赁权出让者来说，既可以转移至更高收益和生活水平的城镇，又可以在一个较为长期的时间里获得一笔稳定的收入，为其在城镇立足和发展，创造条件。总之，这是一个三赢的方案。

第4章　从农村人口退出的视角看中国现行土地制度

4.1　现行土地制度的基本概况

根据用途可以将土地分为农用地、建设用地和未利用土地。未利用土地与农村人口的退出相关性不大，在此不予考虑。农用地和农村建设用地既有一些共性的特征，也有一些各自的个性特征。

4.1.1　我国农村土地制度的共性特征

1. 农村土地实行集体土地所有制

我国最高法律《中华人民共和国宪法》对农村土地的所有权进行了规定，根据该法第十条规定，"农村和城市郊区的土地，除由法律规定属于国家所有的以外，属于集体所有"。土地的社会主义劳动群众集体所有制，具体采取的是社会主义集体经济组织所有制的形式。《中华人民共和国土地管理法》第十条又对具体的所有形式进行了规定，包括三种所有权形式：乡镇集体土地所有权、村集体土地所有权、村民小组集体土地所有权，分别由其对应的集体经济组织或者村委会、村民小组经营管理。

2. 农村集体土地转为国有土地实行征收制度

集体土地所有权具有流转的可能性，农村集体所有的土地只可能通过征收而发生土地所有权转移。修改后的《中华人民共和国宪法》第十三条规定："国家为了公共利益的需要，可以依照法律规定对公民的私有财产实行征收或者征用并给予补偿"。《中华人民共和国土地管理法》第四十五条对征收、征用的标准及批准主体，第四十七条对补偿的项目、补偿标准进行了详细规定。

4.1.2　农用地制度特征

1. 农用地实行家庭承包经营制度，承包权逐步稳定

20世纪80年代初期家庭联产承包责任制在我国农村大部分地区建立，并确立了坚持土地集体所有、以家庭联产承包为主的统分结合的双层经营体制的基本制度框架。1993年4月，"家庭承包经营"明确写入《中华人民共和国宪法》，成

为一项基本国家经济制度。2002 年《中华人民共和国农村土地承包法》出台，第三条规定"国家实行农村土地承包经营制度"。集体经济组织把土地使用权承包给农户，以户为单位独立经营，自负盈亏，除向集体上交提留和向国家交纳农业税以外，其余全部收入归农户个人。对提留和农业税，国家和地方政府在各个时期的政策有所变化，2004 年以后已全部减免。一般来讲，农民集体所有的土地除本集体经济组织的成员外，其他单位和个人也可以承包经营，《中华人民共和国土地承包法》第四十八条对此进行了详细规定。

为稳定承包预期，完善联产承包责任制，1984 年中共中央决定将土地承包期由原来的不定期明确为"一般应在 15 年以上"。1993 年土地承包期又被中共中央确定为"再延长 30 年不变"。1998 年十五届三中全会明确提出"依法赋予农民长期而有保障的农村土地使用权"。2007 年《中华人民共和国物权法》明确承包权为物权。2008 年中共十七届三中全会，针对家庭承包经营存在的问题，确定了促进农业基本经营制度完善和创新的政策选择，提出"土地承包关系要保持稳定并长久不变"。2013 年中央一号文件提出全面开展农村土地确权登记颁证工作。

2. 鼓励承包经营权流转

依据《中华人民共和国土地管理法》的规定，土地承包经营权可以依法转包、出租、互换、转让、入股或者其他方式流转，至于是否决定流转以及如何流转承包人自主决定，其他人和相关组织不得干涉，但流转不得改变土地的产权性质和农业用途。为提高农业生产效率，近年来国家和各级地方政府积极鼓励承包经营权流转，2014 年中央办公厅和国务院出台了《关于引导农村土地经营权有序流转发展农业适度规模经营的意见》，推进土地适度规模经营。

3. 保护耕地

截至 2011 年 12 月 31 日，全国耕地保有量为 18.2476 亿亩，人均耕地仅 1.35 亩，不足世界一半。由于耕地资源的稀缺，国家一直对耕地实行保护制度。

1981 年的政府工作报告提出"十分珍惜每寸土地，合理利用每寸土地，应该是我们的国策"；1986 年，"十分珍惜和合理利用每一寸土地，切实保护耕地"的基本国策确立。1986 年 6 月，第六届全国人大常委会审议通过《中华人民共和国土地管理法》，1994 年、1998 年、2004 年三次对土地管理法进行修正；1994 年8 月《中华人民共和国基本农田保护条例》由国务院发布；1998 年，耕地保护写进《中华人民共和国刑法》。十六届三中全会指出实行最严格的耕地保护制度，保证国家粮食安全。2007 年政府工作报告提出"一定要守住全国耕地不少于 18亿亩这条红线"。耕地的保护具体措施包括以下几方面：①严格控制耕地转为非耕地，农用地转用实行审批制度；②国家实行占用耕地补偿制度；③耕地总量动态平衡制度。

4.1.3　建设用地制度特征

1. 农村建设用地审批和限制流转制度

一是农村建设用地使用实行审批制度。在符合乡（镇）土地总规和年度规划的前提下，乡镇企业、公益事业、各种公共设施、农村村民住宅等建设用地，应当依照《中华人民共和国土地管理法》的规定办理审批手续，涉及农用地的依法办理农用地转用和用地审批。

二是农村建设用地的流转受到严格限制。现行法律对农村建设用地使用权流转进行了严格的规定。《中华人民共和国土地管理法》明确规定，农民集体所有的土地的使用权不得出让、转让或者出租用于非农业建设，农村建设用地使用权转让必须同时具备下列条件：转让的土地必须属于土地总体规划划定的用于非农业建设的土地；转让的土地范围必须是已经依法取得的企业经营用地；转让的原因企业兼并、破产等。可见转让的范围极其狭小，条件非常严格。其他方式的流转，如抵押、出租等也受到严格的制约，基本处于禁止的状态。虽然现行法律对农村建设用地使用权流转持否定态度，但在广大农村特别是城乡结合部，农村建设用地使用权流转的现象却是大量存在。

2. 宅基地有限制的福利性制度

具有以下主要特性。

一是农村宅基地取得的福利性和排他性。年满十八岁且符合分家条件的集体经济组织成员，并符合土地利用总体规划和土地利用年度计划及村镇建设规划等条件的可以申请使用本集体经济组织的土地建住宅，基本上可视为无偿使用，仅支付很少的费用或者不支付费用。而且，宅基地使用权无固定期限。对于农村宅基地，只要不发生《中华人民共和国土地管理法》第六十五条规定的情形，即乡（镇）村公共设施和公益事业建设需要使用土地的、不按批准用途使用土地以及因撤销、迁移等原因停止使用土地的，使用者可以长期使用。

二是宅基地使用权流转的限制性。农村村民一户只能拥有一处宅基地，申请取得宅基地后农村村民只可自己建房，如将其出卖、转让变更使用主体的，须在本集体经济组织内部且需经原审批机关审批同意。出卖、出租住房后，农村村民不允许再申请宅基地。而且《中华人民共和国物权法》明确规定宅基地使用权不得抵押。

4.2　现行土地制度下农村人口退出的现状与问题

4.2.1　农村人口半退出现状

根据前面的定义,我国农村人口半退出是指与农村人口的全退出相对应的一种人口流动状态,也指农村人口离开农村从事非农产业、以工资为主要收入来源而同时集体组织成员身份还未转变、户籍身份还是农民的一种现象。农村人口半退出主要有两类:一类就地转移在本地乡镇企业、城市打工;另一类是异地转移就业务工,基本上可以用农村户籍流动人口数据来加以衡量,农村半退出人口具有以下特征。

(1)农村半退出人口数量逐年增加。中国正经历着大规模人口流动。目前对流动人口的衡量,有国家统计局每十年左右进行的人口普查公报以及期间的人口抽样报告的调查数据。此外,中华人民共和国卫生和计划生育委员会发布年度报告,对流动人口问题进行系统研究,公布年度统计调查数据。从主要年份流动人口数据可知,1982 年,中国流动人口总量仅 660 万人,但 20 世纪 90 年代开始,流动人口大幅增加,2000 年达到 1.21 亿人,2010 年流动人口总量达到 2.2 亿人,占总人口的 17%,2013 年增长到 2.4 亿人。人口流转中城乡流动和城城流动并存,以城乡流动为主,农村户籍流动人口约占流动人口总量的 80%,近十年基本保持不变。但城镇户籍新生代流动人口比例增加明显。2005 年,城镇户籍新生代流动人口约占新生代流动人口总量的 20%,到 2010 年,这一比例上升至 22%,相对于农村户籍新生代流动人口,城镇户籍新生代流动人口女性比例更高,受教育程度更高,在经济地位、文化习俗、生活方式等方面更接近流入地户籍人口。结合前面流动人口数据,以及农村户籍占流动人口的比例,可以大致推算出中国农村户籍流动人口规模,也即半退出农村人口规模。

未来二三十年我国的城镇化仍然处于加速阶段,流动人口规模将继续增长。根据城镇化、工业化进程和城乡人口变动趋势,《中国流动人口发展报告 2012》预测,假如我国户籍制度没有大的改变,2015 年、2020 年、2030 年,我国流动人口将逐步增长到 2.5 亿人、2.8 亿人、3.1 亿人,农村户籍流动人口分别达到 1.9 亿人、2.1 亿人、2.3 亿人。

(2)新生代成为半退出主体,由生存型向发展型转变。流动人口正在经历代际更替,新生代流动人口已经成为流动人口的主体。"第六次全国人口普查"数据显示,新生代流动人口总量为 1.18 亿人,占比超过 50%。如果我国政策环境没有大的变化,按照现在的人口流动迁移模式,随着上一代流动人口的逐步退出,据《中国流动人口发展报告 2013》预测到 2030 年全国新生代流动人口总量将达到

2.79 亿人，占全国流动人口的比例接近 90%，占据流动人口主体的决定地位。

随着经济社会的变迁，新生代流动人口更注重体面就业和发展机会，逐步由生存型向发展型转变，从表 4-1 可以看出，其流动的目的由以经济动因为主向经济、社会、发展等多种动因转变，更注重自身发展。大多数农村户籍的流动人口离开学校便来到城市，已远离农村和农业生产，基本没有返乡意愿也难以再返回农村。

表 4-1　"第六次全国人口普查"调查的流动人口流动动因分布

	流动原因	新生代	上一代
经济	务工经商	42.5	61.1
社会	随迁家属	20.3	9.7
	婚姻嫁娶	4.8	5.6
	投亲靠友	3.5	5.9
发展	学习培训	20.5	0.2
	工作调动	2.8	4.3
其他	—	5.6	13.2
合计		100	100

（3）受教育层次提升，以务工经商为主。新生代流动人口的平均受教育年限增加，2012 年，新生代劳动年龄流动人口的平均受教育年限为 10.6 年，较上一代增加了 1.7 年，初中及以下学历的约占 60%，具有高中以上学历的接近 40%。新生代社会参与意识较上一代有明显增强。新生代中经常关心国家大事、社会新闻和时常阅读报纸杂志的约占 51%，比上一代的相应比例高出 5%。

就业集中在制造业等五大行业。由于结构性劳动力短缺等问题的显现以及保障农民工工资权益的系列措施的出台，近几年，流动人口家庭人均月收入稳步提升。流动人口主要就业于私营部门或从事个体经营，就业集中在制造业、批发零售、住宿餐饮、社会服务、建筑等五大行业。制造业一直是吸纳流动人口就业最主要的行业，但近两年流动人口在制造业从业比例连续下降。2013 年，制造业从业人员比例为 33.3%，较 2011 年下降 4.1%。

（4）家庭化迁移明显，流动儿童群体庞大。2012 年，在流入地已婚新生代流动人口中超过 60%的与全部核心家庭成员共同居住。但大多数家庭不能一次性完成核心家庭成员的整体迁移，家庭成员分次完成迁移的家庭占 70%，最常见的方式是夫妻先完成流入，然后完成全部或部分核心家庭成员的迁入。

家庭化迁移使得流动人口在流入地更容易产生归属感，随着我国人口流动迁移的日趋活跃，流动儿童的数量也在不断增长。"第六次全国人口普查"数据显示，

0~17 岁流动儿童总量达到 3581 万人，已经占城市儿童总量的 1/4，占全国儿童总量的 1/8。人口流动家庭化和长期化趋势的增强，预计这一群体总量还将持续增加。

（5）人口流动趋势向多元化转变，新生代青睐大城市。新生代的流向与流动人口整体流向基本一致，东南沿海地区仍是吸引新生代流动人口最多的地区，但东部和南部比例有所变化。南部沿海地区吸引力较以前明显降低，而东部沿海地区接纳的新生代流动人口份额有所上升。"全国 1%人口抽样调查"和"第六次全国人口普查"数据显示，南部沿海地区新生代流动人口份额由 2005 年的 33%下降到 2010 年的 23%，东部沿海地区的相应比例则由 20%上升到 22%。近年来，中西部劳务输出大省出现人口回流。人力资源和社会保障部提供的数据显示，2013 年东部地区农民工比 2012 年减少 0.2%，中部地区增长 9.4%，西部地区增长 3.3%。未来，随着国家新型城镇化战略的推进，国家重点培育的三大都市圈、一带一路以及 19 个城市群和城镇化地区将是城镇新增人口的重要吸纳地。

从流动人口流向的城市来看，《中国流动人口发展报告 2011》统计数据表明，流动人口八成以上分布在大中城市。

（6）参加社保的情况有所改善，子女教育、住房影响在城镇的稳定生活。随着城乡社会保障体系的日益完善，流动人口在现居住地和户籍地参加各类社会保险的人数不断增加。以养老保险为例，流动人口在现居住地参保的比例为 23.1%，在户籍地参加城镇养老保险和农村养老保险的比例分别为 4.5%、10.5%。

目前流动人口子女高中阶段就学依然困难，大多需回乡参加高考。流动人口居住状况较差，70%的流动人口家庭在城中村、郊区民房等居住条件差的地方租房生活，由政府提供保障房居住的仅占 0.3%。这些影响了流动人口在城市稳定的生活。

4.2.2　农村人口全退出现状

1. 农村全退出人口数据测算

农村人口全退出也即农村人口的"完全退出"，他们从法律和经济联系上与原来所在农村社区脱离了关系，可以用农村转户到城镇的人口来衡量，由于没有直接的数据，本书用我国每年新增非农业人口减去当年非农业人口自然增长人口进行估算，公式为

$$P_n^* = (P_n^{na} - P_{n-1}^{na}) - P_{n-1}^{na} \times r \qquad (4\text{-}1)$$

式中，P_n^* 为每年农村转户人口；P_n^{na} 为当年非农业人口数量；P_{n-1}^{na} 为上年非农业人口数量；r 为城镇人口自然增长率，这里用市镇人口自然增长率代替。

根据《中国人口统计年鉴》（1991~2005）和《中国人口和就业统计年鉴》（2006~2013）整理得到我国 1990~2013 年非农业人口数量；市镇人口自然增长

率（1990～1999 年）数据来源于《中国统计年鉴 2000》，2000 年以后数据没有再公布，本书假定 2000 年以后市镇人口自然增长率与全国人口自然增长率变化同步，根据两者关系，建立估算公式进行估算，结果见表 4-2。

表 4-2　1990～2013 年我国非农业人口及市镇人口自然增长率

年份	非农业人口/万人	市镇人口自然增长率/%	年份	非农业人口/万人	市镇人口自然增长率/%
1990	23 887	10.43	2002	34 934	6.27*
1991	24 418	9.99	2003	37 427	5.94*
1992	25 298	9.70	2004	39 140	5.80*
1993	26 068	9.38	2005	40 898	5.82*
1994	27 638	9.60	2006	42 071	5.21*
1995	28 243	9.23	2007	43 077	5.10*
1996	29 459	8.82	2008	43 971	5.01*
1997	30 211	8.94	2009	45 029	4.80*
1998	30 785	8.36	2010	45 964	4.72*
1999	31 242	7.67	2011	47 067	4.72*
2000	32 249	7.18*	2012	47 800	4.88*
2001	33 202	6.66*	2013	48 500	4.95*

注：①1990～1999 年市镇人口自然增长率数据来源于《中国统计年鉴 2000》第 91 页；②缺失年份 2000～2013 年市镇人口自然增长率为估算数据（后附*号）

缺失年份市镇人口自然增长率=上年市镇人口自然增长率+本年全国人口自然增长率的一阶差分−统计年份内全国人口自然增长率的一阶差分的平均值+可获得数据年份内市镇人口自然增长率的一阶差分的平均值。2004 年以后全国人口自然增长率变化较小，缺失年份市镇人口自然增长率直接用上年市镇人口自然增长率+本年全国人口自然增长率的一阶差分进行估计。

由式（4-1）和表 4-2 的数据，可以估算出 1991～2013 年我国城乡户籍迁移人口，也即农村全退出人口，见图 4-1。

由图 4-1 可知，1991～2013 年中国农村退出人口数量变化较大，曾出现两个高潮。第一次在 1994 年前后，由于地方发展资金比较匮乏，20 世纪 80 年代末期一些地方进行了卖户口的尝试，安徽来安县开了全国第一个集体卖户口的先例，其他地方纷纷仿效。1992 年 8 月，公安部下发《关于实行当地有效城镇居民户口制度的通知》，同年 10 月开始，广东、浙江、山东、山西、河南等 10 多个省（自治区、直辖市）先后实行该通知。这是我国户籍制度改革的一项过渡性的具体措施，掀起了农转非的第一个高潮。后来，公安部下文对卖户口行为进行制止，卖户口逐步淡出人们的视线。第二次农村人口转户高潮在 2003 年前后，其实质是国家小城镇户口的放开。2000 年 6 月,《关于促进小城镇健康发展的若干意见》出台,对县及县以下的城镇户口放开,小城镇户籍制度的改革迈出了实质性步伐,形成了第二次城乡人口转户高潮。

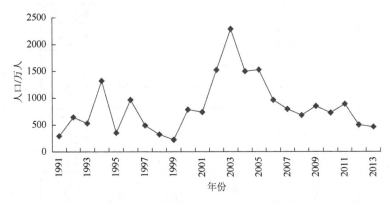

图 4-1　1991~2013 年我国城乡户籍迁移人口(农村退出人口)估算情况

2. 农村全退出人口特征

(1)农村退出人口数量不多。由图 4-1 可知,据估算 1991~2013 年全国共退出人口约 1.93 亿人,年均 877 万人左右,与公安部发布的数据相吻合,2010~2013 年,全国农业人口落户城镇的数量为 2500 万人,平均每年达到 833 万人。虽然农村人口进入小城镇障碍逐步去除,但各大中城市依然维持着传统的二元户籍制度不变,而且由前面可知 60%以上的农民工聚集在大中城市务工经商,户籍制度及其背后相关制度依然是主要障碍。

(2)退出人口具有一定的经济实力。现有的转户人口中,经济条件相对较好的多数以务工经商为主,经商者多为个体经营户,打工者多数务工多年,有相对稳定的工作,有稳定的收入来源。从住房情况看,农村进城人口以自有住房为主,2010 年湖南省统计局组织实施湖南农村转移人口在城镇落户就业情况调查报告显示,因在城镇购房而取得非农户口的为 25.8%。2011 年唐山市农村籍常住人口在城镇居住情况及转户意向调查也显示,有意转户的人口中以在城镇有自有住房的为主,占有意转户人口的 65.2%。

(3)退出人口的类型发生变化,经济因素和土地城镇化影响越来越大。20 世纪 90 年代,国家对农业人口迁入城镇成为非农业人口实行严格的选择,将迁移权优先给予城市经济发展急需的专门人才和技术人员及其家属。而 21 世纪以来,随着国家放宽人口迁移政策,人口迁移的类型及比例有所变化。从表 4-3 中,可以看出四川省的情况,与 20 世纪 90 年代相比农转非人口的类型发生了变化,90 年代农转非人员主要集中在招生、投靠亲属、征用土地等,目前,农转非人口主要集中在征用土地、投靠亲属、投资购房等方面。经济因素和土地城镇化影响越来越大。

表 4-3　四川省 1996 年、2012 年农转非情况对比

1996			2012		
迁移原因	数量/万人	占比/%	迁移原因	数量/万人	占比/%
招生	11.40	22.34	招生	0.83	1.73
招工	3.09	6.07	聘用	0.29	0.61
投靠亲属	6.04	11.83	投靠亲属	6.39	13.32
落实政策	0.19	0.37	投资购房	5.75	11.97
征用土地	10.17	19.93	征用土地	25.25	52.58
其他	20.13	39.46	落户小城镇	1.25	2.60
合计	51.02	100	其他	8.25	17.19
			合计	48.01	100

资料来源：四川年鉴 1997、四川农村年鉴 2013

（4）以就近就地转移为主。农村退出人口除招生外，其他以就近转移为主。以云南为例，截至 2014 年 6 月，全省城乡统筹转户总数达 519 万人，位居全国前列，在已转户人口中，在建制镇落户的占 86.4%，在县城落户的占 8.8%，呈现出就近转移、就近就业、就近落户、就近市民化的特征。

4.2.3　退出存在的问题

（1）半退出人口多，全退出人口较少。由前面对农村户籍流动人口的估算可知，2009～2012 年农村户籍流动人口即农村半退出人口规模在 1.69 亿人～1.89 亿人，而根据对农村退出人口的估算，2009～2012 年全国年均退出人口为 739.5 万人左右，每年平均退出农村人口只相当于农村户籍流动人口的 4% 左右，因此，虽然每年的农村城乡流动人口数量庞大，但是真正从农村退出在城市定居的人口依然极少。

（2）退出时财产不能有效变现。目前，对于农村退出人口而言，真正退出农村实现市民化成本还是较高的，不同的学者和课题组对农民工市民化的成本进行了测算。张国胜（2009）的测算结果为东部沿海地区第一代农民工市民化的人均成本为 9.7 万元，第二代农民工市民化的人均成本为 8.6 万元；内陆地区第一代农民工市民化人均成本为 5.7 万，第二代人均成本为 5.0 万元。根据国务院发展研究中心课题组（2011）的调研测算，重庆、郑州、武汉、嘉兴 4 个城市农民工市民化的政府公共成本约在 8 万元/人。杜宇（2013）根据城市类型、地域分布把城市分为五类进行农民工市民化核算，结果人均成本从 7.8 万元～42.4 万元不等。南京市人口与计划生育委员会和河海大学 2014 年研究成果显示，南京市农民工市民化的社会成本估算为每人 27.48 万元①。综合来看，农民工市民化的成本较高。如果农民工市民化，除去国家和企业承担的部分，个人除日常生活费用也要承担医疗、教育、社保、住房等各项支出，多数农民工无力承担。对于农民工而言，除了城市务工经商收入，其重要的收入就是农村的土地和房屋。

虽然现行政策规定农村人口退出时不要求强制退出农村土地，但是由于相关关于农村人口转户时土地强制退出的法律并没有修改，而且对农村人口退出时交回土地也没有相关补偿规定，这样当农村人口退出时，其农村财产并没有实现市场价值，大部分即使已经具备转户能力的农村转移家庭也不愿白白放弃农村的权益进行转户，特别是在中小城市的户籍"含金量"逐步下降的情况下。因此，土地退出补偿机制缺少是农村人口的退出的主要问题之一。

事实上，现实中农村人口退出时还可以在退出前选择土地流转的市场交易方式。但是由于土地流转制度的不完善，特别是住宅与宅基地的流转受到了严格限制，农村住宅及其宅基地只能在集体经济组织内部流转，其价值实现受到了极大限制，承包经营权由于不稳定流转租金较低，同时又无法实现农地的抵押，这些都影响了农民工市民化的资金储备与积累。

（3）社会保障体系不完善。对于大部分农村流动人口而言，城乡社会保障体系的不完善和存在制度壁垒，也是他们退出时面临的问题之一。随着农民工务工收入的增加，以及土地规模经营的出现，土地的社会保障功能有所弱化。但现阶段，土地保障功能依然较强，当面临返乡失业等问题时，土地是流动人口最后的生存保障。由于农村社会保障体系的层次较低，一方面大部分流动人口还有土地社保的心理；另一方面，也不利于城乡社会保障的衔接，因此，社会保障体系的完善是农村人口退出时面临的重要问题之一。

（4）被动型退出占有一定的比例。由于工业化和城镇化的快速发展，开发区、工业园区、城镇地产开发等不可避免地大量兴起，部分农民特别是城镇郊区的农民很容易被"城镇化"而失去土地。2009～2012 年，中国耕地从 13 538.46 万 hm² 减少到 13 515.85 万 hm²，年均减少 113.05 万亩。如果按城郊人均 1 亩耕地计算，年均增加失地农民 113 万人，占同期每年农业转户人口的 13.5%左右。2010 年湖南省统计局组织实施湖南农村转移人口在城镇落户就业情况调查报告显示，土地被征用是由农村向城镇转移的重要原因，已经在城镇落户的人口中，由于土地被征用而转为非农户口的占到 33.5%。据专家测算，目前中国大约有 5000 万失地农民，总数

---

① 南京城镇化率 80.5%农民工市民化每人成本 27.48 万. 2014-04-15. http://finance.eastmoney.com/news/1365, 20140415376 675348.html. 南京日报, 东方财富网（转）

相当于流动人口总数的 1/5 左右，是一个数量众多的群体。

失地型退出农民属于被动型农村退出人口，他们整体素质与农民群体相似，综合素质差于农民工群体，在与农民工的竞争中，往往处于不利地位。同时，他们的生活方式与城市居民相近，消费水平相对提高，而如果没有稳定的收入来源，虽然短期收入急剧增加，但从长期来看缺乏可持续性，容易引发社会问题。因此，失地农民作为特殊的农民工群体，他们从农村退出不彻底，或者说被迫完全从农村退出后，无生存能力将会严重影响和谐社会的构建和农民工市民化进程。

4.3　现行土地制度与农业现代化的适应性分析

4.3.1　农村土地所有权制度

农村土地属于集体共同所有。从法律条文上看，农村集体土地的归属关系是很清楚的，属于农村集体经济组织，但现实中较多农村集体缺乏行使产权主体的集体经济组织，多由村委会等代行职能。《中华人民共和国民法通则》中直接规定农村土地所有权归行政村，作为一个农村群众自治性组织，村民委员会不是集体经济组织因而不具有作为产权主体的法人资格。根据有关数据，1999 年全国有农村社区性的合作经济组织 233.4 万个，其中乡（镇）一级 3.7 万个、村一级 70.6 万个、组一级 149.1 万个，分别占乡（镇）总数的 82.5%、村总数的 96.2%、组总数的 27.9%，剩余的集体都不具有集体经济组织，其产权主体的行使要么是村委会越俎代庖，要么是处于悬空状态无人行使。根据申鹏（2012）对湄潭县的调查研究，被调查者所在的村集体对于土地"抛荒"不管的占 64.3%，而"管"的只占 35.7%。正是由于农村集体经济组织的缺失，相关法律在集体土地产权行使的规定上做了模糊处理，《中华人民共和国土地管理法》虽然规定村集体所有的土地属于村农民集体所有，但又规定村集体经济组织或村民委员会具有经营管理权，从而造成集体土地产权主体的模糊性，产权运行上的混乱，也为各级行政组织不同程度的干预地权提供了可能，一些地方政府随意征地、占地，不仅侵害了农民的利益，也导致农民"被动型"退出。

同时，集体土地所有权与村集体成员资格紧密相连，如果失去集体成员资格，包括土地以及集体组织收益也很可能失去，这也增强了农村人口与流出地的黏滞性，对于所有权的初始取得，可以与村集体成员资格挂钩，但是对于集体成员退出时包括土地产权及相关权益的保留及继承没有明确规定，给农村流动人口带来不稳定的预期，从而影响到他们从农村退出的相关决策。

综合来看，农村土地所有权对农村人口退出的局限性表现在两点：一是集体产权缺乏行使主体，造成产权的混乱与模糊，从而不利于农村人口相关权益的保护，并且易导致"被动型"退出；二是农村人口凭借集体成员资格获得土地及相关权益的长期合法性及继承性没有明确法律规定，不利于农村人口做出退出决策。

4.3.2　农村土地使用流转制度

农村土地使用权不稳定，流转性差，市场化的退出及补偿缺乏严重阻碍了农村人口的退出。

1. 农村人口退出时土地市场化补偿缺乏

由前面 2.3.2 节的分析可以看出，对于退出农村的人口，如果落户在小城镇，对于承包地没有要求强制退出，但对于进入设区市的必须强制退出；对于宅基地如果停止使用，集体经济组织可以收回。尽管 2014 年出台的《国务院关于进一步推进户籍制度改革的意见》明确提出现阶段不得以退出土地承包经营权、宅基地使用权、集体收益分配权作为农民进城落户的条件，但是相关法律并没有修改。而且现行政策关于农村人口退出时交回农村土地的相关市场化补偿没有明确。

2. 农村房屋和宅基地以及建设用地流转受限

由于宅基地一定程度上具有福利和社会保障的功能，其初始取得相当于免费取得，对宅基地权利的行使受到了法律的严格限制。对于农村房屋和宅基地的处置的规定，散落在《中华人民共和国宪法》《中华人民共和国土地管理法》及相关规定里面。《中华人民共和国土地管理法》第四十三条规定"村民建设住宅经依法批准使用本集体经济组织农民集体所有的土地"，限定了宅基地的使用人必须为集体经济组织成员。因此，即使现行法律允许农民买卖自己的房屋和宅基地，也必须在集体经济组织内部，农村房屋和宅基地只能卖给符合建房用地申请条件的本集体经济组织成员，非集体经济组织成员禁止。有些地方对这方面进行了明确规定，如《湖北省人民政府办公厅关于加强农村宅基地管理工作的通知》（鄂政办发〔2004〕104 号）明确规定"农村村民因继承房产形成一户拥有两处以上宅基地的，可在本集体经济组织内买卖，……农村宅基地不得向城镇居民出售"。实践操作中，农村房屋及宅基地的合法交易也多在集体经济组织内部进行。因此实质上农村房屋土地的转让是一种极其有限的流转，即农村房屋和宅基地只能出租、转让给符合建房用地申请条件的本集体经济组织成员，从而阻碍了农村人口退出时市场化的流转及流转市场的交易变现。

对于集体建设用地流转，《中华人民共和国土地管理法》也进行了严格的限定，前面关于建设用地的特征已进行了详细分析。

3. 承包权不稳定弱化流转意愿与流转价值

《中华人民共和国物权法》明确规定承包经营权为物权，但实际运作中，农民并没有真正意义上的物权。由于土地承包经营权的不稳定性，大部分地区在不同时间段都进行过土地微调整，带来土地预期的不确定性，不仅影响土地投资。而且影响土地收益，进而影响到土地的顺畅流转。制约农地使用权流转的主要因素是农地使用权流转价格低廉导致的农地使用权供给不足以及农业经营效益低下所引起的农地需求不足。稳定性产权的收益有稳定的预期，因而也具有相对较高的价值，稳定的承包经营权相对具有较高的价值，在土地流转市场具有相对较高的价格，从而有利于承包地的流转和市场化价值的实现。此外，市场化流转机制的不健全，流转交易成本过高，也不利于农地流转。

农地使用处置权的不充分性，还体现在抵押的权利也受到严格的控制。承包经营权和房屋及宅基地抵押受到严格限制，不利于农民和农民工的融资，减弱了农民工从农村退出，实现市民化的能力。

4.3.3　农村土地收益分配制度

现实中由于土地所有权的模糊和容易受到侵害，导致土地收益分配及其制度的混乱。土地增值收益分配的混乱和不合理减少了农民的土地收益，弱化了农村人口退出农村的能力。集体土地所有权的经济利益得不到保障，最典型的代表就是土地流转过程中，最终处置权和部分经营收益权属于国家，尤其是土地征收过程中最终处置权以及由此产生的收益分配不合理，其收益分配按现有的补偿方法和方式不合理，农用地征收按农业用途补偿，农民大多只得到仅占整个补偿费5%的青苗费和劳动安置费，集体组织与政府部门却分别得到25%和70%，不利于保护农民的利益和推动农村人口的退出。此外，在土地整理置换过程中存在土地收益分配制度不够透明，全国没有统一标准，土地置换指标市场交易价格与农民实际得到的补偿相差甚大，例如，重庆的地票交易，地票交易价格2012年平均每亩为20多万元，但是农户所得每亩不高于9.6万元。

另外，对于土地不改变用途，如农地农用其流转收益主要归农户，但由于价值低廉，收益相当有限，不利于新生代农民工市民化能力的提高。

4.3.4　农村土地管理制度

地籍管理的核心是对土地产权的管理，而土地登记是土地管理的一种有效手段，目前土地登记还存在很多问题，土地登记的时间过长，土地确权登记还没有全面完成，特别是宅基地和房屋的登记还没有正式启动，地籍管理动态跟踪机制不完善，土地登记、土地调查目的是为土地经营管理服务的，地籍信息库还未建立。土地无论是所有权还是使用权，一经确权登记就会受到法律的保护，有利于产权主体权益的保护。现有的土地确权还远远没有完成，不仅不利于土地权利的保护，也不利于土地的流转和农村人口的退出。

4.3.5　结论

（1）现行农地制度束缚了农村人口的迁移，阻碍了中国城市化健康发展。现有的农村土地制度客观上阻碍了农民的迁移，除使用权外，处置权和收益权都是残缺的，在很大程度上限制了农民对财产的利用和权能的实现。当他们迁移时，集体土地产权交易只能在农村集体经济组织内部进行，而农村经济组织的成员大多有免费获取宅基地的成员权，交易的范围与机会极其狭窄。而且，现行政策虽然不要求农民强制退出农村土地，但退出土地时也没有市场化的补偿，大大弱化了农村人口的市民化决策。

（2）现行农地制度不利于农民土地财产权的保护。现有的法律制度对农村土地的规定对农民的土地财产没有有力的保障，由于所有权的模糊，农民集体所有权受到其他主体的侵害，特别是在土地征收时。由于所处的特殊经济发展阶段，我国建设用地需求量较大，土地征收的范围过广，我国每年都有大量的农村土地被征用或者征收，在土地征用权属转移过程中，农民利益流失问题相当严重，形成了大量的失地农民。

此外，农村集体成员退出时，其凭借集体成员身份初始分配的相关权益的保护与有效实现，相关法律没有明确规定，包括保有权、继承权、处置权等。

4.4　适应农业现代化需要的土地制度改革的制度需求分析

农民"退而不出"已经成为城镇化、农业现代化发展的主要障碍。土地制度是农民工退出农村市民化的核心因素，而畅通的农村人口退出机制，必须以尊重农民工的权益和意愿为前提。本书以春节农民工返乡探亲为契机，采取问卷调查和访谈的方式，了解农民工退出意愿，分析退出相关影响因素以及他们对土地流转相关政策的需求。

4.4.1　制度需求

制度是能约束人们行为的一系列规则。制度是由正式制度和非正式制度构成的。

从制度需求来看，一项制度被需要，是由于人们预期实行制度后带来的利益，能够超过为制定和实行制度所造成的交易费用。制度需求者认识到制度的重新安排有可能影响收入分配和资源配置效率。作为制度的供给，往往是一个行动团体或者政府。

影响制度需求的因素主要有生产要素价格、宪法秩序、技术发展、市场规模。生产要素价格的变化改变了人们的激励结构，从而引起改变制度的需求。宪法秩序，它能够深刻影响创立新制度安排的成本与收益，影响新制度安排的需求。技术发展对制度变化的影响是多方面的，例如，技术进步降低了交易费用。市场规模越大，分工越细，交易费用也会上升，这种情况下，制度创新可以降低交易费用。

本章主要研究农民工有关农村土地改革的正式制度需求。目前对于农村人口来说，影响其制度需求主要是第一个因素生产要素价格的变化。人口的变化影响劳动力-土地的比率，我国人地关系紧张，土地的价值变化明显，就会影响人们对土地产权制度的预期和变迁需求。部分农民工在城市务工多年，面临着从农村退出的现实选择，对农村土地处置有何需求？随着我国工业和城市发展建设用地需求的增加，大量农村土地以极低的成本被征收，大量农民却不能分享工业化和城市化的成果，也在主观上强烈地表现出深化农村土地制度改革的内在需求。在当前"三化"协调发展的背景下，农民工退出农村及土地改革意愿如何？对农村土地产权制度、流转制度、收益制度等方面有何需求，是值得关注的问题，也是问卷调查设计的重点。

4.4.2 农村人口退出意愿

1. 调查方法和样本

本书分析所用数据源于作者 2013 年春节期间对武汉付家坡长途汽车站、武昌火车站、麻城火车站农民工进行的随机抽样问卷调查。这次抽样共发放问卷 200份，在武汉付家坡长途汽车站发放问卷 80 份，在武昌火车站发放问卷 40 份，在麻城火车站发放问卷 80 份，共回收问卷 179 份，其中有效问卷 156 份，有效率为87.15%。样本农民工绝大部分为湖北农民工，也有部分周边河南、湖南、安徽、山东、四川等地农民工。调查方式主要是问卷加访谈方式，部分农民工文化程度低，只能按照问卷上内容进行访谈。

2. 问卷调查的设计及主要内容

结合本书的调查对象以及本书调查研究的主要内容和方向，在查阅借鉴了大量研究文献以及问卷调查项目基础上，作者设计了一份问卷调查表。问卷调查主要内容包括三个方面。

（1）农民工个人及家庭的基本情况。包括农民工是否户主、年龄、性别、受教育程度、务工年限、月收入、外出务工地类型、家庭人口数、家庭主要收入来源、家庭现居住地、家庭宅基地数量、老家是否城镇郊区、老家地理环境等。

（2）承包地及其流转状况。承包耕地面积、承包地是否充足、家里是否有承包更多土地的打算、承包地利用形式、家乡是否有承包地荒废状况。老家土地流转的主要对象、老家土地流转的主要途径、家里是否愿意转入或转出土地、哪些因素可能影响土地流转决策、您对现在的土地流转有什么看法。

（3）转户意愿及土地制度需求。农民工转户及家乡土地资源处理意愿，具体内容包括是否愿意转为城镇居民；如果愿意，期望的放弃土地补偿的形式；如果愿意，期望的放弃宅基地的货币补偿标准；如果不愿意，原因是什么；如果转户，有哪些政策需求；现有承包地制度是否需要改革；承包地哪些方面需要改革；期望土地制度改革的方向等。

3. 退出意愿

本书的问卷调查结果显示，一部分农民工及其家庭具备退出条件与意愿，在156 份有效问卷中，对问题"您和家人是否愿意转为城市居民"明确表示愿意转户进入城市生活有 48 人，占样本总数的 30.8%；说不清的有 43 人，占样本总数的 27.5%，明确表示不愿意的有 65 人，占样本总数的 41.7%，详细情况见表 4-4。

表 4-4　农民工转户意愿情况

	人数	百分比/%
愿意	48	30.8
说不清	43	27.5
不愿意	65	41.7
合计	156	100.0

4.5　农村人口退出相关影响因素分析

4.5.1　样本的基本特征

1. 户主状况与性别、年龄

本次 156 份有效样本中，户主 98 人，占 62.8%，不是户主 58 人，占 37.2%（表 4-5）。在有效问卷中，男性农民工 124 人，占 79.5%，女性农民工 32 人，占20.5%。18 岁以下 7 人，18～33 岁 94 人，34～60 岁 54 人，60 岁以上 1 人，以中青年农民工为主，新生代农民占据优势，占调查样本数的 64.7%。

表 4-5　户主状况

	人数	百分比/%
不是户主	58	37.2
是户主	98	62.8
合计	156	100.0

2. 教育程度、务工时间和现在或以后打算去的工作地

问卷调查显示，进城农民工平均受教育程度相对较高，初中文化程度占 34.0%，占比最高，初中以上（不含初中）占 55.1%，这与农民工年龄特征是相对应的，各个教育程度的农民工人数及占比见表 4-6；农民工外出务工时间 1 年以下的 17 人，占 10.9%，外出务工 1～5 年的占 34.0%，5～10 年的占 30.1%，10 年以上的占 25.0%，详见表 4-7，外出务工 5 年以上的超过 50%。

表 4-6　进城农民工教育程度

	人数	百分比/%
小学	17	10.9
初中	53	34.0
高中	34	21.8
中专及以上	52	33.3
合计	156	100.0

表 4-7　农民工务工时间

	人数	百分比/%
1 年以下	17	10.9
1～5 年	53	34.0
5～10 年	47	30.1
10 年以上	39	25.0
合计	156	100.0

从外出务工农民工的就业地选择来看，外出务工仍然以向省外流动为主，省外务工人数 106 人，占 67.9%，省内务工人数 50 人，占 32.1%（表 4-8）。从务工地大中小城市选择来看，依然以大中城市为主，这也与全国流动人口调查情况一致，本次调查中在大城市务工的占 54.5%，在中等城市务工的占 28.8%，在小城

市（包含乡镇）务工的占 16.7%。从表 4-8 还可以看出，流向省外的农民工在大中城市就业居多，流向省内的虽然也以中大城市居多，但是大中小城市的差异不太明显，本次调查中在省内大中小城市就业的比例分别为 12.2%、10.9%、9.0%，说明对省内就业的农民工来说，中小城市的吸引力也在增强。

表 4-8　农民工流向城市

	人数	百分比/%
省外小城市（包括乡镇）	12	7.7
省外中等城市	28	17.9
省外大城市	66	42.3
省内小城市	14	9.0
省内中等城市	17	10.9
省内大城市	19	12.2
合计	156	100.0

3. 农民工个人及其家庭收入情况

本次调查时间为 2013 年春节期间，农民工个人月收入 2000 元以下的占 9%、月收入 2000～3000 元的占 32.1%，3000～4000 元的占调查人数的 30.1%，4000元以上的占调查人数的 28.8%（表 4-9）。

表 4-9　农民工月收入

	人数	百分比/%
1000 元以下	2	1.3
1000～2000 元	12	7.7
2000～3000 元	50	32.1
3000～4000 元	47	30.1
4000 元以上	45	28.8
合计	156	100.0

家庭收入结构调查问卷设计的问题是"您家的年收入构成为？"，四个选项分别是土地承包经营收入、家庭副业经营收入、工资性收入、财产收入各多少万元？实际问卷答卷中，被调查者多选择了主要收入来源，而并没有写具体收入多少，因此，根据被调查者的选择将问题转化为家庭主要收入来源。由于被调查个人及家庭都存在务工人员，故家庭收入结构分为三类（表 4-10），从表 4-10 中可知，

家庭主要收入来源中以非农业为主兼业的比例最高，达到 55.8%，非农业收入排第二位，占 24.3%，以农业为主兼业比例最少，为 19.9%。

表 4-10　农民工家庭收入结构

	人数	百分比/%
以农业为主兼业	31	19.9
以非农业为主兼业	87	55.8
非农业收入	38	24.3
合计	156	100.0

4. 家庭人口数、宅基地数量

样本农民工家庭人口数量为 2～10 人，家庭平均人口为 4.53 人。其中，3～6 人的中小型家庭为 141 个，占了样本总数的 90.4%，3 人以下的微型家庭以及 7 人以上的大型家庭相对较少，显示样本农民工家庭以人口中小型家庭为主（表 4-11）。

表 4-11　农民工家庭规模

家庭人口/人	人数	百分比/%
2	4	2.6
3	22	14.1
4	68	43.6
5	30	19.2
6	21	13.5
7	8	5.1
9	1	0.6
10	2	1.3
合计	156	100.0

从家庭宅基地的拥有情况来看，一处宅基地的家庭最多，占被调查有效样本的 67.9%，拥有两处的宅基地家庭占 26.3%，三处及以上占比较少（表 4-12）。由于多数家庭只拥有一处宅基地，对于绝大说农民工及其家庭来说宅基地的重要性不言而喻。

表 4-12　农民工家庭宅基地情况

宅基地数量	人数	百分比/%
一处	106	67.9
两处	41	26.3

续表

宅基地数量	人数	百分比/%
三处	7	4.5
四处及以上	2	1.3
合计	156	100.0

5. 家庭现居住地及老家区位情况

样本农民工家庭大部分居住在农村，其中有 54.5%居住在乡村，28.8%居住在乡镇，12.2%居住在县城，4.5%居住在地级市以上（表 4-13），这也说明虽然大部分农民工长期在外务工，但是家庭并未同步迁移。

表 4-13　家庭现居住地

	人数	百分比/%
乡村	85	54.5
乡镇	45	28.8
县级城市	19	12.2
地级城市	4	2.6
直辖市/省会城市	3	1.9
合计	156	100.0

另外，从调查样本的农民工来看，有 55.8%没有居住在城镇郊区，有 44.2%老家在城镇郊区（表 4-14），可能是该题调查问卷设计的过于简单，没有一定的空间距离进行区分，不便于农民工进行区分，农民工有可能倾向于选择城镇郊区。

表 4-14　老家是否城镇郊区

	人数	百分比/%
否	87	55.8
是	69	44.2
合计	156	100.0

从老家地理环境来看，样本农民工中有 27.6%居住在平原地区，35.9%居住在丘陵地区，36.5%居住在山区（表 4-15），具有一定的代表性。

表 4-15　老家地理环境

	人数	百分比/%
平原	43	27.6
丘陵	56	35.9
山区	57	36.5
合计	156	100.0

6. 土地承包状况

不包括承包的林地、山地，家庭承包耕地面积最多的有 15 亩，最少的只有 1 亩（土地全被征收的问卷被剔除），家庭平均承包耕地面积 4.52 亩，家庭人均承包耕地面积见表 4-16，可以看出大部分农民工家庭人均耕地不足 1 亩，调查样本中人均承包耕地面积不足 1 亩的占 68.0%。

表 4-16　家庭人均承包耕地面积

	人数	百分比/%
≤1 亩	106	68.0
1～2 亩（含 2 亩）	44	28.2
>2 亩	6	3.8
合计	156	100.0

根据访谈情况可知对于承包地的利用形式，农民工家庭自耕仍占主要形式，主要是留守在家庭的老人和妇女完成农业生产任务，特别是在耕作条件好的平原、丘陵地区，大部分农民工家庭可以聘请专门的机械设备服务人员来完成农作物的收割、播种，并不需要投入太多的人力，自耕土地的农民工家庭占 57.1%，外包部分土地的占 14.1%，全部外包土地的占 14.7%，抛荒土地的占 14.1%（表 4-17），主要是耕地条件不好的地区，土地不便于耕作与流转。

表 4-17　承包地利用形式

	人数	百分比/%
自耕土地	89	57.1
外包部分土地	22	14.1
全部外包土地	23	14.7
抛荒土地	22	14.1
合计	156	100.0

关于现有承包地是否充足,41.7%的被调查者认为现有的家庭承包地充足或者非常充足，28.2%的认为刚好够用，17.3%的认为略有不足，只有12.8%的被调查者认为很不够，没法养家（表4-18）。

表4-18　承包地是否充足

	人数	百分比/%
很不够，没法养家	20	12.8
略有不足	27	17.3
刚好够用	44	28.2
充足	34	21.8
非常充足	31	19.9
合计	156	100.0

关于现有承包地制度是否需要改革，大部分被调查者认为现有承包制度需要进一步改革，占被调查者的74.4%，只有25.6%的被调查者认为不需要改革（表4-19）。

表4-19　现有承包地制度是否需要改革

	人数	百分比/%
不需要	40	25.6
需要	116	74.4
合计	156	100.0

7. 家乡土地流转情况

调查数据显示，34.6%的农民工家乡不存在土地抛荒现象，39.8%的农民工家乡存在土地抛荒现象，但并不多，另有25.6%的农民工家乡抛荒土地的比较多，这个比例要高于农民工家庭自身的抛荒比例，也可能是认识上与感觉上的差异，说明抛荒现象确实较严重的存在（表4-20）。

表4-20　家乡是否存在承包地荒废状况

	人数	百分比/%
不存在	54	34.6
存在，但不多	62	39.8
存在很多	40	25.6
合计	156	100.0

8. 农民工是否在意退出补偿政策

在"假如条件允许,您和家人是否愿意转为城市居民"问题后,调查问卷又追加了问题,"如果愿意,您和家人期望的放弃土地补偿的形式是什么?""如果不愿意,原因是什么?"。在本书将"如果愿意,您和家人期望的放弃土地补偿的形式"进行作答的样本归入到在意退出补偿政策,存在部分样本问卷明确选择了"不愿意"或者"说不清",但是又对"如果愿意,您期望的放弃土地补偿的形式是什么?"进行了作答,这里本书也把这部分样本归纳到在意退出补偿政策,其他为不在意,统计结果见表4-21。

表 4-21　是否在意退出补偿政策

	人数	百分比/%
不在意	40	25.6
在意	116	74.4
合计	156	100.0

4.5.2　模型、变量

本节运用 Excel 和 SPSS19.0 对相关问卷数据进行处理和统计分析。运用 Logistic 模型对影响农户转户意愿的个人因素、家庭因素、区位因素、承包地因素和政策因素进行分析。

1. 模型

Logistic 回归模型是一种常用的统计方法,是根据单个或多个连续型或离散型自变量来分析和预测离散型因变量的多元分析方法。Logistic 回归采用最大似然估计法进行模型估计。

如果因变量 Y 具有 J 个值（Y 有 J 类），以其中任何一个类别作参考,其他类别都同它相比较可以生成 $J-1$ 个非冗余的 Logit 变换模型。例如,以 $Y=J$ 为参考类别,则对于 $Y=i$,其 Logit 模型为

$$g = \ln \frac{P(Y=i)}{P(Y=J)} = \beta_{i0} + \beta_{i1}X_1 + \beta_{i2}X_2 + \cdots + \beta_{ik}X_k \qquad (4\text{-}2)$$

而对于参考类别,模型中的所有系数都为零。

本书中的被解释变量为农民工在城市落户意愿,有"不愿意""说不清"与"愿意"三种情况（$Y=0$,1,2）为多分类选择变量。因此,可以选择三分类的 Logistic 模型进行回归分析。

以 $Y=2$ 为参照组，则三类结果的 Logistic 回归模型可表示为

$$\ln itP_{0/2} = \ln \frac{P(Y=0|X)}{P(Y=2|X)} = \beta_{00} + \beta_{01}X_1 + \beta_{02}X_2 + \cdots + \beta_{0k}X_k = g_0(X)$$

$$\ln itP_{1/2} = \ln \frac{P(Y=1|X)}{P(Y=2|X)} = \beta_{10} + \beta_{11}X_1 + \beta_{12}X_2 + \cdots + \beta_{1k}X_k = g_1(X)$$

由于"愿意"是因变量中的参考组，所以其所有系数均为 0，$g_2(X)=0$。

根据公式 $P(Y_i) = \dfrac{\exp(g_i)}{\sum \exp(g_i)}$ 可得到

$$P_0 = P[Y=0|X] = \frac{e^{g_0(x)}}{1 + e^{g_0(x)} + e^{g_1(x)}} \tag{4-3}$$

$$P_1 = P[Y=1|X] = \frac{e^{g_1(x)}}{1 + e^{g_0(x)} + e^{g_1(x)}} \tag{4-4}$$

$$P_2 = P[Y=2|X] = \frac{1}{1 + e^{g_0(x)} + e^{g_1(x)}} \tag{4-5}$$

2. 变量设置及描述性特征

变量设置见表 4-22。

表 4-22　变量设置

名称	内容	取值
转户意愿	是否愿意转为城市居民	不愿意=0；说不清=1；愿意=2
个人基本情况	是否户主（X1）	是=1，否=0
	年龄（X2）	33 岁及以下=1；34 岁及以上=2
	务工时间（X3）	0~5 年=1；5~10 年=2；10 年以上=3
	文化程度（X4）	小学=1；初中=2；高中=3；中专及以上=4
	月收入（X5）	2000 元以下=1；2000~3000 元=2；3000~4000 元=3；4000 元以上=4
家庭情况	家庭收入结构（X6）	以农业为主兼业=1；以非农业为主兼业=2；非农业=3
	家庭规模（X7）	数值（口）
	宅基地数量（X8）	1 处=1；2 处=2；3 处=3；4 处及以上=4
	家庭居住地（X9）	乡村=1；乡镇=2；县级城市及以上=3；
区位因素	老家是否城镇郊区（X10）	是=1；否=0
	老家地理环境（X11）	平原=1；丘陵=2；山区=3
土地承包	人均承包地面积（X12）	1 亩及以下=1；1~2 亩（含 2 亩）=2；2 亩以上=3
	承包地利用形式（X13）	自耕土地=1；部分流转出土地=2；全部流转出土地=3；抛荒土地=4

续表

名称	内容	取值
土地承包	家乡是否有承包地荒废状况（X14）	没有=1；有，但不多=2；有很多=3
	承包地是否充足（X15）	不足=1；刚好够用=2；充足=3
	现在的承包地制度是否需要改革（X16）	需要=1；不需要=0
退出补偿政策	是否在意退出补偿政策（X17）	在意=1，不在意=0

应用 SPSS19.0 对 156 个样本数据进行回归分析，样本描述统计量见表 4-23。

表 4-23　样本描述统计量

	N	极小值	极大值	均值	标准差
Y	156	0	2	0.89	0.847
X1 是否户主	156	0	1	0.63	0.485
X2 年龄	156	1	4	2.31	0.566
X3 务工时间	156	1	3	1.80	0.815
X4 文化程度	156	1	4	2.78	1.032
X5 月收入	156	1	4	2.79	0.964
X6 家庭收入结构	156	1	3	2.04	0.666
X7 家庭规模	156	2	10	4.53	1.336
X8 宅基地数量	156	1	4	1.39	0.638
X9 家庭居住地	156	1	4	1.67	0.860
X10 老家是否城镇郊区	156	0	1	0.44	0.498
X11 老家地理环境	156	1	3	2.09	0.798
X12 人均承包地面积	156	1	3	1.36	0.556
X13 承包地利用形式	156	1	4	1.86	1.127
X14 家乡是否有承包地荒废状况	156	1	3	1.91	0.774
X15 承包地是否充足	156	1	3	2.12	0.837
X16 现有承包地制度是否需要改革	156	0	1	0.74	0.438
X17 是否在意退出补偿政策	156	0	1	0.74	0.438
有效的 N（列表状态）	156				

4.5.3　结果分析

1. 相关性检验

1）变量间的相关性检验

这里利用 Spearman 检验变量之间的相关性，从表 4-24 中可知：是否户主（X1）

表 4-24　相关系数

	Y	X1	X2	X3	X4	X5	X6	X7	X8	X9	X10	X11	X12	X13	X14	X15	X16	X17
Y	1.000	0.163*	-0.006	0.077	0.134*	0.088	0.218**	-0.145*	0.027	-0.035	-0.013	0.049	-0.149*	0.288**	0.257**	0.066	0.184*	0.486*
Sig	·	0.021	0.470	0.170	0.048	0.137	0.003	0.036	0.369	0.330	0.438	0.271	0.031	0.000	0.001	0.206	0.011	0.000
X1		1.000	0.522**	0.292**	-0.088	0.076	0.211**	-0.323**	-0.172*	-0.005	-0.089	-0.001	-0.27	0.113	0.079	-0.099	0.004	0.095
Sig		·	0.000	0.000	0.138	0.172	0.004	0.000	0.019	0.474	0.134	0.496	0.368	0.049	0.164	0.109	0.481	0.119
X2			1.000	0.392**	-0.389**	-0.133*	0.076	-0.066	-0.053	0.064	-0.101	-0.095	00.24	0.111	-0.112	-0.108	-0.141*	-0.150*
Sig			·	0.000	0.000	0.049	0.173	0.207	0.213	0.213	0.104	0.120	0.382	0.084	0.082	0.091	0.039	0.031
X3				1.000	-0.139*	0.260**	0.166*	0.073	0.004	0.047	-0.066	0.110	-0.105	0.007	-0.004	-0.176*	-0.003	0.082
Sig				·	0.042	0.001	0.019	0.182	0.482	0.282	0.205	0.085	0.095	0.466	0.479	0.014	0.484	0.155
X4					1.000	0.342**	0.096	0.049	0.056	0.108	0.226**	0.136*	-0.103	-0.023	0.179*	-0.003	0.280**	0.324**
Sig					·	0.000	0.117	0.271	0.245	0.089	0.002	0.046	0.100	0.389	0.013	0.483	0.000	0.000
X5						1.000	0.272**	0.074	0.089	-0.005	0.102	0.119	-0.107	0.031	0.187**	-0.038	0.146*	0.115
Sig						·	0.000	0.180	0.134	0.474	0.102	0.069	0.092	0.351	0.010	0.092	0.035	0.077
X6							1.000	-0.051	0.038	0.169*	0.096	0.100	-0.099	0.603**	0.233*	0.234**	0.127	0.152*
Sig							·	0.263	0.317	0.017	0.117	0.107	0.109	0.000	0.002	0.002	0.058	0.029
X7								1.000	0.145*	0.107	0.001	0.109	0.021	-0.123	-0.004	0.016	-0.007	-0.064
Sig								·	0.036	0.092	0.496	0.089	0.397	0.063	0.478	0.421	0.468	0.213
X8									1.000	0.097	0.109	-0.042	0.038	0.000	0.007	0.004	-0.127*	0.024
Sig									·	0.134	0.114	0.308	0.125	0.476	0.463	0.096	0.037	0.384
X9										1.000	0.231**	-0.071	-0.002	0.221**	0.113	-0.023	-0.094	0.145*
Sig										·	0.002	0.190	0.489	0.003	0.081	0.389	0.121	0.035
X10											1.000	-0.178**	0.044	0.145*	0.201**	0.005	0.198**	0.139**
Sig											·	0.013	0.293	0.031	0.006	0.476	0.007	0.042

续表

		Y	X1	X2	X3	X4	X5	X6	X7	X8	X9	X10	X11	X12	X13	X14	X15	X16	X17
X11													1.000	-0.356**	-0.020	0.287**	0.042	0.100	0.048
	Sig													0.000	0.400	0.000	0.302	0.107	0.274
X12														1.000	0.035	-0.013	0.091	-0.130	-0.010
	Sig														0.331	0.434	0.130	0.053	0.451
X13															1.000	0.165*	0.201**	0.143*	0.183*
	Sig															0.015	0.006	0.038	0.011
X14																1.000	0.086	0.197**	0.298**
	Sig																0.142	0.007	0.000
X15																	1.000	0.347	0.054
	Sig																	0.032	0.251
X16																		1.000	0.126
	Sig																		0.059
X17																			1.000
	Sig																		

*. 在置信度（单侧）为 0.05 时，相关性是显著的

**. 在置信度（单侧）为 0.01 时，相关性是显著的

与转户意愿两个变量在 5%的显著性水平上存在着正向的相关性,说明是否户主对提高转户有一定的作用。文化程度（X4）与转户两个变量也在 5%的显著性水平上存在正向的相关性关系,说明文化程度高的农民对土地的依赖性小一些,离地的吸力更小一些,更愿意退出。家庭收入结构（X6）在 1%的显著性水平上和转户具有正向的相关性关系,表明非农收入为主的家庭对农村的依赖性更小,家庭规模（X7）和转户两者在 5%的显著性水平上具有负向的相关性关系,承包地利用形式（X13）与转户两个变量也在 1%的显著性水平上存在正向的相关性关系,家乡是否有承包地荒废状况（X14）与转户也在 1%的显著性水平上存在正向的相关性关系,现有承包地制度是否需要改革（X16）与转户两个变量也在 5%的显著性水平上存在正向的相关性关系,是否在意退出补偿政策（X17）与转户两个变量也在 1%的显著性水平上存在正向的相关性关系。

2）多重共线性检验

由表 4-25 可知,解释变量容忍度最小为 0.491＞0.2,VIF 最大为 2.037＜5,各解释变量不存在共线性问题。

表 4-25　多重共线性检验

模型		共线性统计量	
		容差	VIF
1	X1 是否户主	0.581	1.723
	X2 年龄	0.535	1.870
	X3 务工时间	0.683	1.464
	X4 文化程度	0.656	1.524
	X5 月收入	0.715	1.398
	X6 家庭收入结构	0.491	2.037
	X7 家庭规模	0.808	1.238
	X8 宅基地数量	0.868	1.152
	X9 家庭居住地	0.821	1.219
	X10 老家是否城镇郊区	0.784	1.275
	X11 老家地理环境	0.701	1.426
	X12 人均承包地面积	0.783	1.278
	X13 承包地利用形式	0.554	1.806
	X14 家乡是否有承包地荒废状况	0.768	1.302
	X15 承包地是否充足	0.866	1.155
	X16 现有承包地制度是否需要改革	0.796	1.257

a. 因变量: Y

2. 回归结果分析

由前面相关性检验可知，家庭收入结构（X6）、承包地利用形式（X13）、是否在意退出补偿政策（X17）与农民工转户意愿在 0.1 水平显著相关，而是否户主（X1）、文化程度（X4）、人均承包地面积（X12）、家庭规模（X7）、家乡是否有承包地荒废状况（X14）、现有承包地制度是否需要改革（X16）与农民工转户意愿在 0.05 水平显著相关，因此，采用三分类 Logistic 模型将上述变量与转户之间的关系进行分析，运用向后步进法对模型参数进行估计，直到所有变量显著，得到拟合信息见表 4-26。

表 4-26　拟合信息

	模型拟合标准	似然比检验		
	−2 Log likelihood	卡方	df	显著水平
仅截距	330.044	—	—	—
最终	235.387	94.657	12	0.000

由于显著性水平（Sig）0.000＜0.05，方程整体有效。而且，Cox&Snell R^2=0.455，Nagelkerke R^2=0.514，模型的拟合度较好。

表 4-27 主要是用来检验每一个解释变量对方程的影响，从表中可见，承包地利用形式、人均承包地面积、是否在意退出补偿政策的显著水平 Sig＜0.05，表明这些变量对方程解释性好。

表 4-27　似然比检验

效应	模型拟合标准	似然比检验		
	简化后的模型的−2 Log likelihood	卡方	df	显著水平
截距	235.387	0.000	0	
X13 承包地利用形式	275.317	39.930	6	0.000
X12 人均承包地面积	250.681	15.293	4	0.004
X17 是否在意退出补偿政策	269.171	33.784	2	0.000

表 4-28 是关于不愿意组和说不清组的 Logistic 模型回归系数。愿意组作为参考变量，所有系数为 0。

（1）不愿意组 Logistic 模型的回归结果。在该模型中承包地利用形式（X13）和农民工转户意愿彼此之间存在显著相关性关系，承包地利用形式=1 在 5%的显著性水平、承包地利用形式=3 在 10%的显著性水平下与农民工转户意愿正相关，承包地利用形式=2 在 5%的显著性水平下与农民工转户意愿负相关。说明自耕型和流转出承包地型的农户有较强的退出意愿，而介于两者之间的部分耕种、部分转包出的农户退出的意愿较弱。这也说明完全自耕型的农户在目前种地不赚钱的情况下，在有补偿的条件下，希望通过转户、土地置换进入城镇生活，有一种投机的心理。完全把土地流转出去的农户具有了一定的经济基础，不以农业为生也希望转户。

人均承包地面积=1 和人均承包地面积=2 通过 1%的显著性水平检验，其与转户意愿彼此存在着负向的相关性关系，人均承包地多，规模效益越好，农民工退出意愿也就越低。是否在意退出补偿政策（X17）在 1%的显著性水平下得到了检验，这一变量的提高对农户的转户意愿有正向的影响，说明在有退出补偿政策的情况下农民工转户意愿相应提高，也说明不愿意退出的农民工不在意退出补偿政策，不管有没有退出补偿政策，也不意愿转户退出农村。

（2）说不清组 Logistic 模型的回归结果。该组模型中，人均承包地面积（X12）、承包地利用形式（X13）和是否在意退出补偿政策（X17）也与农民工转户退出意愿之间也存在显著相关性关系。承包地利用形式=1 在 5%的显著性水平与农民工转户退出意愿正相关，承包地利用形式=3 在与农民工转户退出意愿正相关，承包地利用形式=2 与农民工转户退出意愿负相关。说明完全自耕型和转包型的农户有较强的退出意愿，而介于两者之间的部分耕种、部分转包的农户转户的意愿较弱。人均承包地面积=1 通过 1%的显著性水平检验，其与转户意愿存在着显著负相关，人均承包地面积=2 也与农民工转户退出意愿负相关。是否在意退出补偿政策=0 在 1%的显著性水平下得到了检验，且系数为正，对农户的转户退出意愿有正向的影响。

（3）从表 4-28 可知，不愿意和说不清组 Logistic 模型被解释变量和解释变量之间方向一致，显著性水平逐渐递减，但总体上显著性差别不大，因此，下面将不愿意和说不清的情况进行合并转化成二元 Logistic 模型进一步分析相关影响因素。

表 4-28　参数估计（1）

	Yª	B	标准误	Wald	df	显著水平	Exp（B）	Exp（B）的置信区间 95%	
								下限	上限
0	截距	19.010	1.518	156.792	1	0.000			
	[X13 承包地利用形式=1]	1.808	0.725	6.214	1	0.013	6.101	1.472	25.288
	[X13 承包地利用形式=2]	−3.533	1.541	5.256	1	0.022	0.029	0.001	0.599
	[X13 承包地利用形式=3]	1.386	0.865	2.568	1	0.109	3.998	0.734	21.771
	[X13 承包地利用形式=4]	0ᵇ			0				

续表

Y^a		B	标准误	Wald	df	显著水平	Exp（B）	Exp（B）的置信区间 95%	
								下限	上限
0	[X12 人均承包地面积=1]	−20.594	1.496	189.459	1	0.000	1.138×10^{-9}	6.063×10^{-11}	2.137×10^{-8}
	[X12 人均承包地面积=2]	−19.675	1.425	190.737	1	0.000	2.852×10^{-9}	1.748×10^{-10}	4.654×10^{-8}
	[X12 人均承包地面积=3]	0^b			0				
	[X17 是否在意退出补偿政策=0]	4.314	1.294	11.118	1	0.001	74.753	5.920	943.956
	[X17 是否在意退出补偿政策=1]	0^b			0				
1	截距	17.249	0.600	827.730	1	0.000			
	[X13 承包地利用形式=1]	1.608	0.650	6.116	1	0.013	4.991	1.396	17.845
	[X13 承包地利用形式=2]	−1.462	0.950	2.365	1	0.124	0.232	0.036	1.493
	[X13 承包地利用形式=3]	0.464	0.865	0.287	1	0.592	1.590	0.292	8.668
	[X13 承包地利用形式=4]	0^b			0				
	[X12 人均承包地面积=1]	−18.478	0.567	1062.652	1	0.000	9.440×10^{-9}	3.108×10^{-9}	2.867×10^{-8}
	[X12 人均承包地面积=2]	−17.288	0.000		1		3.104×10^{-8}	3.104×10^{-8}	3.104×10^{-8}
	[X12 人均承包地面积=3]	0^b			0				
	[X17 是否在意退出补偿政策=0]	2.390	1.292	3.425	1	0.064	10.916	0.868	137.238
	[X17 是否在意退出补偿政策=1]	0^b			0				

注：a、b 表注释

4.5.4　二分类 Logistic 模型进一步分析

二分类 Logistic 回归模型为

$$\ln\left(\frac{P}{1-P}\right) = \alpha + \sum_{i=1}^{m}\beta_i x_i \tag{4-6}$$

经过变化，发生概率 P 为

$$P = P(y=1|x_1, x_2, x_3, \cdots, x_m) = \frac{\exp\left(\alpha + \sum_{i=1}^{m}\beta_i x_i\right)}{1 + \exp\left(\alpha + \sum_{i=1}^{m}\beta_i x_i\right)} \tag{4-7}$$

在该模型中，因变量依然是农民转户的意愿，如果农民选择愿意转户，则因变量 y 取值为 1；反之，因变量 y 取值为 0，包括不愿意和说不清的两种情况。所有自变量设置不变，与前面相同。

运用向后步进法对模型参数进行估计，得到表 4-29 模型参数估计结果。

表 4-29　参数估计（2）

	B	S.E	Wals	df	Sig	Exp（B）
X3 务工时间	0.463	0.255	3.296	1	0.069	1.588
X9 家庭居住地	−0.497	0.291	2.922	1	0.087	0.608
X11 老家地理环境	−0.580	0.299	3.749	1	0.053	0.560
X12 人均承包地面积	−1.657	0.517	10.283	1	0.001	0.191
X13 承包地利用形式	0.599	0.194	9.534	1	0.002	1.820
X14 家乡是否有承包地荒废状况	0.650	0.303	4.589	1	0.032	1.915
X17 是否在意退出补偿政策	3.112	1.051	8.768	1	0.003	22.462
常量	−2.647	1.535	2.973	1	0.085	0.071

模型通过了 1%的显著性检验，其中，−2 Log likelihood=137.392，Cox&Snell R^2=0.305，Nagelkerke R^2=0.429，模型的拟合度较好。从 HL（Homsmer-Lemeshow）指标看，HL=7.801，P=0.453，统计检验不显著，说明模型具有较好的拟合效果。

由上面实证分析可知，对农民工转户退出意愿产生显著影响的因素分别是人均承包地面积（X12）、承包地利用形式（X13）、是否在意退出补偿政策（X17）、家乡是否有承包地荒废状况（X14）、务工时间（X3）、家庭居住地（X9）和老家地理环境（X11）。显然，转户退出意愿是农民工受内因与外因交互作用影响下的决策行为。

（1）人均承包地面积（X12）、承包地利用形式（X13）、是否在意退出补偿政策（X17）三个变量在 0.01 水平下显著地影响农民工的退出意愿，与前面的多分类 Logistic 分析结果一致。其中，人均承包地面积（X12）系数为负，说明人均承包地面积对农民工退出意愿产生负向影响。承包地利用形式（X13）系数为正，说明承包地利用形式对农民工转户意愿产生正向影响，有转包出土地或抛荒耕地的农户对承包地不存在生计依赖的也更愿意转户，产生转户退出意愿的概率也就高。是否在意退出补偿政策（X17）显著度为 0.003，系数为正，说明退出补偿政策对农户产生显著作用，在社会保障系统不完善的情况下，农村土地仍然发挥着重要的社会保障功能和财产功能，相关的补偿政策能大大增强农民的转户退出推力。

（2）家乡是否有承包地荒废状况（X14）在 0.05 水平下显著影响农民工的转户退出意愿，且系数为正，说明家乡承包地荒废情况越严重，农民工转户退出的意愿越强烈。同时承包地荒废比较严重又往往集中在耕作条件不好的山区、丘陵地区。

（3）务工时间（X3）在 0.10 水平下显著影响农民工的转户退出意愿，且系数为正。说明务工时间较长的农民工样本转户退出的概率也较大。务工十年以上的农民工家庭转户退出的意愿较强，由于在城市务工时间较长，工作就业相对稳定且收入相对较高。

（4）家庭居住地（X9）也在 0.10 水平下较显著影响农民工转户退出决策意愿。且系数为负，说明在本次调查中农民工家庭居住地越是在县城及以上的城市转户退出意愿越不强烈，越是在乡村转户退出的意愿相对较强，也说明即使一部分农民工家庭即使已在城镇有稳定的住所，如果没有特别的政策支持转户退出的意愿也不强烈，相反家庭居住在乡村的农民工转户退出的心里预期效用可能更高一些，意愿更强烈一些。

（5）老家地理环境（X11）也在 0.10 水平下较显著影响农民工转户退出决策意愿。且系数为负，说明农民工老家越是在交通相对不方便的山区、丘陵地区转户退出意愿越不强烈，可能跟山区的林权改革有关。

（6）影响不显著的变量。从方程回归的结果来看，农民工个人条件中的年龄（X2）、文化程度（X4）、月收入（X5）对农民工的退出意愿没有产生显著影响。是否户主对农民工转户退出意愿虽然没有显著影响，但与农民工转户退出意愿在 5%的水平下显著相关。

农民工家庭条件中，变量家庭收入结构（X6）、家庭规模（X7）、宅基地数量（X8）未能进入模型。虽然家庭收入结构（X6）对农民工转户意愿影响不显著，但其与农民工转户意愿在 5%的水平下显著正相关。

从外部区位条件来看，老家是否城镇郊区（X10）对农民工转户退出决策意愿没产生显著影响，这个跟实际情况不太吻合，实际上处于郊区的农民由于土地的增值比非郊区农户更快更不愿转户退出农村，统计调查问卷对该问题设计过于简单，可能以老家距离城镇的距离多远更准确。

从外部耕作条件来看，承包地是否充足（X15）、现有承包地制度是否需要改革（X16）对农民工转户退出决策意愿没产生显著影响。

（7）显著性变量的影响程度。对自变量的回归系数进行标准化，结果见表 4-30。

表 4-30　标准化系数

变量名称	回归系数 B	标准偏差	标准系数
X3 务工时间	0.463	0.815	0.377
X9 家庭居住地	−0.497	0.860	−0.376
X11 老家地理环境	−0.580	0.798	−0.463
X12 人均承包地面积	−1.657	0.556	−0.921
X13 承包地利用形式	0.599	1.127	0.675
X14 家乡是否有承包地荒废状况	0.650	0.774	0.503
X17 是否在意退出补偿政策	3.112	0.438	1.363

从表 4-30 可以看出，标准化回归系数 $|B_{17}| > |B_{12}| > |B_{13}| > |B_{14}| > |B_{11}| > |B_3| > |B_9|$，因此，对农民工转户退出意愿产生最大影响的是，是否在意退出补偿政策（即是否有退出补偿政策），其次是人均承包地面积，第三是承包地利用形式，第四是家乡是否有承包地荒废状况，第五是老家地理环境，第六是务工时间，第七是家庭现居住地。可以看出，外部条件因素包括政策因素、承包地因素、家庭区位因素对农民工及其家庭转户意愿影响显著，个人条件因素影响较弱。

4.6　农村人口退出过程中相关土地制度需求

4.6.1　土地市场化流转的需求

在集体所有、个人使用的框架下，关于农村土地特别是宅基地流转的严格规定以及农用地流转的操作不便性，缺乏专业性市场中介，使得土地流转往往只能在社内集体成员之间进行，加之受血缘、地缘关系的制约，形成了农村土地流转的体制障碍。当前农村土地流转制度不健全，不仅是耕地出现抛荒的重要原因，也是使得农民工难以彻底离开农村、完全融入城市的重要原因。务工人员，特别是有退出意愿的农民工对农村土地流转持什么态度有什么意愿或者需求，是本书关注的重点之一。

1. 农民工承包地流转意愿强烈，市场化流转渠道缺乏

有效问卷中有 147 名农民工对是否愿意转入与转出土地进行了回答，其中，有 19.1%愿意转入，有 33.3%愿意转出，有 25.2%愿意维持现状（表 4-31）。有流转土地需求的农民工家庭占到回答问卷农民工的一半左右，说明农民土地流转的意愿比较强烈，而且愿意转出的比例明显大于愿意转入的比例。本次调查中，愿意转出的比愿意转入的高 14.2%，2009 年在全国 10 省范围内展开的"劳动与社会保障问题"问卷调查数据也显示，愿意流出的比愿意流入的高 16.4%。根据与调查对象的交谈，被调查者没有流出土地的主要原因是自己家庭完全有能力耕种农地，遇到经济情况不好时能够有退路。还有部分被调查是因为流出的收入比自己耕种的收入低一些。农民不愿流出土地的根本在于土地的社会保障功能还没有被有效的保障方式替代。

表 4-31　是否愿意转入或转出土地

	频率	百分比/%
愿意转入	28	19.1
愿意转出	49	33.3

续表

	频率	百分比/%
愿意维持现状	37	25.2
没有想过流转土地	33	22.4
合计	147	100.0

从表 4-32 中已有的研究成果来看，农户对农村承包土地流转意愿较高，愿意流转土地的占比最高的达到 77.2%，最低达到 41.3%，不同的地区有一定的差异，发达地区、城郊地区农户的土地流转意愿较强，例如，张忠明和钱文荣（2014）对杭州、宁波、温州和金华调查数据，周妮笛和李明贤（2013）对长沙市近郊的调查数据，吴帮帮和吴华安（2011）对重庆江北区的调查数据，王晓静等（2014）对江苏省的问卷调查数据都说明了这一点。

表 4-32　学者对农村承包地流转意愿研究与调查

	有效样本/份	愿意/%	不愿意/%	说不清、保持不变/%
周冲等（2011）对安徽省的抽样调查	—	56	44	
张忠明和钱文荣（2014）对杭州、宁波、温州和金华四个地区调查数据	841	69.68	—	30.32
周妮笛和李明贤（2013）对长沙市近郊的调查数据	236	63.98	36.02	
吴帮帮和吴华安（2011）对重庆江北区的调查数据	127	77.2	8.6	14.2
刘卫柏（2011）对湖南百村千户调查的实证研究	954	52.02	22.22	25.76
王晓静等（2014）对江苏省调查数据	320	62.5	37.5	—
焦玉良（2005）对鲁中平原潍坊市的调查数据	283	76.5	23.5	
秦光远和谭淑豪（2013）对豫南农户问卷调查数据	398	66.3	33.7	
钟晓兰和李江涛（2013）对广东省调查数据	446	41.3	—	
2009 年全国范围内展开的"劳动与社会保障问题"问卷调查数据	921	48.8	40.4	10.8

注：有效问卷为 1032 份，其中对流转意愿进行选择的 921 份，经扣除这部分后，推算出没有明确表明意愿的占 4.3%

现有承包地的流转，主要是农户之间的自发流转，缺少相应的流转渠道与保障，土地流转市场基本上不存在。有效问卷中有 137 名农民工对家乡土地流转的途径进行了回答，其中 83 名农民工回答家乡土地流转是完全自发的方式，占

60.6%，通过政府组织或协调的占 24.1%，通过农村专业合作组织流转的占 8.0%，其他占 7.3%（表 4-33）。从土地流转的对象来看，88.5%的被调查者选择家乡土地流转的主要对象是本地居民，选择外来人口的占 1.4%（表 4-34）。这表明农村土地的流转还主要以农民之间的自发流转为主，其次为村镇组织协调，完全市场化专业化组织的流转还较少。

表 4-33 家乡土地流转的主要途径

	人数	百分比/%
完全自发	83	60.6
农村专业化合作组织流转	11	8.0
政府组织或协调	33	24.1
其他	10	7.3
合计	137	100.0

表 4-34 家乡土地流转的主要对象

	人数	百分比/%
本地居民	131	88.5
外来人口	2	1.4
企业单位	12	8.1
其他	3	2.0
合计	148	100.0

2. 农民工宅基地的流转愿望比较强烈

对于农村建设用地，在现有的政策条件下流转的空间不大、范围受限，但是农户的流转需求已经显现，而且有些地方表现得比较强烈，特别是城乡结合部、城中村，以及农村部分区位条件较好的地区，例如，交通方便、生产方便等吸引部分居住条件不好、交通不便的农户购买改善居住条件，以及作为备用建设用地等。

从问卷调查来看，农民工宅基地的流转愿望比较强烈，愿意流转的占 28.8%（表 4-35）。

表 4-35 农民工宅基地流转意愿

有效样本/份	愿意	说不清	不愿意
156	28.8%	27.6%	43.6%

　　从已有的有关宅基地流转意愿的文献来看，农户包含农民工等宅基地的流转愿望比较强烈。从表 4-36 可以看出，徐星璐（2012）以江西省为例农村宅基地流转调查研究，68.9%的农户愿意流转，蒋扬敬（2012）对重庆农民工宅基地流转意愿调查数据显示，65%的农民工支持宅基地流转，吴明发等（2013）对广东省 19个县（市、区）宅基地流转意愿调查数据显示，73.68%的农户有流转意愿，不同的区域流转意愿存在差异。从地区来看，现有的研究数据显示地区之间存在一定的差异，东部经济发达地区以及流转试验区宅基地流转认知较高，流转意愿相对强烈。

表 4-36　学者对农户/农民工宅基地流转意愿研究与调查

	有效样本/份	愿意/%	说不清/%	不愿意/%
田克明等（2011）对江苏省丹阳市农户调查数据	300	34.78	—	—
关江华等（2013）I 关于湖北省武汉市、潜江市农户宅基地流转意愿调查数据；II 对武汉城市圈入户调查数据	I：116	18.97	7.75	73.28
	II：150	24.66	8.67	66.67
徐星璐（2012）对江西省调查数据	254	68.9	—	31.1
刁其怀（2010）对四川省都江堰市、金堂县及青白江区调查数据	2748	42.07	18.2	39.73
蒋扬敬（2012）对重庆市九龙坡区、江北区、南岸区调查数据	450	65		35
赵国玲和杨钢桥（2009）对湖北省江夏区、阳新县调查数据	590	54.11		45.89
徐倩和夏敏（2010）对山东省齐河县农户调查数据	354	28.0	10.7	61.3
吴明发等（2013）对广东省 19 个县（市、区）调查数据	544	73.68		26.32
赵俊等（2012）对新疆农村宅基地流转意愿的调查数据	273	53.33	33.34	13.33

　　现实中由于土地流转政策、制度的不畅通以及土地流转市场化进程缓慢等方面原因，农民的土地流转渠道仍然很狭窄，途径仍然很单一，实际流转的比例也较小。1999 年全国土地流转率只有 2.53%，2006 年为 4.57%，2008 年为 8.00%，2010 年为 12.00%，2012 年为 21.50%。导致农户或者农民工土地流转意愿与行为差异的主要原因是土地流转的外部环境。据作者与部分农民工的详谈，他们对国家土地流转政策的了解程度来看，对政策非常了解的人数非常少，仅有少数大概了解，绝大多数的农户对土地流转政策基本不了解，在农村土地流转市场基本没有形成，特别是建设用地市场，政府仍然起着关键作用，他们希望形成土地能够自由转让的市场化的流转渠道。对于农业转移人口，特别是对有能力城市稳定就业和稳定生活的农业转移人口来说，他们有强烈的土地流转意愿，建立农村土地市场化流转机制，从而实现土地价值的合理补偿，将大大增加农民进城资本，推动农村劳动力的加速流动。

4.6.2　农村土地"财产收益权"的需求

新中国成立后长期的农村发展实践中,农村土地由于承担了基本的生活保障和社会保障功能,从而隐藏了财产功能。改革开放后由于我国工业化进程的快速推进,工业用地以及其带动的城市发展用地的激增,沿海开放地区农村集体土地的财产功能得到了彰显,南海、东莞等地最初都是由村集体以土地进行招商引资,后来在国家的引导下逐步规范的。同样,21 世纪以来,特别是 2008 年金融危机后发达地区产业转移的加快,中西部的工业化进程大大加快,大中城市包括一些发展基础好的重点镇,工业及城市发展用地迅速增加,由于农转非的渠道只有国家征用唯一渠道,大部分土地通过当地政府征收的方式实现流转,而由于对征收后土地增值收益分配的不满常激发政府与农民的矛盾以及造成土地隐形交易市场的存在。此外,对于部分在城市能够稳定长久生活的农村人口而言,退出农村时农村的资产没有较完善的退出机制与收益实现机制,导致他们不愿意放弃农村的相关权益。

从本次问卷调查可以得出以下结论。

(1)农户对现有土地收益的满意度较低。农民工对现有土地收益的满意度偏低,普遍认为光凭农业收入仅能养家糊口,只能温饱,不能小康。本书调查数据也支持这一结论,关于"是否愿意承包更多的土地"这一问题(表 4-37),有打算,而且条件成熟的只占 3.2%;有打算,但无人转出的占 13.5%,合计占 16.7%,不打算承包更多的土地的占 74.3%,其中认为种田不赚钱的占 37.8%,缺少劳力的占 36.5%。通过交谈很多人认为流转收益偏低,一亩地几百块钱,不如给亲戚朋友代种。

表 4-37　是否愿意承包更多的土地

	人数	百分比/%
有打算,而且条件成熟	5	3.2
有打算,但无人转出	27	13.5
不打算,缺少劳力	57	36.5
不打算,种田不赚钱	59	37.8
其他	14	9.0
合计	156	100.0

吴建钦等(2011)对浙江杭州、嘉兴、湖州、台州、甬城的调查结果也显示,农户普遍认为建设用地流转收益偏低,认为应该获得合理的土地分配比例,认为

建设用地流转收益"一般般"和"收益偏低"占了 73%；77%农户的预期分配比例在 70%以上。选择 50%以下的农户只有 5%。

（2）农民工在意土地流转收益与补偿。调查中作者也发现，部分家庭条件好的农民工家庭已在县城（镇）建了房或者在地级市买了房，可能是认知的偏差，大部分农民工对宅基地和房子没有区分概念，认为宅基地和房子都是自己的，无偿条件下他们是不愿退出土地的。关于放弃土地补偿的形式，156 份有效问卷中有 112 份样卷进行了回答，其中既包括愿意转户样本，也包括部分说不清以及不愿意转户样本的回答。由表 4-38 可知，112 份回答的样本中，只选择货币补偿的40 人，占 35.7%，选项中含有货币补偿的 51 人，占 45.5%；只选择土地换社保的占 17.0%，选项中含有土地换社保的占 22.4%；只选择土地换住房的占 30.3%，选项中含有土地换住房的占 41%；只选择其他的占 3.6%，选项中含有其他的占 4.5%。可以看出农民工转户以货币补偿和住房补偿为主，两者合计占到 70%左右。

表 4-38　放弃土地补偿的形式

类型：货币补偿=1；土地换社保=2；土地换住房=3；其他=4	人数	百分比/%
1	40	35.7
1、2	2	1.8
1、3	8	7.1
1、4	1	0.9
2	19	17.0
2、3	4	3.6
3	34	30.3
4	2	1.8
4（安排工作）	1	0.9
4（集体经营分红）	1	0.9
合计	112	100.0

注：表格中 4 括号中内容为农民工自己填写

为了解农民工对一处宅基地货币补偿的预期，问卷中紧接上述问题设计一个问题"一处宅基地您家期望的补偿价格是多少？"，该题没有设计答案，由问卷填写者自己填写。问卷发放过程中调查员也反复向问卷填写者说明，此问卷调查只为学术研究，跟政府政策无关，请被调查者根据情况实事求是填写。从问卷反映结果来看（表 4-39），在货币补偿的条件下，填写一处 5 万元及以下的有 11 人，占 16.4%。补偿要求在 5 万～10 万元的有 14 人，占 20.9%，补偿要求在 10 万～20 万元的有 15 人，占 22.4%，补偿要求在 20 万～30 万元的有 5 人，占 7.4%，补偿要求在 30 万～40 万元的占 9.0%，补偿要求在 40 万元以上的有 16 人，占

23.9%，分布呈现两头高，中间低的 V 字形。其中，选择 40 万元及以上的农民工有部分是在大城市常年务工，深知大城市的房价水平，也影响了其心理预期，也有部分农民工是出于对老宅的不舍。

表 4-39　一处宅基地期望的货币补偿标准

	人数	百分比/%
5 万元及以下	11	16.4
5 万～10 万元	14	20.9
10 万～20 万元	15	22.4
20 万～30 万元	5	7.4
30 万～40 万元	6	9.0
40 万元以上	16	23.9
合计	67	100.0

对于承包地流转农民工也最在意流转收益，问卷中设计问题"哪些因素可能影响您家土地流转的决策？"，该选题为多项选择题，共有 5 个选项，分别为流转收益、土地能否及时收回、土地流转的对象、土地流转的法律保障、土地流转的方便。其中，答案中选择"流转收益"的有 75 人，占 58.6%，答案中选择"土地能否及时收回"的有 65 人，占 50.8%，答案中选择"土地流转的对象"的有 40 人，占 31.2%，答案中选择"土地流转的法律保障"的有 61 人，占 47.7%，答案中选择"土地流转的方便"的有 47 人，占 36.7%（表 4-40）。可以看出农民工比较关注"流转收益""土地能否及时收回"以及"土地流转的法律保障"，对"土地流转的对象"以及"土地流转的方便"不太在乎。

表 4-40　影响土地流转的决策

	人数	百分比/%
流转收益	75	58.6
土地能否及时收回	65	50.8
土地流转的对象	40	31.2
土地流转的法律保障	61	47.7
土地流转的方便	47	36.7

对于承包地的流转，现实中主要有两种渠道，一种广泛存在的农户之间的自发流转，但这种流转基本收益很少或者没有收益——免费代耕，并非农民不愿意

获得报酬更高的流转收益,而是缺少相应的流转渠道或遇到不测需要耕种时能够及时收回,另一种是政府引导的土地流转,政府通常给予一定的补贴,引导企业、农业大户流转农用地,这种规模性流转农民的收益相对较高,面临的风险是合同期限较长。

从以上调查和分析可以看出,不管是愿意彻底退出农村的农民工,还是普通务工人员,他们已把土地不管是宅基地还是承包地看成自己的财产,对土地的财产收益功能的实现要求越来越强烈,希望土地的流转能够带来收益或补偿。这也显示现有农村土地制度在土地收益制度安排方面的不足,需对土地收益权详细界定与完善。

4.6.3   土地自由退出权的需求

土地退出应坚持"依法、自愿、有偿、规范"的原则。访谈中一些农民工也提到,个别地方农村土地管理的确有些混乱,闲置浪费的现象也一定程度的存在,利用效率不高,退出农村土地可以,但是要农民工自主作出决定,什么时候退出,什么条件退出,不能强迫农民。在对"如果转户,对政府有什么要求?"主观回答问题中,有 59 人对该问题进行了填写回答。其中,填写要求尊重农民的意愿,由农民自主决定退出土地的有 14 人,占 23.7%,排第一位,退出土地同时要求提供社会保障的有 13 人,占 22.0%,填写落实补偿政策或进行补偿的有 11 人,占18.7%(表 4-41)。

表 4-41   如果农户转户,对政府有什么要求?

	人数	百分比/%
落实补偿政策或进行补偿	11	18.7
尊重农民的意愿,农民自主决定退出土地	14	23.7
提供社会保障	13	22.0
提供就业	7	11.9
其他(保障房、教育、统一规划、保障收入、保障以土安置、折股等)	14	23.7
总计	59	100

农民工能够有效退出农村的基本动因是退出农村状况优于退出前,退出是一种帕累托改进,退出后的农村土地资源利用效率提高,土地产生了收益,农民的土地收益权得到了一定的补偿。部分具有退出意愿的农民工因自身利益得不到保障而退出的积极性不高,从《中华人民共和国农村土地承包法》和《中华人民共和国土地管理法》的规定可以看出,在目前有关农村人口退出农村的土地制度安

排中主要有两类：一类是对农村人口转户进入小城镇，法律对农村土地退出没有强制性的规定；另一类是对农村人口转户进入设区市的要退出耕地、草地，并且，村级集体经济组织有权收回宅基地，这种规定其实相当于强行规定农民转户退出土地。尽管，《国务院关于进一步推进户籍制度改革的意见》（国发〔2014〕25 号）明确指出，现阶段不得以退出土地等作为农民进城落户的条件，但相关法律并没有修改。退出要尊重农民的意愿，既然农村土地是农民的一项重要的物权，农民转入小城镇和设区市并没有实质的区别，对于退地与否的规定也应该没有区别。给予农民转户进城退地与否自主选择的权利，让他们作为一个经济人自主决策。

4.6.4　小结

1. 农民工具有较强的退出意愿

在 156 份有效问卷中，对问题"您和家人是否愿意转为城市居民"明确表示愿意转户的有 48 人，占样本总数的 30.8%；说不清的有 43 人，占 27.6%；明确表示不愿意的有 65 人，占 41.7%。

2. 三分类意愿农民工退出影响因素

从三分类（转户意愿分为愿意、说不清、不愿意）Logistic 模型的回归结果可以得出以下结论。

（1）不愿意组 Logistic 模型的回归结果。在该模型中承包地利用形式（X13）和农民工转户意愿之间存在显著相关性关系，自耕型和完全流转出承包地型农户有较强的退地意愿，而介于两者之间的部分耕种、部分转包出的农户转户退地的意愿较弱。人均承包地面积（X12）其与转户意愿彼此存在着负向的相关性关系，人均承包地多，从而农民工保留土地的意愿也就越高。是否在意退出补偿政策（X17）对农户的转户退地意愿有正向的影响，农民工越在意退出补偿政策，土地退出意愿越强。

（2）说不清组 Logistic 模型的回归结果。该组模型中，人均承包地面积（X12）、承包地利用形式（X13）和是否在意退出补偿政策（X17）也与农民工转户意愿之间也存在显著相关性关系，而且其对被解释变量影响方向与不愿意组一致，但显著性水平呈现逐渐递减的趋势，但总体上显著性差别不大。

3. 二分类意愿农民工退出影响因素

将不愿意和说不清的情况进行合并转化成二分类 Logistic 模型进一步分析退地相关影响因素，结论如下。

（1）人均承包地面积（X12）、承包地利用形式（X13）、是否在意退出补偿政策（X17）三个变量在 0.01 水平下显著影响农民工的转户退地意愿，与前面的三分类 Logistic 分析结果一致。

（2）家乡是否有承包地荒废状况（X14）在 0.05 水平下显著影响农民工的转户意愿，且具有正向影响。说明家乡承包地荒废情况越严重农民工转户的意愿越强烈。

（3）而其他变量务工时间（X3）、家庭居住地（X9）和老家地理环境（X11）则在 0.10 水平下显著影响农民工的转户意愿。务工时间（X3）对农民工转户决策意愿产生显著的正向影响。样本显示农民工务工时间越长转户的概率也较大。家庭居住地（X9）对农民工转户意愿产生显著的负向影响。样本显示农民工家庭居住地越是在县城及以上的城市转户意愿越不强烈，越是在乡村转户的意愿相对较强。老家地理环境（X11）对农民工转户意愿影响因素为负，农民工老家越是在交通方便的平原地区转户意愿越强烈。

（4）显著性变量的影响程度。从自变量的标准化回归系数来看，$|B_{17}| > |B_{12}| > |B_{13}| > |B_{14}| > |B_{11}| > |B_3| > |B_9|$，因此，对农民工转户退地意愿产生最大影响的是否在意退出补偿政策（即是否有退出补偿政策），其次是人均承包地面积，第三是承包地利用形式，第四是家乡是否有承包地荒废状况，第五是老家地理环境，第六是务工时间，第七是家庭现居住地。

（5）影响不显著的变量。农民工个人条件中除了务工时间变量，是否户主、年龄（X2）、文化程度（X4）、月收入（X5）其他变量对转户意愿没有产生显著影响。家庭条件中，家庭规模（X7）、宅基地数量（X8）、家庭收入结构（X6）对农民工转户意愿虽然没有显著影响。外部区位条件中，老家是否城镇郊区（X10）对农民工转户意愿没产生显著影响，这个跟实际情况不太吻合，统计调查问卷对该问题设计过于简单。承包地是否充足（X15）、现有承包地制度是否需要改革（X16）也对农民工转户意愿没产生显著影响。

4. 农民工退出相关土地制度需求

（1）土地流转市场化需求强烈。本书的有效问卷中，52.3%的农民工愿意流转承包土地，超过样本总量的一半，28.8%的农民工愿意流转宅基地，从已有研究文献来看，农户或农民工土地流转愿望也比较强烈。但是，现实中土地流转市场化进程缓慢，途径仍然很单一，主要是农户之间的自发流转，完全市场化专业化组织的流转还较少。有效问卷中对家乡土地流转途径的回答，60.6%农民工选择完全自发的方式，选择政府组织或协调的占 24.1%，选择农村专业合作组织流转的占 8.0%，其他占 7.3%；从土地流转的对象来看，88.5%的被调查者选择家乡土地流转的主要对象是本地居民，选择外来人口的占 1.4%。

（2）对土地"财产收益权"的实现需求强烈。农民工对现有土地收益的满意度偏低，普遍认为光凭农业收入仅能养家糊口，调查数据也支持这一结论，关于

"是否愿意承包更多的土地"这一问题，统计数据也表明不打算承包更多的土地的占 74.3%，其中认为承包地不赚钱达到 37.8%。

（3）对土地自由退出权的诉求较高。农民工对土地退出并不排斥，而且部分农民工有退出的意愿，但是他们希望退出是自己的自主选择行为，而不是政府的强制行为。在对"如果转户，对政府有什么要求？"主观回答问题中，其中，填写要求尊重农民的意愿，由农民自主决定退出土地的占 23.7%，排第一位，退出土地同时要求提供社会保障，占 22.0%，填写落实补偿政策或进行补偿的，占 18.7%。

第5章 中国土地制度改革历程和土地制度法规政策演进

5.1 改革开放30年来土地制度的改革历程回顾

党的十一届三中全会以后，农村土地制度改革也成为中国经济改革的一条重要主线。人民公社"三级所有，队为基础"的经营制度逐渐解体，农村土地所有权和经营权逐步分离，家庭承包经营责任制稳步确立。具体来讲，农村土地制度经历了以下几个阶段。

（1）1978～1983年，经历了生产队、不联产责任制、联产责任制、包产到组、包产到户、包干到户等方式后，人民公社制度逐渐过渡到家庭联产承包责任制。1978年12月召开的十一届三中全会提出《关于加快农业发展若干问题的决定（草案）》，要求稳定人民公社体制，内部普遍实行生产责任制和定额计酬制。也正是人民公社制度内部的这种生产责任制导致了人民公社的解体和家庭承包经营制的新生。1978年末，安徽省凤阳县小岗村18户农民以生死契约的形式，秘密实行包产到户，揭开了我国农村土地经营制度改革的序幕。1980年，中共中央印发的《关于进一步加强和完善农业生产责任制几个问题的通知》批准包产到户和包干到户可以在后进地区实施。凤阳县自下而上，先行先试，由"大包干到组"，转变为"小包干到户"，提出了"交够国家的，留足集体的，剩下都是自己的"，引发了全国向包干到户的转变。1982年1月1日，中共中央发出第一个一号文件，对迅速推开的农村改革进行了总结，突破了传统的三级所有、队为基础的体制框框，明确指出包产到户、包干到户或大包干都是社会主义生产责任制。1983年1月中共中央第二个一号文件《当前农村经济政策的若干问题》颁布，从理论上阐释了家庭联产承包责任制。截至1983年底，全国589万个生产队，实行包干到户的占97.8%。1984年底，98.9%的生产队实行包干到户（表5-1）。至此，原来的人民公社体制解体，代之以土地承包经营为核心的家庭联产承包责任制。

表5-1 中国农村土地承包责任制发展情况

		包干到户	包产到户	其他责任制	未实行责任制
1980年1月	生产队个数/个	1 087	49 267	4 020 048	725 498
	比例/%	0.0	1.0	83.8	15.2

续表

		包干到户	包产到户	其他责任制	未实行责任制
1981 年 6 月	生产队个数/个	661 663	994 890	3 937 140	286 085
	比例/%	11.2	16.9	67.0	4.9
1982 年 6 月	生产队个数/个	4 040 629	297 517	1 642 987	46 807
	比例/%	67.0	4.9	27.3	0.8
1983 年 12 月	生产队个数/个	5 764 000	NA	NA	27 200
	比例/%	97.8	NA	NA	0.5
1984 年 12 月	生产队个数/个	5 630 000	NA	NA	2 000
	比例/%	98.9	NA	NA	0.1

资料来源：农业部计划司，《农业经济资料（1949~1983）》《中国农业年鉴（1984）》《中国农业年鉴（1985）》
注：其他责任制包括联产到组、联产到劳、定额包干等

　　（2）1984~1991 年，承包期延长 15 年以上，允许土地合法流转，强调维护农民利益，不断稳定和完善家庭承包经营责任制。1984 年 1 月 1 日，中共中央发出《关于一九八四年农村工作的通知》，文件强调要继续稳定和完善联产承包责任制，延长土地承包期，一般应在 15 年以上。1988 年 4 月，七届全国人大第一次会议对八二宪法做出了两处修正，其中之一是宪法第十条第四款"任何组织或者个人不得侵占、买卖、出租或者以其他形式非法转让土地"修改为"任何组织或者个人不得侵占、买卖或者以其他形式非法转让土地。土地的使用权可以依照法律的规定转让。"这条修正案增加了"土地的使用权可以依照法律的规定转让"的规定，表明土地使用权合法流转得到国家根本大法的认可。1990 年 12 月《中共中央国务院关于 1991 年农业和农村工作的通知》和 1991 年 11 月中共中央十三届八中全会通过的《中共中央关于进一步加强农业和农村工作的决定》强调要不断完善和解决土地承包期过短，农民缺乏稳定感，承包合同不健全，农民利益无法保障等问题，把家庭联产承包为主的责任制和统分结合的双层经营体制作为一项基本制度长期稳定下来。
　　（3）1992~1999 年，土地承包期限再延长 30 年，鼓励适度规模经营，进一步稳定和深化改革。1992 年，邓小平南方讲话和党的十四大的召开，极大地解放了人们的思想，在社会主义市场经济体制建立的条件下，传统农村经济开始向现代市场经济转变。1993 年 4 月，八届全国人大再次对《中华人民共和国宪法》进行修正，将"家庭承包经营"明确写入《中华人民共和国宪法》，使其成为一项基本国家经济制度。1993 年 11 月《中共中央、国务院关于当前农业和农村经济发展若干政策措施》明确提出"以家庭联产承包为主的责任制和统分结合的双层经营体制是中国农村经济的一项基本制度"，并规定"在原定的承包期到期之后，

再延长 30 年不变"，进一步稳定和完善土地承包政策。1995 年 3 月，国务院批转农业部《关于稳定和完善土地承包关系意见》的通知，对土地承包和土地调整进行了规范和严肃。1998 年 10 月，中共中央十五届三中全会通过了《关于农业和农村工作若干重大问题的决定》，强调赋予农民长期而有保障的土地使用权，并允许发展多种形式的土地适度规模经营。1999 年 3 月，九届人大二次会议将 1993年宪法修正案中"农村中的家庭联产承包为主的责任制……是社会主义劳动群众集体所有制经济"修改为"农村集体经济组织实行家庭承包经营为基础、统分结合的双层经营体制"。这一阶段明确提出了土地承包期延长 30 年不变，允许土地依法有偿转让，允许适度规模经营，对承包合同做出了严肃的规定。

（4）2000 年到现在，家庭承包经营责任制进入法制化时期。2000 年，中央《关于制定国民经济和社会发展第十个五年计划的建议》指出，要加快农村土地制度法制化建设，长期稳定以家庭承包经营为基础、统分结合的双层经营体制。2002年 8 月，《中华人民共和国农村土地承包法》公布，明确规定了农村土地承包采取农村集体经济组织内部的家庭承包方式，国家依法保护农村土地承包关系的长期稳定。这表明了未来很长时期内农村土地产权政策的基本走向。随之，《中华人民共和国农村土地承包经营权证管理办法》（2004 年）、《中华人民共和国农业技术推广法》（2004 年）、《中华人民共和国农业法》（2004 年）、《农村土地承包经营权流转管理办法》（2005 年）等一系列相关法律法规公布实施，对家庭承包经营责任制进行了明确和规范。

5.2　改革开放以来土地制度法规政策演进的梳理

众所周知，中国的改革开放，尤其是经济体制的改革，改革开放是从农村开始的，准确地讲，是从农村土地破除经营制度开始的。这个改革过程经历了民间发动、备受争议、官方认可、大面积推行的曲折阶段。自下而上的农村土地制度改革，掀开了当代中国经济改革与发展历史画卷的首页。考察中国当代经济体制改革的发展历程，可以发现这样一个有趣的现象：经济发展和结构演进的每一步，都不同程度受到传统计划经济体制以及围绕这种体制所形成的强大社会习惯和氛围的约束，现实经济活动的各个领域的每一个进展，都是对传统体制下既有的法规、政策和习惯的挑战。一方面，近 40 年的改革和发展，是摸着石头过河的实践推动和倒逼了相关制度与法规的建立及不断完善，与时俱进；另一方面，基于实践活动的经验总结和失误及教训的吸取，相关的制度建设也在不断完善，并且对实践活动的规范有序进行与健康发展，起到了保驾护航的作用与指导性的参考。

自土地承包制实施以来，农村土地制度改革的实践和相关的法规制度的建设也表现出了这样的特色：先行的探索和实践，催生了对原有制度的某些方面的突破，随之而来的法规政策文件，或者是从法理上对现实探索给予认可，或者是对实际操作提出系统的规范，或者是对某些环节和现象的纠正与约束。实践和法规政策相互促进，相互支撑。从理论上讲，个别和局部的现实探索和突破，为制定相关政策和法规提供了先行先试的参考，在时间上往往先于一般性政策和法规的出台。而法规政策的及时跟进和正式颁布，又为改革和探索的合法性、普适性提供了保障。而且，高屋建瓴的政策法规，往往还借鉴与融合了世界不同国家农业发展及农村土地制度演进的历史经验和教训，对农业发展及土地制度的改革及完善具有长远的战略指导意义。因此，梳理改革开放以来我国农村土地制度变革的相关法规政策，可以理清土地制度演变的大致过程，对改革过程的得失和未来进一步演进的方向有一个更加清醒的认识。

本节以时间为经纬，以中共中央和国务院颁布的与农村土地制度改革相关的法规文件为线索，逐一介绍近 40 年农地制度领域重要的法规政策，提炼其在农地制度改革方面的主要精神，对其值得关注的要点进行点评（表 5-2）。

表 5-2　改革开放以来土地制度法规政策基本内容

时间	文件名称	主要精神	特点概括
1979 年	中共中央关于加快农业发展若干问题的决定	(1) 人民公社、生产大队和生产队的所有权和自主权应该受到国家法律的切实保护，任何单位和个人都不得任意剥夺或侵犯它的利益 (2) 人民公社各级经济组织必须认真执行各尽所能、按劳分配的原则，多劳多得，少劳少得，男女同工同酬。加强定额管理，按照劳动的数量和质量付给报酬，建立必要的奖惩制度，坚决纠正平均主义。可以按定额记工分，可以按时记工分加评议，也可以在生产队统一核算和分配的前提下，包工到作业组，联系产量计算劳动报酬，实行超产奖励。不许分田单干。除某些副业生产的特殊需要和边远山区、交通不便的单家独户外，也不要包产到户 (3) 人民公社要继续稳定地实行三级所有、队为基础的制度，集中力量发展农村生产力。不允许在条件不具备、多数社员又不同意的时候，搞基本核算单位从生产队向生产大队的过渡；条件具备了，大多数社员同意了，实行这样的过渡，要报省一级领导机关批准	(1) 基本思路是仍然坚持人民公社体制，试图在此框架基础上通过管理纠正平均主义，发展农业 (2) 对已经出现的联产承包和包产到户做出最初表态：可以联产计酬，不许分田单干
1980 年	《关于进一步加强和完善农业生产责任制的几个问题》的通知	(1) 在我国条件下，不能设想可以在一家一户的小农经济的基础上，建立起现代化的农业，可以实现较高的劳动生产率和商品率，可以使农村根本摆脱贫困和达到共同富裕。因此，毫无疑问，农业集体化的方向是正确的，是必须坚持的 (2) 生产责任制是改善经营管理，贯彻按劳分配，巩固集体经济、发展农业生产的重要手段。在不同的地方、不同的社队，以至在同一个生产队，都应从实际需要和实际情况出发，允许有多种经营形式、多种劳动组织、多种计酬办法同时存在 (3) 在那些边远山区和贫困落后的地区，可以包产到户，也可以包干到户，并在一个较长的时间内保持稳定。在一般地区，就不要搞包产到户	(1) 一家一户的生产与现代农业的不相容，并没有认识到将生产责任制看成是农业集体化的一种管理机制 (2) 主要注意力在生产过程的计酬管理，并未涉及核心的土地承包问题 (3) 对部分地区包干到户予以认可。强调任何形式的生产责任制选择必须照顾农民的经济利益和尊重农民的民主权利。不能强制推行一种形式，禁止其他形式

时间	文件名称	主要精神	特点概括
1982 年	全国农村工作会议纪要	(1)肯定了全国农村已有 90%以上的生产队建立了不同形式的农业生产责任制,其中 80%以上的为联产承包制 (2)联产承包制是建立在土地公有基础上的,农户和集体保持承包关系,它不同于合作化以前的小私有的个体经济 (3)肯定联产承包制的普遍适用性同时,强调不同形式的承包,都有它在一定地点和条件下的适应性和局限性,即使在一个生产队内,也可以因生产项目、作业种类不同而采取多种形式 (4)对土地承包做出规定,在实行包产到户、包干到户的地方,提倡根据生产的需要按劳力或人劳比例承包土地;由于劳力强弱、技术高低不同,承包土地的数量也可以不同。国家职工和干部不承包土地。社员承包的土地应尽可能连片,并保持稳定。集体可以留下少量机动地,暂由劳多户承包,以备调剂使用。严禁在承包土地上盖房、葬坟、起土。社员承包的土地,不准买卖,不准出租,不准转让,不准荒废,否则,集体有权收回;社员无力经营或转营他业时应退还集体 (5)明确了联产承包应该以合同方式予以明确。实行各种承包责任制的生产队,必须把生产队与农户、作业组、专业人之间的经济关系和双方的权利、义务用合同形式确定下来。公共建设劳务、计划生育和统购派购任务也应纳入合同。合同可以由粗到细,形式要便于群众理解和接受 (6)生产大队、生产队作为集体经济组织要负责合理分配和调剂承包地,管好和用好耕地	(1)第一次正式将新的农业生产制度定性为"联产承包制" (2)第一次将新的生产制度核心聚焦于"土地承包" (3)提出了土地承包的依据,并且强调以合同的形式加以规范 (4)对家庭承包土地的使用做出一系列限制,明确生产大队和生产队有合理分配和调剂的职责
1983 年	当前农村经济政策的若干问题	(1)普遍实行的多种形式的农业生产责任制,特别是主要形式的联产承包制,采取了统一经营与分散经营相结合的原则,使集体优越性和个人积极性同时得到发挥。这一制度是我国农民的伟大创造,是马克思主义农业合作化理论在我国实践中的新发展。这种分散经营和统一经营相结合的经营方式具有广泛的适应性,既可适应当前手工劳动为主的状况和农业生产的特点,又能适应农业现代化进程中生产力发展的需要 (2)林业、牧业、渔业、开发荒山、荒水以及其他多种经营方面,都要抓紧建立联产承包责任制,要建立和健全承包合同制 (3)承包专业户,农户与农户之间的换工,丧失劳动能力或劳力不足者为维持生活所请的零工,合作经济之间请季节工或专业工、技术工,等等,均属群众之间的劳动互助或技术协作,都应当允许	(1)从理论上的肯定联产承包责任制是一项伟大的创造,也符合现代农业发展的需要 (2)借鉴农业生产的联产承包做法,将其推广至林业、渔业和牧业等领域 (3)对初露端倪的专业生产和雇工现象采取包容的态度

续表

时间	文件名称	主要精神	特点概括
1984 年	中共中央关于一九八四年农村工作的通知	(1)延长土地承包期,土地承包期一般应在十五年以上。生产周期长的和开发性的项目,如果树、林木、荒山、荒地等,承包期应当更长一些。在延长承包期以前,群众有调整土地要求的,可以本着"大稳定,小调整"的原则,经过充分商量,由集体统一调整 (2)鼓励土地逐步向种田能手集中。社员在承包期内,因无力耕种或转营他业而要求不包或少包土地的,可以将土地交给集体统一安排,也可以经集体同意,由社员自找对象协商转包,但不能擅自改变向集体承包合同的内容。转包条件可以根据当地情况,由双方商定。在目前实行粮食统购统销制度的条件下,可以允许由转入户为转出户提供一定数量的平价口粮。荒芜、弃耕的土地,集体应及时收回 (3)自留地、承包地均不准买卖,不准出租,不准转作宅基地和其他非农业用地。农村在实行联产承包责任制基础上出现的专业户,带头勤劳致富,带头发展商品生产,带头改进生产技术,是农村发展中的新生事物,应当珍惜爱护,积极支持 (4)鼓励技术、劳力、资金、资源多种形式的结合,使农民能够在商品生产中,发挥各自的专长,逐步形成适当的经营规模 (5)随着农村分工分业的发展,将有越来越多的人脱离耕地经营,从事林牧渔等生产,并将有较大部分转入小工业和小集镇服务业。不改变"八亿农民搞饭吃"的局面,农民富裕不起来,国家富强不起来,四个现代化也就无从实现	(1)第一次涉及土地承包期问题,规定土地承包期一般应在十五年以上。生产周期长的和开发性的项目,如果树、林木、荒山、荒地等,承包期应当更长一些 (2)对承包期内的调整,给出规定,即本着"大稳定,小调整"的原则,经过充分商量,由集体统一调整 (3)首次提出土地向种田能手集中问题,但是在集体组织内部有集体统一安排或者农民自己协商 (4)肯定规模经营是发展趋势,将农村劳动力转移与农业现代化和国家富强联系起来
1985 年	关于进一步活跃农村经济的十项政策	(1)国家不再向农民下达农产品统购派购任务,按照不同情况,分别实行合同定购和市场收购。任何单位都不得再向农民下达指令性生产计划 (2)进一步放宽山区、林区政策。山区 25°以上的坡耕地要有计划有步骤地退耕还林还牧。口粮不足的,由国家销售或赊购。集体林区取消木材统购,开放木材市场,允许林农和集体的木材自由上市,实行议购议销。中药材,除因保护自然资源必须严格控制的少数品种外,其余全部放开,自由购销。国营林场,也可以实行职工家庭承包或同附近农民联营 (3)联产承包责任制和农户家庭经营长期不变,要继续完善土地承包办法	(1)在联产承包制的基础上放宽对农民生产经营的指令性控制,真正赋予农民自主经营权,是土地承包制的必然延伸和逻辑结果 (2)承包制对粮食生产带来的影响进一步借鉴和扩展到林业 (3)第一次提出联产承包制和农户家庭经营长期不变。这是从发展商品经济所必须营造的制度环境角度获得的新认识
1986 年	中共中央、国务院关于一九八六年农村工作的部署	(1)随着农民向非农产业转移,鼓励耕地向种田能手集中,发展适度规模的种植专业户 (2)乡镇企业的发展克服耕地有限、劳力过多、资金短缺的困难,为建立新的城乡关系,找到了一条有效的途径。农业和农村工业必须协调发展,既不可以工挤农,也不可以农挤工。应当指出,不发展农村工业,多余劳力无出路,也无法以工补农。反之,没有农业提供不断增多的食品和原料,农村工业也难以持续发展	首次正面肯定了乡镇企业发展的重要意义,从农民向非农产业转移的角度,继续强调鼓励规模经营。提出了"既不可以工挤农,也不可以农挤工"的认识

时间	文件名称	主要精神	特点概括
1987年	把农村改革引向深入	（1）允许农村剩余劳动力向劳力紧缺的地区流动 （2）乡、村合作组织实行分散经营和统一经营相结合的双层经营制，要进一步稳定和完善，绝不搞"归大堆"，再走回头路 （3）要进一步稳定土地承包关系。只要承包户按合同经营，在规定的承包期内不要变动，合同期满后农户仍可连续承包。已经形成一定规模、实现了集约经营并切实增产的，可以根据承包者的要求，签定更长期的承包合同 （4）长期从事别的职业，自己不耕种土地的，除已有规定者外，原则上应把承包地交回集体，或经集体同意后转包他人 （5）土地承包合同应规定土地质量等级指标。承包期间整治土地，增加投资，提高了土地生产率的，土地转包时，集体或新承包户应给予相应补偿；弃耕荒芜的，要给予经济处罚，直至收回承包地。要严格执行土地管理法，制止滥占耕地。承包户按合同规定使用土地，不得私自转为非农用途，并应向集体交纳提留，完成国家农产品定购任务 （6）对果园、茶园、林场等技术性强、商品率高、利益关系复杂的生产资料的承包，提出指导性意见 （7）过小的经营规模会影响农业进一步提高积累水平和技术水平。在多数地方尚不具备扩大经营规模的条件，应大力组织机耕、灌溉、植保、籽种等共同服务，以实现一定规模效益。在京、津、沪郊区、苏南地区和珠江三角洲，可分别选择一两个县，有计划地兴办具有适度规模的家庭农场或合作农场，也可以组织其他形式的专业承包，以便探索土地集约经营的经验	（1）进一步强调土地承包制的稳定性，在若干细节方面对承包制的完善做出规定 （2）进一步强调发展规模经营的必要性，鼓励在发达地区进行规模经营试点，鼓励劳动力跨区域流动
1990年	关于一九九一年农业和农村工作的通知	（1）以家庭联产承包为主的责任制具有广泛的适应性和旺盛的生命力，一定要作为农村的一项基本制度长期稳定下来，并不断加以完善。稳定是完善的基础，完善不是要改变家庭联产承包，而是要妥善解决实施过程中存在的问题 （2）要稳定完善土地承包制。对已经形成的土地承包关系，要保持稳定；只要承包办法基本合理，群众基本满意，就不要变动。地块过于零散不便耕作的，可以按照基本等量等质的原则适当调整。因基建占地、人口变动等确实需要调整的，也要从严掌握 （3）少数确有条件发展农业适度规模经营的地方，根据群众的意愿，可以因地制宜地作适当调整，但决不可不顾条件强制推行。无论采取什么承包形式，都要正确处理国家、集体和个人三者之间的关系，都要注意充分发挥农民群众的积极性。要通过完善承包合同，把承包者应向国家和集体上交粮款等义务同承包土地的权利联系起来	（1）仍然是强调承包责任制应该保持长期稳定 （2）对于个别地方出现的推广规模经营的现象，做出了肯定的表态，但强调要尊重群众意愿 （3）强调完善承包合同，将合同与上交国家和集体的粮款任务结合起来

续表

时间	文件名称	主要精神	特点概括
1991 年	中共中央关于进一步加强农业和农村工作的决定	(1) 90 年代农业改革和发展的总方向是继续稳定以家庭联产承包为主的责任制,不断完善统分结合的双层经营体制,积极发展社会化服务体系,逐步壮大集体经济实力,引导农民走共同富裕的道路 (2) 把以家庭联产承包为主的责任制、统分结合的双层经营体制,作为我国乡村集体经济组织的一项基本制度长期稳定下来,并不断充实完善。把家庭承包这种经营方式引入集体经济,形成统一经营与分散经营相结合的双层经营体制,使农户有了生产经营自主权,又坚持了土地等基本生产资料公有制和必要的统一经营。这种双层经营体制,在统分结合的具体形式和内容上有很大的灵活性,可以容纳不同水平的生产力,具有广泛的适应性和旺盛的生命力。是集体经济的自我完善和发展,决不是解决温饱问题的权宜之计,一定要长期坚持,不能有任何的犹豫和动摇 (3) 完善双层经营体制,包括完善家庭承包经营和集体统一经营。家庭承包经营不是"分田单干",集体统一经营也不是"归大堆"。这两个经营层次相互依存、相互补充、相互促进,忽视任何一个方面,都不利于农村经济的健康发展。随着技术装备水平和生产专业化程度的提高,有些地方对不同生产项目分别采取承包到劳、户、队、场(厂)等专业承包的形式,也应注意处理好统与分的关系。林区、牧区、渔区的责任制,要充分考虑地区、民族和产业特点,从实际出发,进一步加以完善 (4) 稳定和完善家庭承包经营,要认真完善土地和其他各业的承包合同管理,明确双方的权利、责任和义务。已经形成的土地承包关系,一般不要变动	从理论上说明双层经营体制的合理性,将稳定和坚持双层经营、充实集体经济层次作为 90 年代农村改革和发展的重点
1992 年	国务院批转农业部关于加强农业承包合同管理意见的通知	(1)各级人民政府要把依法加强农业承包合同管理工作提高到稳定和完善党在农村中的基本政策的高度加以重视。要使家庭联产承包为主的责任制长期稳定,并不断完善,必须将其纳入法制的轨道。依法管理农村承包合同,这是稳定和完善家庭联产承包制的重要保证 (2) 已经发布农业承包合同管理法规的省(区、市),要有法必依,认真做好实施工作,并搞好配套措施的制定;尚未发布农业承包合同法规的省(区、市),可参照有关省(区、市)的经验和做法,结合本省(区、市)实际情况,抓紧制定,尽快发布施行 (3)农业承包合同一经依法签订,即具有法律约束力,任何单位和个人均不得擅自变更或者解除。已经签订的三亿多份农村承包合同,都具有法律约束力,应予保护	将承包合同的签证作为维护和稳定承包责任制的具体工作,将承包制纳入法制化管理的轨道

时间	文件名称	主要精神	特点概括
1993 年	关于当前农业和农村经济发展的若干政策措施	（1）以家庭联产承包为主的责任制和统分结合的双层经营体制，是我国农村经济的一项基本制度，要长期稳定，并不断完善 （2）为了稳定土地承包关系，鼓励农民增加投入，提高土地的生产率，在原定的耕地承包期到期之后，再延长三十年不变。开垦荒地、营造林地、治沙改土等从事开发性生产的，承包期可以更长 （3）为避免承包耕地的频繁变动，防止耕地经营规模不断被细分，提倡在承包期内实行"增人不增地、减人不减地"的办法。在坚持土地集体所有和不改变土地用途的前提下，经发包方同意，允许土地的使用权依法有偿转让 （4）少数第二、第三产业比较发达，大部分劳动力转向非农产业并有稳定收入的地方，可以从实际出发，尊重农民的意愿，对承包土地作必要的调整，实行适度的规模经营 （5）建立基本农田保护区制度。基本农田保护区划定之后，任何单位、个人不得擅自改变和占用。因国家重点建设项目必需占用的，须经国务院或省、自治区、直辖市人民政府审批，并且要有区别于一般占地的高补偿办法。国家有关规定征收耕地占用税、新菜地开发建设基金和土地复垦费用，不得随意减免	（1）第一次将过去所提的保持承包期长期稳定不变具体化为再延长 30 年。并且规定林地和荒地的承包期可以更长 （2）对一些地方实行的"增人不增地、减人不减地"的办法给予肯定 （3）鼓励承包地使用权有偿转让和调整，促进规模经营的形成 （4）提出建立基本农田保护制度
1993 年	中共中央关于建立社会主义市场经济体制若干问题的决定	（1）以家庭联产承包为主的责任制和统分结合的双层经营体制，是农村的一项基本经济制度，必须长期稳定，并不断完善 （2）在坚持土地集体所有的前提下，延长耕地承包期，允许继承开发性生产项目的承包经营权，允许土地使用权依法有偿转让 （3）少数经济比较发达的地方，本着群众自愿原则，可以采取转包、入股等多种形式发展适度规模经营，提高农业劳动生产率和土地生产率	一是稳定承包制的基本制度。二是鼓励探索实现规模经营的各种具体途径
1994 年	中共中央、国务院关于 1994 年农业和农村工作的意见	（1）完善农村基本经营制度。重点抓好延长耕地承包期和土地使用权有偿转让等政策的贯彻落实。当前要特别注意两个问题：一是借机撕毁或变更尚未到期的承包合同；二是随意提高承包费，变相增加农民负担。要认真研究在 30 年的承包期内，如何发展多种形式的适度规模经营，研究土地使用权依法有偿转让的具体规则。实行"增人不增地、减人不减地"的地方，对可能出现的新情况和新矛盾，也要及早确定妥善的解决办法 （2）对农村股份合作制的发展，要积极扶持，正确引导，总结经验，逐步规范。发展股份合作制，要尊重农民的意愿，不要一哄而起，不要层层下达指标	在继续强调稳定和延长承包期的同时，关注的重点开始转向土地使用权的流转

续表

时间	文件名称	主要精神	特点概括
1995 年	国务院批转农业部关于稳定和完善土地承包关系意见的通知	(1) 积极、稳妥地做好延长土地承包期工作。延长土地承包期的工作，在原承包合同期满后，在总结经验、完善承包办法的基础上进行。发包方与农户签订的合同，到期一批，续订一批，把土地承包期再延长 30 年 (2) 原土地承包办法基本合理，群众基本满意的，尽量保持原承包办法不变，直接延长承包期；因人口增减、耕地被占用等原因造成承包土地严重不均、群众意见较大的，应经民主议定，作适当调整后再延长承包期 (3) 进行土地调整时，严禁强行改变土地权属关系，不得将已经属于组级集体经济组织（原生产队）所有的土地收归村有，在全村范围内平均承包。严禁发包方借调整土地之机多留机动地。原则上不留机动地，确需留的，机动地占耕地总面积的比例一般不得超过 5% (4) 提倡在承包期内实行"增人不增地、减人不减地"。未实行"增人不增地、减人不减地"的地方，也应保持土地承包关系的长期稳定。对于确因人口增加较多，集体和家庭均无力解决就业问题而生活困难的农户，尽量通过"动帐不动地"的办法解决，也可以按照"大稳定、小调整"的原则，经该集体经济组织内部大多数农民同意，适当调整土地。但"小调整"的间隔期最短不得少于 5 年 (5) 在坚持土地集体所有和不改变土地农业用途的前提下，经发包方同意，允许承包方在承包期内，对承包标的依法转包、转让、互换、入股。土地承包经营权流转的形式、经济补偿，应由双方协商，签订书面合同，并报发包方和农业承包合同管理机关备案。要制定土地承包经营权转让费最高限额。债务人不得以土地抵顶债款。在充分尊重农民意愿的基础上，可以采取多种形式，适时加以引导，发展农业适度规模经营 (6) 不得借调整土地之机变相增加农民负担。延长土地承包期和进行必要的土地调整时，不得随意提高承包费。承包费属于农民向集体经济组织上交的村提留、乡统筹的范围，要严格控制在上年农民人均纯收入的 5% 以内 (7) 承包人的继承人可以继续承包，直至承包合同到期	是对土地承包责任制实行以来各类问题的集中性回答，对延长承包周期过程中一系列具体问题作出规定，基本精神就是稳定承包制、完善承包制。对土地承包经营权的流转、继承作出规定
1996 年	国务院办公厅关于治理开发农村"四荒"资源进一步加强水土保持工作的通知	(1) 治理和开发农村集体所有的"四荒"，应根据群众的意愿和当地的实际情况，实行家庭或联户承包、租赁、股份合作、拍卖使用权等多种方式。哪种方式有利于调动群众的积极性，有利于保持水土，有利于发展壮大集体经济，就采取哪种方式，切忌"一刀切" (2) 实行谁治理、谁管护、谁受益的政策。在经过治理开发的"四荒"地上种植的林果木、牧草及其产品归治理者所有，新增土地的所有权归集体，在协议规定期限内，治理者拥有使用权，享受国家有关优惠政策 (3) 农村集体经济组织内的农民都有参与治理开发"四荒"的权利，本村村民享有优先权。也鼓励和支持有治理开发能力的企事业单位、社会团体及其他组织或个人采取不同方式治理开发"四荒" (4) 承包、租赁、拍卖"四荒"使用权，最长不超过 50 年。在规定的使用期限内，对于实行承包、租赁和股份合作方式治理的，可以依法继承、转让或转租；对于购买使用权的，依法享有继承、转让、抵押、参股联营的权利。国家在征用已治理开发的"四荒"地时，对其治理开发成果要给予合理补偿 (5) 承包、租赁、股份合作、拍卖"四荒"使用权等都要做好前期工作。要划清国家与集体所有"四荒"的权属界限，权属不明确、存在争议的，在问题没有得到解决前，不得进行承包、租赁、股份合作或拍卖。严禁把国有土地变为集体所有	由于"四荒"相对于一般耕地显得较为次要，因此，相关规定也就更加灵活而放开： (1) 使用权方式不局限于家庭承包，家庭或联户承包、租赁、股份合作、拍卖等多种方式均可使用 (2) "四荒"使用权的行使，所在村村民具有优先权，其他企事业单位、社会团体及其他组织或个人也可以参与其中。这是首次明确开放社会资本对农业的投入 (3) 对"四荒"使用权的使用年限进行了界定，最长年限 50 年，大大超过耕地承包周期 30 年的时间限度

时间	文件名称	主要精神	特点概括
1997 年	国务院关于印发全国生态环境建设规划的通知	由于四荒治理开发投资回收期长，风险大，必须有长期稳定的政策。各地区要对四荒的治理开发进行合理规划，治理四荒与经济开发结合起来，保障投资开发者的合法利益。允许打破行政界限，允许不同经济成分主体购买四荒使用权，允许购买使用权的经济主体按照股份制、股份合作制等新的形式经营四荒土地；允许四荒使用权一定50 年或更长的时间不变。治理开发成果允许继承转让；国家征用时，要对治理成果给予补偿。对买而不治或买后乱垦者，要收回承包权，并按照合同进行处理	对"四荒"治理的政策措施表达更加具体明确，投资主体允许打破行政界限，放开经济成分主体限制，鼓励采取股份制、股份合作制等新的形式经营四荒土地；在原来50 年的基础上提出可以进一步延长，规定治理开发成果允许继承转让
1997 年	中共中央、国务院关于1997 年农业和农村工作的意见	有些地方在进行第二轮土地承包中，没有按照中央的要求把承包期再延长三十年，个别地方还以各种名义收回或部分收回农户的承包地，随意多留机动地，大幅度提高土地承包费，甚至提前收取承包费。这些做法不符合中央的政策精神，也不符合群众的意愿，必须坚决纠正。发展土地适度规模经营，必须坚持具备条件，并充分尊重农民的意愿。目前，除少数经济发达地区外，大多数地区条件还不成熟，不能不顾条件，用行政手段硬性推行	主要是针对二轮延包过程中部分地方出现的追求规模经营的做法提出警示
1997 年	中共中央办公厅、国务院办公厅关于进一步稳定和完善农村土地承包关系的通知	(1) 在第一轮土地承包到期后，土地承包期再延长三十年。土地承包期再延长三十年，是在第一轮土地承包的基础上进行的。开展延长土地承包期工作，要使绝大多数农户原有的承包土地继续保持稳定。不能将原来的承包地打乱重新发包，更不能随意打破原生产队土地所有权的界限，在全村范围内平均承包。已经做了延长土地承包期工作的地方，承包期限不足三十年的，要延长到三十年 (2) 承包土地要"大稳定、小调整"。"小调整"只限于人地矛盾突出的个别农户，不能对所有农户进行普遍调整；不得利用"小调整"提高承包费，增加农民负担；"小调整"的方案要经村民大会或村民代表大会三分之二以上成员同意；绝不能用行政命令的办法硬性规定在全村范围内几年重新调整一次承包地 (3) 延长土地承包期后，乡（镇）人民政府农业承包合同主管部门要及时向农户颁发由县或县级以上人民政府统一印制的土地承包经营权证书 (4) 中央不提倡实行"两田制"。没有实行"两田制"的地方不要再搞，已经实行的必须按中央的土地承包政策认真进行整顿。对原来为了平衡农户负担而实行的"动帐不动地"形式的"两田制"，无论是"口粮田"还是"责任田"，承包权都必须到户，并明确三十年不变，不能把"责任田"的承包期定得很短，随意进行调整。对随意提高土地承包费，收回部分承包地高价发包，或脱离实际用行政命令的办法搞规模经营而强行从农户手中收回"责任田"等做法，要坚决予以纠正。农民要求退回的，应退还给农民承包经营 (5) 少数经济发达地区，农民自愿将部分"责任田"的使用权有偿转让或交给集体实行适度规模经营，这属于土地使用权正常流转，应当允许。但必须明确农户对集体土地的承包权利不变，使用权的流转要建立在农民自愿、有偿的基础之上，不得搞强迫命令和平调 (6) 对预留"机动地"必须严格控制。目前尚未留有"机动地"的地方，原则上不应留"机动地"。今后解决人地关系的矛盾，可按"大稳定、小调整"的原则在农户之间进行个别调整。目前已留有"机动地"的地方，必须将"机动地"严格控制在耕地总面积百分之五的额度内，并严格用于解决人地矛盾，超过的部分应按公平合理的原则分包到户	(1) 是在第一轮承包期结束二轮延包集中办理期间发布的重要指导性文件，基调是稳定和延长承包关系 (2) 对"小调整"提出了具体规范，首次明确了必须三分之二村民代表同意的具体条件 (3) 对曾经风行一时的"两田制"明确表态不支持，但对少数发达地区责任田的流转实现适度规模经营的探索仍然持肯定意见

时间	文件名称	主要精神	特点概括
1998 年	中共中央关于农业和农村工作若干重大问题的决定	（1）家庭承包经营既符合生产关系要适应生产力发展要求的规律，也符合农业生产自身的特点，不仅适应以手工劳动为主的传统农业，也能适应采用先进科学技术和生产手段的现代农业，必须长期坚持 （2）要坚定不移地贯彻土地承包期再延长三十年的政策，同时要抓紧制定确保农村土地承包关系长期稳定的法律法规，赋予农民长期而有保障的土地使用权。对于违背政策缩短土地承包期、收回承包地、多留机动地、提高承包费等错误做法，必须坚决纠正 （3）土地使用权的合理流转，要坚持自愿、有偿的原则依法进行，不得以任何理由强制农户转让。少数确实具备条件的地方，可以在提高农业集约化程度和群众自愿的基础上，发展多种形式的土地适度规模经营 （4）在家庭承包经营基础上，积极探索实现农业现代化的具体途径	（1）从理论上阐明家庭承包经营与现代农业的相容性 （2）重申稳定土地承包关系，首次提出制定确保农村土地承包关系长期稳定的法律法规，赋予农民长期而有保障的土地使用权 （3）对土地使用权的合理流转，提出了自愿、有偿、依法的原则 （4）鼓励在家庭承包经营的基础上，通过产业化经营，扩大经营规模，实现农业现代化
1999 年	关于进一步做好治理开发农村"四荒"资源工作的通知	农村集体经济组织内的农民都有参与治理开发"四荒"的权利，同时积极支持和鼓励社会单位和个人参与。在同等条件下，本集体经济组织内的农民享有优先权。如果承包、租赁或拍卖对象是本集体经济组织以外的单位或者个人，必须经村民会议三分之二以上成员或者三分之二以上村民代表的同意	是对 1996 年相关规定的进一步补充和细化，基本精神一致，对集体经济组织外成员参与"四荒"看法治理，提出了更加细致的条件
1999 年	中共中央国务院关于做好 1999 年农业和农村工作的意见	延长土地承包期的工作已进入收尾阶段，各地要严格按照中央的有关政策，抓好后续完善工作，一定要在 1999 年全面完成这项工作。承包一律延长 30 年，承包合同和土地承包经营权证书全部签发到户。各县（市）要派人逐村检查坚决纠正随意缩短土地承包期、收回承包地、多留机动地、提高承包费等错误做法。对承包合同、土地承包费的提取和使用、机动地以及土地流转等，要健全制度，实行规范管理。有关立法工作要抓紧进行，确保农村土地承包关系长期稳定	延续前期工作的年度工作安排
2000 年	中共中央国务院关于做好 2000 年农业和农村工作的意见	全国延长土地承包期工作已基本结束，加强土地承包管理，重点是建立健全承包合同的各项管理制度，建立合同档案，及时调处纠纷，组织合同兑现。对个别尚未完成延包工作的地方，要组织力量，加强指导，抓紧落实。没有颁发土地承包经营权证书的，必须尽快发放到户。要妥善解决延长土地承包期工作中的遗留问题，稳定土地承包关系	延续前期工作的年度工作安排
2001 年	中共中央国务院关于做好 2001 年农业和农村工作的意见	（1）在坚持家庭承包经营基础上推进农业产业化经营，实现规模经营和农业现代化。重点扶持有条件的龙头企业建设农产品生产、加工、出口基地，引进、开发和推广新品种、新技术，增强市场竞争力和对农民的带动力。引导龙头企业与农户在农业产业化经营的分工协作中互利互惠，共同发展 （2）农业结构调整要依据市场规律，尊重农民意愿，维护农户生产经营自主权。要坚持土地承包 30 年不变的政策，不能以任何借口侵害农民的土地承包权。生产什么，如何生产，只能由农民根据市场变化自主决策	从农民增收的角度强调农业产业化和规模经营，但探索农业现代化和农民增收的途径，必须坚持土地承包制

时间	文件名称	主要精神	特点概括
2001年	中共中央关于做好农户承包地使用权流转工作的通知	(1)家庭承包经营不仅适应传统农业，也适应现代农业。确保家庭承包经营制度长期稳定，这是土地使用权流转的基本前提。要把土地承包期再延长30年不变落实到具体农户和具体地块，并按规定与农户签订承包经营合同，发放承包经营权证书 (2)农户承包使用权流转必须坚持依法、自愿、有偿的原则。在承包期内，村集体经济组织无权单方面解除土地承包合同，也不能用少数服从多数的办法强迫农户放弃承包权或改变承包合同。不准收回农户承包地搞招标承包，不准将农户的承包地收回抵顶欠款，不准借土地流转改变土地所有权和农业用途。流转期限不得超过农户承包土地的剩余承包期。任何组织和个人不得强迫农户流转土地，也不得阻碍农户依法流转土地。由乡镇政府或村级组织出面租赁农户的承包地再进行转租或发包的"反租倒包"，不符合家庭承包经营制度，应予制止 (3)不提倡工商企业长时间、大面积租赁和经营农户承包地，地方也不要动员和组织城镇居民到农村租赁农户承包地。外商在我国租赁农户承包地，必须是农业生产、加工企业或农业科研推广单位，其他企业或单位不准租赁经营农户承包地	(1)肯定规模经营是现代农业发展方向 (2)土地流转必须以承包制的稳定为前提基础 (3)认为全国大部分农村尚不具备推行土地流转、发展适度规模经营的条件 (4)重申态度流转必须遵循自愿、有偿、依法的原则。对"反租倒包"、工商企业参与土地流转等具体情况，做出了抑制性的表态，其出发点是维护农民家庭利益，保护耕地
2002年	农业部关于贯彻落实《中共中央关于做好农户承包地使用权流转工作的通知》的通知	(1)要规范转包、转让、互换、租赁、入股等土地流转形式，明确承包关系。农户将承包土地转包给本集体经济组织内的其他成员经营，原与发包方签订的土地承包经营合同继续有效，所承担的权利义务应继续履行。农户将承包土地转让给本集体经济组织内的其他成员，或者为方便耕作或其他需要对承包地块进行互换，变更原承包经营合同或地块的，要办理承包合同的变更、解除或重订手续 (2)要慎重对待并从严掌握土地租赁和土地入股	基本精神是对土地的流转进行规范。对土地租赁和入股采取的态度较为审慎
2002年	中华人民共和国农村土地承包法	(1)农村土地承包关系的长期稳定。农村土地承包后，土地的所有权性质不变。承包地不得买卖 (2)家庭承包的承包方是本集体经济组织的农户 (3)承包地被依法征用、占用的，有权依法获得相应的补偿 (4)耕地的承包期为三十年。草地的承包期为三十年至五十年。林地的承包期为三十年至七十年；特殊林木的林地承包期，经国务院林业行政主管部门批准可以延长 (5)承包期内，发包方不得收回承包地。承包方全家迁入小城镇落户的，应当按照承包方的意愿，保留其土地承包经营权或者允许其依法进行土地承包经营权流转。承包期内，承包方全家迁入设区的市，转为非农业户口的，应当将承包的耕地和草地交回发包方。承包方不交回的，发包方可以收回承包的耕地和草地 (6)承包期内，发包方不得调整承包地。承包期内，因自然灾害严重毁损承包地等特殊情形对个别农户之间承包的耕地和草地需要适当调整的，必须经本集体经济组织成员的村民会议三分之二以上成员或者三分之二以上村民代表的同意，并报乡（镇）人民政府和县级人民政府农业等行政主管部门批准 (7)承包合同中约定不得调整的，按照其约定下列土地应当用于调整承包土地或者承包给新增人口：预留的机动地；开垦等方式增加的；承包方依法、自愿交回的。承包期内，妇女结婚，在新居住地未取得承包地的，发包方不得收回其原承包地；妇女离婚或者丧偶，仍在原居住地生活或者不在原居住地生活但在新居住地未取得承包地的，发包方不得收回其原承包地。承包人应得的承包收益，依照继承法的规定继承。林地承包的承包人死亡，其继承人可以在承包期内继续承包 (8)通过家庭承包取得的土地承包经营权可以依法采取转包、出租、互换、转让或者其他方式流转。流转的期限不得超过承包期的剩余期限；在同等条件下，本集体经济组织成员享有优先权。发包方将农村土地发包给本集体经济组织以外的单位或者个人承包，应当事先经本集体经济组织成员的村民会议三分之二以上成员或者三分之二以上村民代表的同意，并报乡（镇）人民政府批准	(1)对农村土地承包制从法律上加以确认 (2)以法律形式对已经普遍实行的承包制、承包期、承包权的继承予以确认 (3)对转入城镇人口的承包权处置做出了规定。既转入小城镇者保留，转入设区市者收回 (4)沿袭了"增人不增地，减人不减地"的规定，对承包地进行调整的情形和条件做出具体规定 (5)明确了集体经济组织外成员可以参与承包权流转的条件

续表

时间	文件名称	主要精神	特点概括
2003年	中华人民共和国农村土地承包经营权证管理办法	(1) 实行家庭承包经营的承包方，由县级以上地方人民政府颁发农村土地承包经营权证 (2) 农村土地承包经营权证应包括以下内容： 名称和编号； 发证机关及日期； 承包期限和起止日期； 承包土地名称、坐落、面积、用途； 农村土地承包经营权变动情况； 其他应当注明的事项	对土地承包经营权证的内容作出明确规定
2004年	国务院关于深化改革加强土地管理工作的决定	(1) 县级以上地方人民政府应当制定具体办法，使被征地农民的长远生计有保障。对有稳定收益的项目，农民可以经依法批准的建设用地土地使用权入股。在城市规划区内，当地人民政府应当将因征地而导致无地的农民，纳入城镇就业体系，并建立社会保障制度；在城市规划区外，征收农民集体所有土地时，当地人民政府要在本行政区域内为被征地农民留有必要的耕作土地或安排相应的工作岗位；对不具备基本生产生活条件的无地农民，应当异地移民安置。劳动和社会保障部门要会同有关部门尽快提出建立被征地农民的就业培训和社会保障制度的指导性意见 (2) 土地补偿费和安置补助费的总和达到法定上限，尚不足以使被征地农民保持原有生活水平的，当地人民政府可以用国有土地有偿使用收入予以补贴。省、自治区、直辖市人民政府要制订并公布各市县征地的统一年产值标准或区片综合地价，征地补偿做到同地同价，国家重点建设项目必须将征地费用足额列入概算	(1) 对失地人口长远生计保障和就业培训提出要求 (2) 提出制定征地统一年产值和区片价的要求
2004年	中共中央国务院关于促进农民增加收入若干政策的意见	要切实落实最严格的耕地保护制度，按照保障农民权益、控制征地规模的原则，严格遵守对非农占地的审批权限和审批程序，严格执行土地利用总体规划。要严格区分公益性用地和经营性用地，明确界定政府土地征用权和征用范围。完善土地征用程序和补偿机制，提高补偿标准，改进分配办法，妥善安置失地农民，并为他们提供社会保障。积极探索集体非农建设用地进入市场的途径和办法 2004年农业税税率总休上降低1个百分点，同时取消除烟叶外的农业特产税。有条件的地方，可以进一步降低农业税率或免征农业税。对农民个人、农场职工、农机专业户和直接从事农业生产的农机服务组织购置和更新大型农机具给予一定补贴	(1) 提出限制征地范围、提高补偿标准思路，鼓励探索集体非农建设用地进入市场的途径和办法 (2) 降低农业税、增加农补

时间	文件名称	主要精神	特点概括
2004 年	国务院办公厅关于妥善解决当前农村土地承包纠纷的紧急通知	（1）承包期内，除承包方全家迁入设区的市转为非农业户口的，不得收回农户的土地承包经营权。对外出农民回乡务农，只要在土地二轮延包中获得了承包权，就必须将承包地还给原承包农户继续耕作。乡村组织已经将外出农民的承包地发包给别的农户耕作的，如果是短期合同，应当将承包收益支付给拥有土地承包权的农户，合同到期后，将土地还给原承包农户耕作。如果是长期合同，可以修订合同，将承包地及时还给原承包农户；或者在协商一致的基础上，通过给予或提高原承包农户补偿的方式解决。对外出农户中少数没有参加二轮延包、现在返乡要求承包土地的，要区别不同情况，通过民主协商，妥善处理。如果该农户的户口仍在农村，原则上应同意继续参加土地承包，有条件的应在机动地中调剂解决，没有机动地的可通过土地流转等办法解决（2）任何组织和个人不能以欠缴税费和土地撂荒为由收回农户的承包地，已收回的要立即纠正，予以退还。对《农村土地承包法》实施以前收回的农户抛荒承包地，如农户要求继续承包耕作，原则上应允许继续承包耕种。如原承包土地已发包给本集体经济组织以外人员，应修订合同，将土地重新承包给原承包农户；如已分配给本集体经济组织成员，可在机动地中予以解决，没有机动地的，要帮助农户通过土地流转，获得耕地。对农户所欠税费，应列明债权债务，按照农村税费改革试点工作中清理乡村债务的有关规定妥善处理（3）流转土地承包经营权是农民享有的法定权利，任何组织和个人不得侵犯和剥夺。要坚决制止和纠正各种违背农民意愿、强迫农民流转土地的做法。强迫农民流转承包土地的，流转关系无效，侵害承包方土地承包经营权的责任人应当承担民事责任，对擅自截留、扣缴流转收益的行为应予查处并退还款项。乡村组织应将被强迫流转的承包地归还原承包农户，由其自主决定是否继续流转。各地不得以租赁土地的企业和大户利益，而侵犯农户的土地承包权益（4）政府未经承包农户同意与企业签订的承包、租赁或提供农民集体土地特别是基本农田植树的合同，属无效合同，应予废止。林业部门不得颁发林权证，已颁发的要立即收回并注销。已经植树的，当地政府应做好工作，限期将其移植至非基本农田；在规定期限不能移植的，允许农民拔树种田。对企业没有与农户直接签订合同占用农户承包的非基本农田植树的，应由企业与农民协商是否继续种树。农户不愿意种树的，可比照基本农田植树的处理办法办理	对实践中一些侵犯和剥夺农民土地承包经营权的现象提出纠正措施，确保集体经济组织成员土地承包权
2005 年	中共中央国务院关于进一步加强农村工作提高农业综合生产能力若干政策的意见	针对一些地方存在的随意收回农户承包地、强迫农户流转承包地等问题，各地要对土地二轮承包政策落实情况进行全面检查，对违反法律和政策的要坚决予以纠正，并追究责任。要妥善处理土地承包纠纷，及时化解矛盾，维护农民合法权益。尊重和保障农户拥有承包地和从事农业生产的权利，尊重和保障外出务工农民的土地承包权和经营自主权。承包经营权流转和发展适度规模经营，必须在农户自愿、有偿的前提下依法进行，防止片面追求土地集中。各省、自治区、直辖市要尽快制定农村土地承包法实施办法	重申 2004 年解决土地承包纠纷的文件精神，强调土地流转的自愿、有偿和依法原则

续表

时间	文件名称	主要精神	特点概括
2005 年	农村土地承包经营权流转管理办法	（1）农村土地承包经营权流转应当在坚持农户家庭承包经营制度和稳定农村土地承包关系的基础上，遵循平等协商、依法、自愿、有偿的原则 （2）承包方依法取得的农村土地承包经营权可以采取转包、出租、互换、转让或者其他符合有关法律和国家政策规定的方式流转 （3）农村土地承包经营权流转不得改变承包土地的农业用途，流转期限不得超过承包期的剩余期限，不得损害利害关系人和农村集体经济组织的合法权益 （4）承包方有权依法自主决定承包土地是否流转、流转的对象和方式。任何单位和个人不得强迫或者阻碍承包方依法流转其承包土地。农村土地承包经营权流转收益归承包方所有，任何组织和个人不得侵占、截留、扣缴 （5）农村土地承包经营权流转的受让方可以是承包农户，也可以是其他按有关法律及有关规定允许从事农业生产经营的组织和个人。在同等条件下，本集体经济组织成员享有优先权。受让方将承包方以转包、出租方式流转的土地实行再流转，应当取得原承包方的同意。承包方之间可以自愿将承包土地入股发展农业合作生产，但股份合作解散时入股土地应当退回原承包农户 （6）通过转让、互换方式取得的土地承包经营权经依法登记获得土地承包经营权证后，可以依法采取转包、出租、互换、转让或者其他符合法律和国家政策规定的方式流转	（1）提出土地流转的多种途径 （2）强调土地流转的平等协商、依法、自愿、有偿的原则 （3）对流转期限、用途作出明确限制 （4）对非本集体经济组织成员或者组织作为受让方参与土地流转作出规定
2005 年	农业部关于进一步做好稳定和完善农村土地承包关系有关工作的通知	（1）要抓紧做好证书发放工作，确保 2005 年底前全面发放到户，采取多种方式把已经确认到户的基本农田数量和地块逐步在土地承包经营权证书中注明 （2）个别地方至今不开展延长土地承包期工作，没有把土地承包期再延长三十年不变下策落实到承包农户，有的任意缩短承包期。这些做法都违背了绝大多数农民的意愿和土地承包法律政策。凡绝大多数农民要求实行分户承包的，必须依照法律政策规定，尽快把土地承包经营权全面落实到户 （3）要采取措施使农村土地流转管理工作迈入制度化、规范化轨道，确保规范有序流转。于年底前做好统一规范农村土地承包经营权流转合同文本的工作。有条件地方可以开展土地流转中介服务，完善土地流转机制 （4）严格进行机动地管理：一是严格控制机动地面积。二是依法规范机动地发包。三是规范机动地收益管理	（1）重申发放土地承包经营权证和落实延长土地承包期工作 （2）强调从操作层面保证土地流转规范化、法制化 （3）对集体经济组织所留机动地面积、发包和收益管理提出明确要求
2006 年	国务院关于加强土地调控问题的通知	征地补偿安置必须以确保被征地农民原有生活水平不降低、长远生计有保障为原则。被征地农民的社会保障费用，按有关规定纳入征地补偿安置费用，不足部分由当地政府从国有土地有偿使用收入中解决。社会保障费用不落实的不得批准征地	秉承 2004 年 28 号文件精神，强调被征地人口的长远生计落实和社会保障，对社保费用落实作出强制规定

续表

时间	文件名称	主要精神	特点概括
2006 年	中共中央、国务院关于推进社会主义新农村建设的若干意见	(1) 2006 年起，在全国范围取消农业税 (2) 稳定和完善以家庭承包经营为基础、统分结合的双层经营体制，健全在依法、自愿、有偿基础上的土地承包经营权流转机制，有条件的地方可发展多种形式的适度规模经营 (3) 加快集体林权制度改革，促进林业健康发展 (4) 按照缩小征地范围、完善补偿办法、拓展安置途径、规范征地程序的要求，进一步探索改革经验。完善对被征地农民的合理补偿机制，加强对被征地农民的就业培训，拓宽就业安置渠道，健全对被征地农民的社会保障。推进小型农田水利设施产权制度改革	从建设新农村的视角全面重申历年来在土地制度相关方面的精神。大范围完全取消农业税
2008 年	中共中央国务院关于切实加强农业基础建设进一步促进农业发展农民增收的若干意见	(1) 要切实稳定农村土地承包关系，认真开展延包后续完善工作，确保农村土地承包经营权证到户 (2) 加强农村土地承包规范管理，加快建立土地承包经营权登记制度。继续推进农村土地承包纠纷仲裁试点 (3) 严格执行土地承包期内不得调整、收回农户承包地的法律规定 (4) 按照依法自愿有偿原则，健全土地承包经营权流转市场。农村土地承包合同管理部门要加强土地流转中介服务，完善土地流转合同、登记、备案等制度，在有条件的地方培育发展多种形式适度规模经营的市场环境 (5) 坚决防止和纠正强迫农民流转、通过流转改变土地农业用途等问题，依法制止乡、村组织通过"反租倒包"等形式侵犯农户土地承包经营权等行为 (6) 逐步推进草原家庭承包经营，稳定渔民的水域滩涂养殖使用权 (7) 继续推进征地制度改革试点，规范征地程序，提高补偿标准，健全对被征地农民的社会保障制度，建立征地纠纷调处裁决机制 (8) 对未履行征地报批程序、征地补偿标准偏低、补偿不及时足额到位、社会保障不落实的，坚决不予报批用地 (9) 城镇居民不得到农村购买宅基地、农民住宅或"小产权房"。开展城镇建设用地增加与农村建设用地减少挂钩的试点，必须严格控制在国家批准的范围之内	在重申一贯政策的同时，提出一些新的意见： (1) 进行农村土地承包纠纷仲裁试点 (2) 完善土地流转合同、登记、备案等制度 (3) 制止"反租倒包" (4) 建立征地纠纷调处裁决机制 (5) 明确规定城镇人口不得购买农村宅基地、农民住宅或"小产权房" (6) 城镇建设用地增加与农村建设用地减少挂钩的试点控制在一定范围
2008 年	中共中央关于推进农村改革发展若干重大问题的决定	(1) 以家庭承包经营必须毫不动摇地坚持。赋予农民更加充分而有保障的土地承包经营权，现有土地承包关系要保持稳定并长久不变 (2) 按照服务农民、进退自由、权利平等、管理民主的要求，扶持农民专业合作社加快发展，使之成为引领农民参与国内外市场竞争的现代农业经营组织 (3) 搞好农村土地确权、登记、颁证工作。完善土地承包经营权权能，依法保障农民对承包土地的占有、使用、收益等权利 (4) 按照依法自愿有偿原则，允许农民以转包、出租、互换、转让、股份合作等形式流转土地承包经营权，发展多种形式的适度规模经营 (5) 土地承包经营权流转，不得改变土地集体所有性质，不得改变土地用途，不得损害农民土地承包权益 (6) 依法保障农户宅基地用益物权。农村宅基地和村庄整理所节约的土地，首先要复垦为耕地，调剂为建设用地的必须符合土地利用规划、纳入年度建设用地计划，并优先满足集体建设用地 (7) 依法征收农村集体土地，按照同地同价原则及时足额给农村集体组织和农民合理补偿，解决好被征地农民就业、住房、社会保障。经批准占用农村集体土地建设非公益性项目，允许农民依法通过多种方式参与开发经营并保障农民合法权益 (8) 建立城乡统一的建设用地市场，农村集体经营性建设用地，必须通过统一有形的土地市场、以公开规范的方式转让土地使用权，在符合规划的前提下与国有土地享有平等权益	(1) 提出赋予农民更加充分而有保障的土地承包经营权，现有土地承包关系要保持稳定并"长久不变"的新提法 (2) 提出建设城乡统一的建设用地市场的思路 (3) 无论是承包经营权的确认、流转还是宅基地和建设用地的使用，强调保障农民合法利益

续表

时间	文件名称	主要精神	特点概括
2008 年	农业部关于做好当前农村土地承包经营权流转管理和服务工作的通知	(1) 土地流转的主体是农民而不是干部，流转的机制是市场而不是政府，流转的前提是依法自愿有偿，流转的形式可以在法律允许范围内多种多样，流转的底线是不得改变土地集体所有性质、不得改变土地用途、不得损害农民土地权益。不得改变土地所有权性质，就是在流转中不能改变土地所有权属性和权属关系。不得改变土地用途，就是农地流转只能用于农业生产，不能用于非农开发和建设。不得损害农民土地承包经营权益，就是土地是否流转和以何种方式流转，完全由农民自己做主，并确保农民的土地流转收益不受侵害 (2) 将土地承包经营权证书全面发放到户，认真清理、规范整理和永久管理好土地承包档案资料，逐步实现土地承包档案管理信息化，积极探索并建立健全土地承包经营权登记制度 (3) 流转的农用地不得改变农业用途，属于基本农田的，流转后不得改变基本农田性质，不得从事种树、挖鱼塘、建造永久性固定设施等破坏耕作层的活动 (4) 以实施流转合同制和备案制为重点，建立健全规范化的流转管理工作制度和规程	(1) 对农地流转的主体、机制、前提、形式、底线等多个方面做出明确的说明 (2) 适应承包经营权"长久不变"，提出合同制和备案制等制度建设 (3) 对基本农田流转后的使用提出明确的限制范围
2009 年	中共中央国务院关于 2009 年促进农业稳定发展农民持续增收的若干意见	(1) 修订、完善相关法律法规和政策，赋予农民更加充分而有保障的土地承包经营权，现有土地承包关系保持稳定并长久不变。强化对土地承包经营权的物权保护，做好集体土地所有权确权登记颁证工作，将权属落实到法定行使所有权的集体组织；稳步开展土地承包经营权登记试点，把承包地块的面积、空间位置和权属证书落实到农户，严禁借机调整土地承包关系，坚决禁止和纠正违法收回农民承包土地的行为 (2) 建立健全土地承包经营权流转市场。鼓励有条件的地方发展流转服务组织，为流转双方提供信息沟通、法规咨询、价格评估、合同签订、纠纷调处等服务 (3) 实行最严格的耕地保护制度和最严格的节约用地制度。基本农田必须落实到地块、标注在土地承包经营权登记证书上，并设立统一的永久基本农田保护标志，严禁地方擅自调整规划改变基本农田区位 (4) 农村宅基地和村庄整理所节约的土地，首先要复垦为耕地，用作折抵建设占用耕地补偿指标必须依法进行，必须符合土地利用总体规划，纳入土地计划管理	从具体操作层面细化十七届三中全会所做出的与土地制度完善和改革的决议
2009 年	农业部关于推进农业经营体制机制创新的意见	(1) 承包地块、面积、合同和土地承包经营权证书没有落实到户的，2010 年底前要全部落实到户；基本农田已落实到地块和农户的，要尽快标注到土地承包经营权证书上。建立健全土地承包经营权登记制度，推进土地承包档案管理信息化。抓紧研究涉及土地承包关系长久不变的重大问题，推动修订完善相关法律法规和政策 (2) 总结各地采取财政补助、项目扶持等多种措施引导土地承包经营权流转的经验和做法，支持各地采取符合法律政策规定、群众乐于接受的多种方式进行土地承包经营权流转 (3) 建立有形的土地流转市场，搭建公开、公平、规范、有序的土地流转交易平台 (4) 加强土地承包经营权流转信息监测	强调土地承包经营权证的落实和土地流转市场建立
2009 年	中华人民共和国农村土地承包经营纠纷调解仲裁法	第十一届全国人民代表大会常务委员会第九次会议于 2009 年 6 月 27 日通过《中华人民共和国农村土地承包经营纠纷调解仲裁法》，对农村土地承包经营纠纷的调解和仲裁做出规范。农地承包经营纠纷包括： 因订立、履行、变更、解除和终止农村土地承包合同发生的纠纷； 因农村土地承包经营权转包、出租、互换、转让、入股等流转发生的纠纷； 因收回、调整承包地发生的纠纷； 因确认农村土地承包经营权发生的纠纷； 因侵害农村土地承包经营权发生的纠纷； 法律、法规规定的其他农村土地承包经营纠纷	调解和仲裁适用的各类纠纷中不包括征收集体所有的土地及其补偿发生的纠纷，后者可以通过行政复议或者诉讼等方式解决

时间	文件名称	主要精神	特点概括
2010 年	中共中央国务院关于加大统筹城乡发展力度进一步夯实农业农村发展基础的若干意见	（1）继续做好土地承包管理工作，全面落实承包地块、面积、合同、证书"四到户"，扩大农村土地承包经营权登记试点范围。加强土地承包经营权流转管理和服务，健全流转市场，在依法自愿有偿流转的基础上发展多种形式的适度规模经营。严格执行农村土地承包经营纠纷调解仲裁法，构建农村土地承包经营纠纷调解仲裁体系。按照权属明确、管理规范、承包到户的要求，继续推进草原基本经营制度改革。稳定渔民水域滩涂养殖使用权。鼓励有条件的地方开展农村集体产权制度改革试点（1）划定基本农田，实行永久保护。落实政府耕地保护目标责任制，上级审计、监察、组织等部门参与考核。加快农村集体土地所有权、宅基地使用权、集体建设用地使用权等确权登记颁证工作。力争用 3 年时间把农村集体土地所有权证确认到每个具有所有权的农民集体经济组织。农村宅基地和村庄整理后节约的土地仍属农民集体所有，确保城乡建设用地总规模不突破法	继续强调承包经营权确权和登记，建立土地承包经营权登记管理制度，将农地保护列入政府目标责任制，农地治理节约建设用地仍然归属集体
2010 年	农业部办公厅关于做好 2010 年农村经营管理工作的意见	（1）认真总结农村土地承包经营权登记试点经验，完善登记试点方案，扩大登记试点范围，保障必要工作经费，健全完善土地承包经营权登记管理制度。继续开展延包后续完善工作，全面落实承包地块、面积、合同、证书"四到户"。加强农村土地承包档案管理，推进土地承包管理信息化建设。加快制定《农村土地承包法》实施办法等地方配套法规，健全农村土地承包法律体系（2）强化土地承包经营权流转管理，推广使用土地流转合同标准文本，加强对大面积、长时间土地流转项目监管。加快培育土地流转服务组织，健全村有信息员、乡镇有中心、县市有网络的土地流转服务体系，开展信息发布、合同签订、政策咨询、价格评估、纠纷调处等服务（3）加快建立土地流转有形市场，健全交易规则，引导土地流转规范有序发展，在依法自愿有偿流转的基础上发展多种形式的适度规模经营。建立农村土地承包经营权流转情况监测制度，完善土地承包经营权流转管理办法	从操作层面落实中央年度一号文件的精神，在承包地确权登记、土地流转服务与市场建设方面细化措施
2011 年	国土资源部、中央农村工作领导小组办公室、财政部、农业部关于农村集体土地确权登记发证的若干意见	（1）农村集体土地确权登记发证是对农村集体土地所有权和集体土地使用权等土地权利的确权登记发证。农村集体土地使用权包括宅基地使用权、集体建设用地使用权等。农村集体土地所有权确权登记发证要覆盖到全部农村范围内的集体土地，包括属于农民集体所有的建设用地、农用地和未利用地（2）按照乡（镇）、村和村民小组农民集体三类所有权主体，将农村集体土地所有权确认到每个具有所有权的农民集体。凡是村民小组（原生产队）土地权属界线存在的，土地应确认给村民小组农民集体所有，发证到村民小组农民集体；对于村民小组（原生产队）土地权属界线不存在、并得到绝大多数村民认可的，应本着尊重历史、承认现实的原则，对这部分土地承认现状，明确由其农民集体所有；属于村农民集体所有的，土地所有权应依法确认给乡（镇）农民集体（3）属于村农民集体所有的，由村集体经济组织或者村民委员会受本农民集体成员的委托行使所有权；分别属于村内两个以上农民集体所有的，由村内各该集体经济组织或者村民小组代表集体行使所有权；属于乡镇农民集体所有的，由乡镇集体经济组织代表集体行使所有权；没有乡（镇）农民集体经济组织的，乡（镇）集体土地所有权由乡（镇）政府代管（4）宅基地使用权应该按照当地省级人民政府规定的面积标准，依法确认给本农民集体成员（5）按照不同的历史阶段对超面积的宅基地进行确权登记发证	在全国范围内进行农村集体土地确权登记。所有权登记，连同宅基地使用权、集体建设用地使用权登记和农地承包经营权确权登记，构成了集体土地所有权和使用权登记的完整信息记录体系。为农村集体土地登记数据库建设和地籍信息系统建立奠定基础

续表

时间	文件名称	主要精神	特点概括
2012 年	中共中央国务院关于加快推进农业科技创新持续增强农产品供给保障能力的若干意见	（1）加快修改完善相关法律，落实现有土地承包关系保持稳定并长久不变的政策 （2）按照依法自愿有偿原则，引导土地承包经营权流转，发展多种形式的适度规模经营，促进农业生产经营模式创新 （3）加快推进农村地籍调查，2012 年基本完成覆盖农村集体各类土地的所有权确权登记颁证，推进包括农户宅基地在内的农村集体建设用地使用权确权登记颁证工作，稳步扩大农村土地承包经营权登记试点 （4）加强土地承包经营权流转管理和服务，健全土地承包经营纠纷调解仲裁制度 （5）加快修改土地管理法，完善农村集体土地征收有关条款，健全严格规范的农村土地管理制度 （6）加快推进牧区草原承包工作。深化集体林权制度改革，稳定林地家庭承包关系，2012 年基本完成明晰产权、承包到户的改革任务，完善相关配套政策。搞好国有林场、国有林区改革试点。深入推进农村综合改革，加强农村改革试验区工作	在既有基础上继续推动农村土地制度建设。强调完成地籍调查、集体土地确权工作，扩大土地承包经营权登记试点 明确提出了修改土地管理法，完善土地征收条款的任务
2013 年	中共中央国务院关于加快发展现代农业进一步增强农村发展活力的若干意见	（1）鼓励社会资本投向新农村建设。鼓励企业以多种投资方式建设农村生产生活基础设施 （2）抓紧研究现有土地承包关系保持稳定并长久不变的具体实现形式，完善相关法律制度 （3）鼓励和支持承包土地向专业大户、家庭农场、农民合作社流转，发展多种形式的适度规模经营。结合农田基本建设，鼓励农民采取互利互换方式，解决承包地块细碎化问题 （4）探索建立严格的工商企业租赁农户承包耕地（林地、草原）准入和监管制度 （5）大力支持发展多种形式的新型农民合作组织。落实设施农用地政策，合作社生产设施用地和附属设施用地按农用地管理 （6）用 5 年时间基本完成农村土地承包经营权确权登记颁证工作，妥善解决农户承包地块面积不准、四至不清等问题。加快包括农村宅基地在内的农村集体土地所有权和建设用地使用权地籍调查，尽快完成确权登记颁证工作 （7）加快修订土地管理法，出台农民集体所有权征收补偿条例。严格规范城乡建设用地增减挂钩试点和集体经营性建设用地流转。农村集体非经营性建设用地不得进入市场	除了重申原有政策外，提出了几个值得注意的新信息。 （1）鼓励社会资本投资建设农村生产生活基础设施 （2）鼓励农民采取互利互换承包地 （3）要建立工商企业租赁农户承包农地准入和监管制度 （4）农民合作组织生产设施用地和附属设施用地按农用地管理 （5）用 5 年完成承包经营权确权工作 （6）再次提出农地征收补偿条例的修改 （7）农村集体非经营性建设用地不得进入市场
2013 年	中共中央关于全面深化改革若干重大问题的决定	（1）建立城乡统一的建设用地市场。允许农村集体经营性建设用地出让、租赁、入股，实行与国有土地同等入市、同权同价。缩小征地范围，规范征地程序，完善对被征地农民合理、规范、多元保障机制 （2）稳定农村土地承包关系并保持长久不变，赋予农民对承包地占有、使用、收益、流转及承包经营权抵押、担保权能，允许农民以承包经营权入股发展农业产业化经营。鼓励承包经营权在公开市场上向专业大户、家庭农场、农民合作社、农业企业流转，发展多种形式规模经营 （3）鼓励农村发展合作经济，扶持发展规模化、专业化、现代化经营。鼓励和引导工商资本到农村发展适合企业化经营的现代种养业，向农业输入现代生产要素和经营模式 （4）赋予农民对集体资产股份占有、收益、有偿退出及抵押、担保、继承权。保障农户宅基地用益物权，慎重稳妥推进农民住房财产权抵押、担保、转让，探索农民增加财产性收入渠道。建立农村产权流转交易市场，推动农村产权流转交易公开、公正、规范运行 （5）加快户籍制度改革，全面放开建制镇和小城市落户限制，有序放开中等城市落户限制，合理确定大城市落户条件，严格控制特大城市人口规模。稳步推进城镇基本公共服务常住人口全覆盖，把进城落户农民完全纳入城镇住房和社会保障体系，在农村参加的养老保险和医疗保险规范接入城镇社保体系	具有新意的政策点包括： （1）建立城乡统一的建设用地市场，允许农村集体经营性建设用地入市 （2）赋予农民对承包地占有、使用、收益、流转及承包经营权抵押、担保权能，允许农民以承包经营权入股发展农业产业化经营 （3）鼓励和引导工商资本到农村发展现代种养业 （4）放开中小城镇对农村人口的落户，提供基本公共服务续接 十八届三中全会的决议是从全面改革和发展的历史视角提出农村土地制度相关问题解决的发展框架

续表

时间	文件名称	主要精神	特点概括
2014 年	关于全面深化农村改革加快推进农业现代化的若干意见	(1) 完善农村土地承包政策。稳定农村土地承包关系并保持长久不变，在坚持和完善最严格的耕地保护制度前提下，赋予农民对承包地占有、使用、收益、流转及承包经营权抵押、担保权能 (2) 在落实农村土地集体所有权的基础上，稳定农户承包权、放活土地经营权，允许承包土地的经营权向金融机构抵押融资。抓紧抓实农村土地承包经营权确权登记颁证工作，充分依靠农民群众自主协商解决工作中遇到的矛盾和问题，可以确权确地，也可以确权确股不确地。切实维护妇女的土地承包权益 (3) 引导和规范农村集体经营性建设用地入市。在符合规划和用途管制的前提下，允许农村集体经营性建设用地出让、租赁、入股，实行与国有土地同等入市、同权同价。有关部门要尽快提出具体指导意见，并推动修订相关法律法规。各地要按照中央统一部署，规范有序推进这项工作 (4) 慎重稳妥推进农民住房财产权抵押、担保、转让试点。完善城乡建设用地增减挂钩试点工作，切实保证耕地数量不减少、质量有提高。加快包括农村宅基地在内的农村地籍调查和农村集体建设用地使用权确权登记颁证工作 (5) 加快推进征地制度改革。缩小征地范围。抓紧修订有关法律法规，保障农民公平分享土地增值收益，改变对被征地农民的补偿办法，除补偿农民被征收的集体土地外，还必须对农民的住房、社保、就业培训给予合理保障。因地制宜采取留地安置、补偿等多种方式，确保被征地农民长期受益	基本上是对十八届三中全会相关决议内容的重申，要求抓紧制定相关法规细则。在一些具体问题上有新的提法，如维护妇女的土地承包权益，在承包经营权确权过程中，根据实际情况可以确权确地，也可以确权确股不确地。因地制宜采取留地安置、补偿等多种方式，确保被征地农民长期受益
2014 年	国务院办公厅关于引导农村产权流转交易市场健康发展的意见	(1) 交易品种：农户承包土地经营权、林权、"四荒"使用权、农村集体经营性资产、农业生产设施设备、小型水利设施使用权、农业类知识产权、其他 (2) 交易主体：凡是法律、法规和政策没有限制的法人和自然人均可以进入市场参与流转交易。现阶段市场流转交易主体主要有农户、农民合作社、农村集体经济组织、涉农企业和其他投资者。对工商企业进入市场流转交易，要依据相关法律、法规和政策，加强准入监管和风险防范	对农村产权交易市场的各个主要方面进行了详细规定，特别是对交易内容、交易主体的规定给予了明确。值得注意的是没有排斥工商企业进入农村产权交易市场
2015 年	国务院关于开展农村承包土地的经营权和农民住房财产权抵押贷款试点的指导意见	按照所有权、承包权、经营权三权分置和经营权流转有关要求，开展承包土地的经营权和农民住房财产权抵押贷款业务。 展开两权试点的基本原则：一是依法有序。二是自主自愿。三是稳妥推进。四是风险可控	试点是力图从操作层面体现所有权、承包权、经营权三权分置和经营权流转政策的尝试

续表

时间	文件名称	主要精神	特点概括
2015 年	中共中央办公厅国务院办公厅印发《深化农村改革综合性实施方案》	(1) 深化农村土地制度改革的基本方向是：落实集体所有权，稳定农户承包权，放活土地经营权。落实集体所有权，就是落实"农民集体所有的不动产和动产，属于本集体成员集体所有"的法律规定，明确界定农民的集体成员权，明晰集体土地权归属，实现集体产权主体清晰。稳定农户承包权，就是要依法公正地将集体土地的承包经营权落实到本集体组织的每个农户。放活土地经营权，就是允许承包农户将土地经营权依法自愿配置给有经营意愿和经营能力的主体，发展多种形式的适度规模经营 (2) 开展农村土地征收、集体经营性建设用地入市、宅基地制度改革试点。农村土地征收制度改革的基本思路是：缩小土地征收范围，规范土地征收程序，完善对被征地农民合理、规范、多元保障机制，建立兼顾国家、集体、个人的土地增值收益分配机制，合理提高个人收益。集体经营性建设用地制度改革的基本思路是：允许土地利用总体规划和城乡规划确定为工矿仓储、商服等经营性用途的存量农村集体建设用地，与国有建设用地享有同等权利，在符合规划、用途管制和依法取得的前提下，可以出让、租赁、入股，完善入市交易规则、服务监管制度和土地增值收益的合理分配机制。宅基地制度改革的基本思路是：在保障农户依法取得的宅基地用益物权基础上，改革完善农村宅基地制度，探索农民住房保障新机制，对农民住房财产权作出明确界定，探索宅基地有偿使用制度和自愿有偿退出机制，探索农民住房财产权抵押、担保、转让的有效途径 (3) 深化农村土地承包经营制度改革。抓紧修改有关法律，落实中央关于稳定农村土地承包关系并保持长久不变的重大决策，适时就二轮承包期满后耕地延包办法、新的承包期限等内容提出具体方案。在基本完成农村集体土地所有权确权登记颁证的基础上，按照不动产统一登记原则，加快推进宅基地和集体建设用地使用权确权登记颁证工作。明确和提升农村土地承包经营权确权登记颁证的法律效力，扩大整省推进试点范围，总体上要确地到户，从严掌握确权确股不确地的范围。出台农村承包土地经营权抵押、担保试点指导意见。在有条件的地方开展农民土地承包经营权有偿退出试点	(1) 明确农村土地改革的基本方向是落实集体所有权，稳定农户承包权，放活土地经营权 (2) 提出农村土地征收、集体经营性建设用地入市、宅基地制度改革的基本思路 (3) 首次提出适时明确二轮承包期满后耕地延包办法、新的承包期限等内容
2015 年	中共中央关于制定国民经济和社会发展第十三个五年规划的建议	稳定农村土地承包关系，完善土地所有权、承包权、经营权分置办法，依法推进土地经营权有序流转，构建培育新型农业经营主体的政策体系。培养新型职业农民。深化农村土地制度改革。完善农村集体产权权能	

时间	文件名称	主要精神	特点概括
2016 年	中共中央国务院关于落实发展新理念加快农业现代化实现全面小康目标的若干意见	（1）坚持以农户家庭经营为基础，支持新型农业经营主体和新型农业服务主体成为建设现代农业的骨干力量。积极培育家庭农场、专业大户、农民合作社、农业产业化龙头企业等新型农业经营主体。支持多种类型的新型农业服务主体开展代耕代种、联耕联种、土地托管等专业化规模化服务。完善工商资本租赁农地准入、监管和风险防范机制。健全县乡村经营管理体系，加强对土地流转和规模经营的管理服务（2）继续扩大农村承包地确权登记颁证整省推进试点。到 2020 年基本完成土地等农村集体资源性资产确权登记颁证、经营性资产折股量化到本集体经济组织成员，健全非经营性资产集体统一运营管理机制。稳定农村土地承包关系，落实集体所有权，稳定农户承包权，放活土地经营权，完善"三权分置"办法，明确农村土地承包关系长久不变的具体规定。依法推进土地经营权有序流转，鼓励和引导农户自愿互换承包地块实现连片耕种（3）加快推进房地一体的农村集体建设用地和宅基地使用权确权登记颁证。推进农村土地征收、集体经营性建设用地入市、宅基地制度改革试点。完善宅基地权益保障和取得方式，探索农民住房保障新机制。总结农村集体经营性建设用地入市改革试点经验，适当提高农民集体和个人分享的增值收益。完善和拓展城乡建设用地增减挂钩试点。完善集体林权制度，引导林权规范有序流转，鼓励发展家庭林场、股份合作林场。完善草原承包经营制度	（1）提出以农户家庭经营为基础，发展新型农业经营主体，包括家庭农场、专业大户、农民合作社、农业产业化龙头企业等（2）支持新型农业服务主体开展代耕代种、联耕联种、土地托管等专业化规模化服务，提出完善工商资本租赁农地准入（3）提出完成土地等农村集体资源性资产确权登记颁证时间目标（4）在明确农村土地承包关系长久不变基础上完善"三权分置"（所有权、承包权、经营权）办法
2016 年	国务院关于深入推进新型城镇化建设的若干意见	（1）总结完善并推广有关经验模式，全面实行城镇建设用地增加与农村建设用地减少相挂钩的政策。高标准、高质量推进村庄整治，在规范管理、规范操作、规范运行的基础上，扩大城乡建设用地增减挂钩规模和范围（2）加快推进农村土地确权登记颁证工作，鼓励地方建立健全农村产权流转市场体系，探索农户对土地承包权、宅基地使用权、集体收益分配权的自愿有偿退出机制，支持引导其依法自愿有偿转让上述权益，提高资源利用效率，防止闲置和浪费。深入推进农村土地征收、集体经营性建设用地入市、宅基地制度改革试点，稳步开展农村承包土地的经营权和农民住房财产权抵押贷款试点	（1）在前期试点基础上全面推广城镇建设用地增加与农村建设用地减少相挂钩的政策（2）在土地确权基础上探索土地承包权、宅基地使用权、集体收益分配权的自愿有偿退出机制（3）开展农村承包土地的经营权和农民住房财产权抵押贷款试点

5.3　改革开放以来土地制度遵循的两条基本主线

　　通过对近 40 年自上而下颁布的与农地制度相关的法规政策的逐一梳理，我们就会发现，改革开放以来农地制度相关法规政策演进，自始至终贯穿了"改革"和"发展"两条基本线索：线索之一是在农村土地集体所有基础上，对土地承包制的确认和坚持。线索之二是在坚持承包制基础上，探索适应农业现代化和经济结构演进需要的所有权、承包权和经营权的各种具体实现形式。

　　第一条线索是秉承承包制对旧有人民公社生产经营制度的突破，并且以更加明确的方式、更加持久的时间将"两权分离"的基本制度框架予以确认。我们可以称为"改革"为核心的线索。第二条线索则是在第一条线索所提供的改革成果基础上,对"三权分置"的各种探索进行认可、鼓励和规范,目的在于促进农业生产和实现农业现代化,适应国家经济发展和结构演进而产生的各种挑战,我们可以称为以"发展"为核心的线索。

从时间的继起角度看,"改革"线索贯穿于农地制度相关的法规政策制定和演变的全过程,而"发展"的线索则是随着农业发展和农村社会经济结构演进不断出现新情况和新问题而逐渐显现并且不断加强。具体而言,从 1979 年的《中共中央关于加快农业发展若干问题的决定》开始到 1985 年,相关法规政策和文件,核心问题是围绕土地承包制的确立、农业生产的联产承包做法向林业、渔业和牧业等领域推广等方面展开。1986 年一号文件,即《中共中央、国务院关于一九八六年农村工作的部署》,是梳理近 40 年来涉农相关法规政策时值得注意的一个重要文件。该文件首次从农业现代化的发展目标出发,肯定农民必须向非农产业转移,鼓励耕地向种田能手集中,发展适度规模的种植专业户。自此,涉农相关的政策法规中的"发展"线索逐步明朗并且日渐加强。随后的 30 余年里,"发展"的线索贯穿一系列政策文件,探讨"三权分置"的具体实现形式和保持承包制确立的"两权分离"框架的稳定,构成农地制度相关法规政策的两大核心内容。

从两条线索本身的演进过程来看,近 40 年来的农地制度相关法规政策是在逐步深入,不断突破,不断完善,体现了与时俱进的精神。

以"改革"线索为例,1979 年最初的基本思路是在人民公社体制下通过管理手段的改进发展农业,并不触及农地制度的改革,虽然勉强表态可以联产计酬,但明文规定不许分田单干。1980 年仍然强调一家一户的生产与现代农业不相容,坚持大面积不搞承包制,但对边远山区和贫困落后的地区开了小口子,允许其包干到户。到 1982 年才全面正式肯定农民自下而上的农地制度创新,并且第一次正式将新的农业生产制度定性为"联产承包制",第一次将新的生产制度核心聚焦于"土地承包"。自此,1984 年一号文件明确土地承包期一般应在十五年以上,1985年强调联产承包责任制和农户家庭经营长期不变。1993 年第一次将过去所提的保持承包制长期稳定不变具体化为将承包期再延长 30 年。随后逐年强调延包长期稳定,并且在 2002 年以承包法的形式确定下来。2008 年进一步提出,赋予农民更加充分而有保障的土地承包经营权,在土地承包制度稳定性方面从"长期不变"的表达更新为"长久不变"的新提法,并且为此部署集体土地所有权确权登记和土地承包经营权登记工作,其中蕴含的意义值得玩味。

以"发展"的线索为例,在 1986 年提出促进耕地向种田能手集中,发展规模经营之后,一直就在探索和规范基于承包制基础的土地流转和农业发展制度创新。既强调规模经营必须尊重农民意愿,规模经营和土地流转不得剥夺集体经济组织成员的承包权，保护基本农田和限制农地它用，又肯定了在一些地方实行的承包期内"增人不增地、减人不减地"的办法。特别是从 20 世纪 90 年代开始，鼓励转包、转让、互换、入股等多种形式的土地使用权的流转，并且提出了土地流转的自愿、有偿和依法三项原则，对承包期内承包土地承包权的"小调整"做出了一些具体的限制性规定。从近 40 年的探索实践过程来看，由于各地实际情况千差万别，发展的环境也大不一样，在探索通过农地制度促进农业发展和经济结构演进的过程中，对一些具体做法的认识、评价和接受，也经历了若干反复。例如，在 80 年代后期国家鼓励进行规模经营的探索之后，对土地承包权调整的做法又做出了不断的跟进限制，1997 年叫停了在一些地方风行一时的"两田制"，2001 年国家明确反对由乡镇政府或村级组织出面租赁农户的承包地再进行转租或发包的"反租倒包"做法，并且之后不断进行重申。2002 年国家对土地租赁和土地入股的流转形式提出要从严控制。在 1998 年国家提出促进承包土地自愿、有偿和依法流转之后，于 2001 年国家认为全国大部分农村尚不具备推行土地流转、发展适度规模经营的条件，对工商企业到农村租赁农户承包地也不予提倡，但在 2013 年又明确鼓励承包经营权在公开市场上向专业大户、家庭农场、农民合作社、农业企业流转，发展多种形式规模经营，鼓励社会资本投资建设农村生产生活基础设施，建立工商企业租赁农户承包农地准入和监管制度。

两条线索演变的历史过程，归结起来可以刻画出中国农村土地制度演进的一个基本方向：那就是在不动摇农地集体所有的基本产权制度基础上，通过"三权分置"的途径，把农地的产权和耕地保护制度"做死"，农民家庭的承包权"做实"，把土地的经营权"做活"。所谓把农地的产权和耕地保护制度"做死"，就是坚持农村土地集体所有的根本制度不动摇，排除私有化和国有化的纷争，坚持最严格的耕地保护制度，奠定农业发展和国民经济的资源基础。所谓把农民家庭的承包权"做实"，就是从法律上明确农民对承包土地使用权的"长久不变"内涵，使得农民对承包地占有、使用、收益、流转及承包经营权抵押、担保权能得到完全保障。所谓把土地的经营权"做活"，则是将农民家庭承包的土地经营权以前述两条为基础，通过自愿、有偿和依法的原则，基于市场机制的作用进行流转和重组，实现效率最佳的配置，促进农业现代化的发展。

第6章 改革开放以来土地制度实践创新的比较研究

6.1 改革开放以来土地制度创新的主要模式比较

改革开放以来，主要的农村土地制度创新模式，包括"生不增，死不减"湄潭模式（现已推广到全国），"两田制"的平度模式，"土地股份合作制"的南海模式，"农户集资办社"的昆山模式，"规模经营+可转让的股份合作+宅基地置换"的苏南模式，"农村土地资本化"+"双放弃"的成都模式，"两分两换"的嘉兴模式，"地票+转户"的重庆模式，"乡镇主导集体建设用地使用权流转"的芜湖模式，"土地信托"的浙江模式等。改革开放以来主要农地制度创新模式比较见表 6-1，湄潭模式模式已全国普遍推广，本书在此不予比较。

表6-1 改革开放以来主要农地制度创新模式比较

模式	变迁类型	产生的条件	优点	问题	变迁成本及稳定性	适用对象	土地类型
平度模式	诱致型-强制性	①非农就业转移率较高；②农田生产条件优良；③劳动力与土地配置失调	在保障公平的同时提高了土地(责任田)的经营绩效	①强行推行规模经营；②集体控制土地收益	成本低；随着外部环境变化稳定性差	农业生产条件较好的地区	农用承包地
南海模式	诱致型	①非农化、工业化迅速发展；②征地矛盾突出	①确保农地的集体所有权不变；②土地进行非农用途时农民获得相应的增值收益	①股权固化、经营功能弱；②村委会和股份公司合二为一，无法有效监督	成本低；稳定性较好	经济发达地区及城郊地区	集体建设用地
昆山模式	诱致型	非农化、工业化迅速发展	①企业用地的可选择性较大；②减少了市场性合约的交易费用；③农民获得更多的土地增值收益	工业成片用地的交易成本相对较高	成本低；较好	经济发达地区及城郊地区	集体建设用地
苏南模式	诱致型-强制性	①工业化、城市化加快，征地矛盾突出；②农村人口向二三产业转移	①土地规模经营；②土地进行非农用途时农民获得相应的增值收益；③推进城镇化发展	—	成本相对较高；较好	经济发达地区及城郊地区	集体建设用地与承包地

模式	变迁类型	产生的条件	优点	问题	变迁成本及稳定性	适用对象	土地类型
成都模式	强制性	①农民主要收入来源为非农产业；②就业本地性稳）定性特征明显	①促进土地向规模经营集中、农民向城镇集中；②居民自由迁徙，农地自由退出；③促进城乡一体化	①政府资金有较高的要求；②社会保障制度相对完善	成本较高；较好	政府财力较强的大城市或发达地区	集体建设用地与承包地
重庆模式	强制性	①城镇化发展进程加速发展；②宅基地存在闲置、浪费的现象	①节约集约利用土地；②促进边远地区的农民分享土地增值收益；③整体设计，促进农村人口退出	①农地发展权弱化；②不利于城乡一体化，固化城乡壁垒；③执行效力待检验	成本较高；稳定性有待检验	全国大部分地区	非农建设用地及承包地
嘉兴模式	强制性	①政府具备雄厚的财政实力；②农村人口向二三产业转移，就业机会稳定	①增加城镇建设用地供给；②促进农地规模集约经营；③改善农村居住环境	①政策的公平性；②没有涉及土地产权基础，承包到期后产权的界定问题	成本较高；较好	经济发达地区	非农建设用地及承包地
芜湖模式	诱致型	工业化快速发展地区	①村集体不丧失土地所有权；②农民参分享工业化、城市增值收益收入增长	①乡镇双重身份，既是管理者又是实施者；②村民地位比较被动	稳定性好；成本低	全国大部分地区	集体建设用地
浙江模式	诱致型	农村人口向二三产业转移，就业机会稳定	①产权没有变化；②提高经营效率	不利于农地用途保护	稳定性好；成本低	经济发达地区	农用承包地

6.1.1　土地制度创新模式的不同处

从制度创新对象及产生的条件看，农村土地制度创新的对象分为三类（表6-1），一是集体建设用地模式创新，二是农用承包地模式创新，三是复合型农地模式创新（集体建设用地+承包地）。集体建设用地模式创新，主要有南海模式、昆山模式、芜湖模式等，其主要产生于非农化、工业化迅速发展，农村人口向二三产业大量转移，征地矛盾突出等地区；农用承包地模式创新，主要有平度模式、浙江模式，其主要产生于农村非农就业转移率较高，非农就业机会稳定，人均耕地相对较多，农田生产条件优良等地区。复合型农地模式创新一方面由于工业化、城市化加快发展，建设用地短缺，征地矛盾突出，不管是20世纪90年代的广东南海地区，还是现阶段的苏南、嘉兴等长三角地区以及成渝地区都面临同类问题；另一方面，由于农村人口向二三产业大量转移，农民主要收入来源为非农产业，且就业本地性和稳定性特征明显，最后，同样重要的基础条件，政府具备雄厚的财政实力。

从制度创新主体类型来看（表 6-1），南海模式、昆山模式、芜湖模式、浙江模式属于市场经济条件的变化，相关利益主体推动的诱致型制度创新，镇及村集体组织发挥了重要作用，在这些地方经济发展较快，对建设用地的需求激增，同时市场要素发育相对完善，经营管理形式向市场化方向转变具有基础。成都模式、重庆模式、嘉兴模式属于政府推动的强制型制度创新，目的在于统筹城乡发展，让农民分享土地增值收益，推动具备转移能力的农村人口的退出。平度模式、苏南模式前期是由相关利益主体推动的诱致型创新，后期是政府介入进一步推动的强制性创新，是双重主体作用的结果。

从制度创新的优越性和先进性来看，这些制度创新模式的优点集中在以下几个方面（表 6-1），一是相对清晰的界定所有权、承包权、使用权和收益权，如南海模式、昆山模式、芜湖模式、成都模式等；二是促进了规模经济，提高了经营效率，如平度模式、南海模式、浙江模式等；三是推动了农地入市市场化进程，农民获得了增值收益，如南海模式、芜湖模式、重庆模式、成都模式等；四是推动了城镇化的发展，如嘉兴模式、成都模式、重庆模式、苏南模式等，其中重庆模式可能对过高房价的平抑也是一种创新，在重庆模式中农地复垦指标可以用来加快公租房的建设。

从制度创新存在的问题及局限性来看（表 6-1），一是注重某一方面制度的改进，而忽视了其他方面制度的完善，如平度模式注重效率，相对忽视了公平；南海模式股权固化、资本功能弱问题；南海模式、芜湖模式等存在集体民主监督问题；昆山模式存在工业成片用地的交易成本相对较高等问题。二是制度衔接问题，重庆模式、成都模式、苏南模式、嘉兴模式等存在农村人口的代际公平问题，如重庆模式中，随着国家城乡社会保障的推进与完善，存在的较早退出人口与较晚退出人口的补偿公平问题。

从制度创新的成本及稳定性来看（表 6-1），一是制度运行成本过高问题，如重庆模式、成都模式、苏南模式、嘉兴模式，对政府财力有较高的要求。二是制度创新稳定性问题，如重庆模式、嘉兴模式稳定性有待检验。

从制度创新适用范围来看，不同的模式由于其产生的条件及所处的特定环境具有不同的适应性（表 6-1），其中芜湖模式、重庆模式适合全国大部分地区推广；苏南模式、嘉兴模式、南海模式、浙江模式、昆山模式适合经济发达地区及城郊地区；成都模式政府适合财力较强的大城市或发达地区。

6.1.2　土地制度创新模式的相同之处

一是制度创新朝着市场化方向发展，提高了资源配置的效率。围绕着农村土地制度的完善，各种创新模式都进行了一定程度的探索。平度模式的产生最初是为了应用机械提高效率，把农田（责任田）集中起来通过招投标的方式实现规模经营。南海模式、苏南模式的土地股份合作制也是探索市场配置资源的有效形式，昆山模式的集资办社及集体建设用地的出租、招投标，土地信托的浙江模式同样是市场化的运作，重庆模式、成都模式、嘉兴模式、芜湖模式等也都通过市场化手段推动土地资源向资本化转换，土地实物形态向以价值形态和资本形态转变。

二是制度创新以推进工业化、城镇化和规模经营为着眼点和落脚点，转变了农民的生产生活方式。改革开放以来的土地制度创新虽然形式各异，但都是围绕着提高土地使用效率和效益、推进规模经营、促进农民工转移等而来的，其结果大部分提高了土地使用效率和效益，促进了当地工业化的发展和农地规模经营，促进了农民增收，转变了生产生活方式，缩小了城乡发展差距等。

在土地经营模式创新过程中，各地积极探索推进土地向规模经营集中，农民居住向城镇集中等。平度模式通过责任田的集中与招标推动了规模经营。南海模式通过村集体的统一经营与规划，实现了农用地向规模经营集中、工业向园区集中、村民向集中居住区集中。浙江模式通过土地信托实现了土地规模经营。嘉兴模式、苏南模式、成都模式通过土地整理置换，建设农民集中居住区，节约了耕地资源。承包地的规模经营，土地使用效率的提高，从事非农生产的劳动力能够有效地转移出来，对农村人口的迁移具有重要意义。

三是部分制度创新在一定程度上提高了农民的收益，但收益分配及监督机制还不完善。集体建设用地市场化或部分市场化流转让农民分享了农地用途改变的收益，尽管分享的还只是其中的部分收益，如芜湖模式中农民分享土地增值收益的50%。重庆模式中，农村宅基地使用权指标交易，农民家庭获得部分收益，如果大部分归农民家庭所有，将推进农民市民化的转变。嘉兴模式中通过"两分两换"农民以不太大的代价获得了新社区的住房，其土地承包经营权收益及原集体资产收益也基本没有受到影响。南海模式中，农民的整体收益也有较大的提高，尽管存在村干部监督问题，但股份合作制符合农民的长远利益。通过土地使用机制创新，农民参与了一定的土地增值收益分配，但还存在收益分配比例不高、保证公平等问题。

四是从发展趋势看，主要创新模式在一定程度上有趋同的趋势。实践中，较早进行制度创新的平度模式、苏南模式都在探索转型与改进。平度模式已实现"两田制"向现代化农业规模经营成功转型，农业合作社、龙头企业、地理标志产品以及其载体适度规模土地为农业现代化注入活力。随着经济社会发展阶段的转型，苏南模式已从20世纪80年代的为解决"撂荒"问题的承包地规模经营探索向综合探索转型，农村展开"土地股份合作制""宅基地置换""农房置换商品房"等实验。南海模式在实践中也在进一步探索，股权的可转让性有所改变。后期出现的重庆模式、成都模式、嘉兴模式等都在土地股份合作、农村土地整治、农村人口退出进行了整体的设计与探索。整体来看，农地制度创新朝着土地资本化、土地规模经营、建立集体建设用地市场的方向发展。

6.2　土地制度创新主要模式的绩效分析

以上各种农村土地制度创新在不同的方面进行了有益的探索，对于我国农业现代化路径选择，城镇化健康发展以及工业化、城镇化和农业现代化协调发展具有重要意义。对于一种制度创新，其带来的影响是方方面面的，其绩效如何评价，特别是对农村土地制度创新绩效评价，目前还没有成熟的方法。陈志刚（2005）认为农地产权的配置应效率优先，至于公平问题可以通过资本化手段、地租再分配等来实现。张笑寒和张瑛（2009）认为制度创新效率和公平均十分重要，效率目标侧重于经济角度的评价，而公平目标则侧重于社会与政治角度的评价。

6.2.1　分项绩效分析

本书选取制度创新所带来的经济、社会、生态、公平等方面的改变与创新发生前的制度水平进行对比来进行衡量。其中，经济方面选取劳动生产率、土地生产率、农民人均纯收入、农民人均纯收入与所在市比值四个指标；社会方面选取户籍人口城镇化率、农业人口数量两个指标；生态方面选取反映耕地保护情况的耕地面积指标；公平方面选取城乡收入比指标，通过上述指标的变化率来考察其绩效。

各模式选取的为该模式中有代表性的县（市、区）进行考察，时间起点尽量与该模式的产生时间相一致，因为情况差异，考察时间段有所差异，主要农地制度创新模式发展指标及状况见表 6-2，其绩效指标对比见表 6-3。

表 6-2　主要农地制度创新模式发展指标及状况

		经济				社会		生态	公平
		劳动生产率/(元/人)	土地生产率/(万元/hm²)	农民人均纯收入/元	农民人均纯收入与所在市比值	户籍人口城镇化率/%	农业人口数量/万人	耕地面积/hm²	城乡居民收入比
平度模式（平度市）	1987~ 1996	17 48 20 21	0.266 0.315	722 26 12	0.989 0.995	5.4 9.4	118.21 119.08	173 733 172 240	1.70 1.86
南海模式（南海区）	1993~ 2003	12 462 16 139	1.427 3.015	31 33 79 30	1.173 1.199	28.9 31.9	68.89 72.60	37 900 35 500	2.09 1.87
昆山模式（昆山市）	2000~ 2010	13 652 36 252	1.139 1.167	55 10 14 824	1.004 1.011	47.0 57.2	31.52 30.45	45 910 18 170	1.57 1.75
苏南模式（吴中区）	2001~ 2010	11 174 14 289	2.101 3.233	58 11 14 527	1.213 0.991	30.2 73.4	40.87 16.0	25 876 70 37	1.46 2.21

续表

		经济				社会		生态	公平
		劳动生产率/(元/人)	土地生产率/(万元/hm²)	农民人均纯收入/元	农民人均纯收入与所在市比值	户籍人口城镇化率/%	农业人口数量/万人	耕地面积/hm²	城乡居民收入比
成都模式（温江区）	2005~2010	5 935 12 508	2.160 2.354	4 864 10 007	1.085 1.220	44.1 78.9	18.41 7.80	12 060 14 025	2.31 2.18
重庆模式（江津区）	2007~2011	5 335 5 315	0.747 0.882	4 535 8 694	1.292 1.342	26.3 37.0	108.82 94.8	102 518 114 407	2.67 2.22
嘉兴模式（南湖区）	2008~2010	16 426 19 266	0.764 0.757	11 516 14 605	0.998 1.017	68.7 68.7	14.68 14.81	22 553 21 984	1.84 1.70
芜湖模式（南陵县）	2001~2010	3 089 4 979	0.860 1.006	2 664 7 861	0.968 1.003	10.9 15.0	49.0 47.12	33 054 32 917	2.26 1.70
浙江模式（绍兴县）	2000~2010	6 541 15 176	1.494 2.451	5 505 16 685	1.105 1.222	13.9 42.1	62.33 41.79	27 953 22 860	1.71 1.93

注：①资料来源：《青岛年鉴》（1988），《青岛统计年鉴》（1997），《山东统计年鉴》（1988，1997），《中国县（市、区）经济社会统计年鉴》（1987，2002），《佛山统计年鉴》（1994，2004），《南海年鉴》（1994），《苏州统计年鉴》（2001，2002，2011），《成都统计年鉴》（2006，2011），四川统计年鉴（2006，2011），《重庆统计年鉴》（2008），《嘉兴统计年鉴》（2009，2011），芜湖统计年鉴（2011），《安徽农村经济统计年鉴》（2002，2011），《绍兴县统计年鉴》（2010，2011）；《中国农产品价格年鉴》（2011）；各县（市、区）相关年份国民经济与社会发展统计公报

②土地生产率为耕地生产率，即

$$\text{土地生产率} = \frac{\text{农业产值}}{\text{耕地面积}}$$

劳动生产率为农林牧渔业综合劳动力生产率，即

$$\text{劳动生产率} = \frac{\text{农业总产值}}{\text{农林牧渔业从业人员}}$$

③农业总产值和农业产值以1985年为基期，用农产品生产价格指数和种植业价格指数进行了修正，剔除了价格因素的影响

表6-3　主要农地制度创新模式绩效指标对比

		经济（B_1）				社会（B_2）		生态（B_3）	公平（B_4）
		农业劳动生产率年增长率 B_{11}/%	土地生产率年增长率 B_{12}/%	农民人均纯收入年增长率 B_{13}/%	农民人均纯收入与所在市比值年均增长百分点 B_{14}/%	城镇化率年均提高百分点 B_{21}/%	农业人口年均增加百分点 B_{22}/%	耕地面积年均增加 B_{31}/hm²	城乡居民收入比年均增加量 B_{41}
平度模式（平度市）	1987~1996	1.62	1.90	15.36	0.1	0.44	0.1	−166	0.02
南海模式（南海区）	1993~2003	2.62	7.77	9.73	0.3	0.30	0.5	−240	−0.02

续表

		经济（B_1）				社会（B_2）		生态（B_3）	公平（B_4）
		农业劳动生产率年增长率 B_{11}/%	土地生产率年增长率 B_{12}/%	农民人均纯收入年增长率 B_{13}/%	农民人均纯收入与所在市比值年均增长百分点 B_{14}/%	城镇化率年均提高百分点 B_{21}/%	农业人口年均增加百分点 B_{22}/%	耕地面积年均增加 B_{31}/hm²	城乡居民收入比年均增加量 B_{41}
昆山模式（昆山市）	2000～2010	10.26	0.24	10.4	0.1	1.02	−0.3	−2774	0.02
苏南模式（吴中区）	2001～2010	2.77	4.90	10.72	−2.5	4.80	−9.9	−2094	0.08
成都模式（温江区）	2005～2010	16.08	1.74	15.52	2.7	6.96	−15.8	393	−0.03
重庆模式（江津区）	2007～2011	−0.09	4.24	17.67	1.2	2.68	−3.4	2972	−0.11
嘉兴模式（南湖区）	2008～2010	8.30	−0.47	12.62	0.9	0.00	0.4	−285	−0.07
芜湖模式（南陵县）	2001～2010	5.45	1.76	12.78	0.4	0.46	−0.4	−15	−0.06
浙江模式（绍兴县）	2000～2010	8.78	5.07	11.73	1.2	2.82	−3.9	−509	0.02

从农村人口的退出和户籍城镇化水平提高来看，在户籍城镇化率提高方面，各种模式的实际效果差别较大，从表 6-3 可知，苏南模式（吴中区），成都模式（温江区），重庆模式（江津区），浙江模式（绍兴县），城镇化率年均提高较快，分别为 4.80%、6.96%、2.68%、2.82%，前三种制度创新都为综合型的制度设计，所以对农村人口的吸纳效应较大，而且前三地都为城市规划发展区，除土地制度及户籍制度等创新的动力外，城市本身的发展动力也会导致部分人口成为城镇居民。绍兴县是经济发达地区，二三产业发展较快，也在一定程度上促进了城镇化水平的提高。从农业人口的减少来看，除平度市、南海区、嘉兴南湖区，其他地区农村人口均有不同程度的减少与退出，其中，苏南模式（吴中区），成都模式（温江区），重庆模式（江津区），浙江模式（绍兴县），农业人口降低比例较高，分别达到年均减少 9.9%、15.8%、3.4%、3.9%，远高于 2001～2011 年间全国农业人口年均减少 0.3% 的比例，这也与这些地方户籍城镇化水平增长较快相一致。南海区户籍城镇化水平的提高及农业人口的退出都较缓慢，可能跟土地股份制的股权的流动性较差有一定的关系。另外，芜湖模式、昆山模式农业人口的退出的效应也不太明显，前者年均减少 0.4%，后者年均减少 0.3%，接近于全国平均水平，平度模式、嘉兴模式农业人口在增加，也说明在这类土地创新模式下，对农民的退出激励效应不明显。

　　从土地（耕地）生产率年增长率变化来看，南海区、绍兴县、江津区、吴中区生产率增长较快，见表6-3，土地生产率年增长率保持在4%以上，据梁流涛和梅艳（2011）的研究，1997～2004年间我国土地生产率平均每年增加0.2%，土地生产率增加的行政区有17个，占54.8%。除嘉兴南湖区外，以上各县市区土地生产率年增长率均为正值，而且大大超过全国平均水平，可见，这些土地创新方式对土地生产率的提高效果是明显的。

　　从农业劳动生产率来看，除重庆模式（江津区），其他土地制度创新模式的典型地区农业劳动生产率年增长率都大于0，其中，昆山模式（昆山市）为10.26%，成都模式（温江区）为16.08%，嘉兴模式（南湖区）为8.30%，浙江模式（绍兴县）为8.78%，年增长率都在8%以上（表6-3），与这些地方土地适度规模经营程度较高和地权稳定是相关的。例如，浙江省绍兴县，2010年土地流转率为55.8%；成都市温江区截至2011年6月，农用地流转面积为10.54万亩，占农用地面积的48%，其中20亩以上土地规模经营面积7.38万亩，占总流转面积的70%；嘉兴市南湖区2011年土地流转面积为7.7万亩，流转率超31.5%；昆山市2011年更是90%以上土地实现了规模经营。

　　从农民人均纯收入年增长率来看（表6-3），各个创新模式中的农民人均纯收入年增长率都较高，基本上都超过了10%，南海模式南海区（9.73%）除外，重庆模式的年增长率达到了17.67%，成都模式达到了15.52%，南海模式的早期农民人均纯收入也增长较快，从1992～1998年农民人均纯收入年均增长达到16.5%。各种土地经营制度创新，虽然具体形式不同，但都改善了资源配置状况与效率，不管是集体建设用地资产化，还是土地规模经营效率的提高，都不同程度地有利于农民收入的增长。

　　从耕地面积的变化情况来看，除成都温江区、重庆江津区外，多数土地经营制度创新情况下耕地面积实践中都是减少的（表6-3），其中，昆山市年均减少2774hm^2，吴中区年均减少2094hm^2，绍兴县年均减少509hm^2，耕地面积变化较大，这些地方都属于经济发达地区，对建设用地的需求量相对较大，例如，2004年昆山市成为中国最富十强县的榜首，同时该年的耕地面积也是2000～2010年十年间耕地面积减少最多的一年，耕地面积减少17 350hm^2，占2000～2010年耕地减少面积的62.5%。

　　从城乡居民收入比来看，南海区、温江区、江津区、南湖区、南陵县城乡居民收入比均有所下降，平度市、昆山市、吴中区、绍兴县城乡居民收入比有所扩大，但比率不是太大（表6-3）。前者城乡收入比减少的地方多为集体建设用地能够入市交易的地方，与征地方式相比改变了村民参与集体土地增值收益分配的状况。

　　总体来看，农村土地制度创新促进了农业劳动力的转移，提高了农业生产率，增加了农民收入，部分地方还增加了耕地面积。从农村人口退出效果来看，成都模式、苏南模式、浙江绍兴模式、重庆模式效果明显。从劳动生产率的提高来看，成都模式、昆山模式、嘉兴模式效果较好，从土地生产率的提高来看，南海模式、苏南模式、浙江绍兴模式效果较好。从农民收入提高来看，成都模式、重庆模式、嘉兴模式、浙江绍兴模式、平度模式效果较好。从生态效果来看，成都模式、重庆模式、芜湖模式效果较好。从公平的角度来看，大部分土地制度创新有利于城乡差距的缩小，如南海模式、成都模式、重庆模式、嘉兴模式、芜湖模式，城乡居民收入均有所下降，同时土地制度创新也涉及集体组织内部成员之间的公平，一般而言集体股份制的公平效果相对较好，因此也得到了广泛的采纳，如前面分析，多种集体建设用地制度创新转向了土地股份制。

6.2.2　综合绩效评价

为进一步分析主要农村土地制度创新的综合绩效，在上面评价指标的基础上引入层次分析法进行综合评估。层次分析法的基本思想就是将组成复杂问题的多个元素权重的整体判断转变为对这些元素进行"两两比较"。步骤如下。

（1）建立递阶层次结构。最上面的层次为总目标层，通常只有一个元素；中间层的元素一般是准则层和子准则层；最低层一般是方案层。

（2）构造判断矩阵。编制权重专家评议表，专家根据经验和专业知识，确定第 i 个指标相对于第 j 个指标的相对重要性比值，比值的确定方法如表 6-4 所示。

表 6-4　比值的确定

含义	取值
两个指标同等重要	1
如果认为第 i 个指标比第 j 个指标稍微重要	3
如果认为第 i 个指标比第 j 个指标更为重要	5
如果认为第 i 个指标比第 j 个指标很重要	7
如果认为第 i 个指标比第 j 个指标绝对重要	9
两个指标比较的情况介于上述相邻情况之间	取中间值 2、4、6、8

审核收回后的专家评议表，剔除一些偏激的判断，形成综合判断矩阵。

（3）计算单权重值和最大特征根。将综合判断矩阵数据，运用方根法按照式（6-1）和式（6-2）即可计算出每个考核指标的单权重和最大特征根。

准则层第 i 个指标的权重 ω_i，即特征向量，其公式为

$$\omega_i = \varpi_i / \sum_{i=1}^{n} \varpi_i \qquad (6\text{-}1)$$

式中，ϖ 表示判断矩阵每一行元素的乘积的 n 次方根。

最大特征根，其公式为

$$\lambda_{max} = \frac{1}{n} \sum_{i=1}^{n} (A\omega)_i / \omega_i \qquad (6\text{-}2)$$

式中，ω 为 ω 的转置矩阵。

（4）一致性检验。为了评价构造矩阵的特征向量是否合理，需进行一致性检验，一致性指标：$CI = (\lambda_{max} - n)/(n-1)$（其中，$n$ 为判断矩阵的阶数），当 $n \leq 2$ 时，$CI = 0$。再计算随机一致性比例 CR，$CR = CI/RI$，RI 为平均随机一致性指标，根据 Saaty 的计算，RI 值如下。

当 $n=1$，2 时，$RI=0$；当 $n=3$ 时，$RI=0.58$；当 $n=4$ 时，$RI=0.90$

当 $n=5$ 时，$RI=1.12$；当 $n=6$ 时，$RI=1.24$；当 $n=7$ 时，$RI=1.32$

当 $n=8$ 时，$RI=1.41$；当 $n=9$ 时，$RI=1.45$；当 $n=10$ 时，$RI=1.49$

当判断矩阵满足 $CR < 0.1$ 时，认为判断矩阵的一致性可以接受，否则需要重新调整判断矩阵。

（5）计算权重体系及总一致性检验。将步骤（3）得到的层次单排序的结果转换得到权重体系，每个下级指标的权重等于自身相对于同层次其他指标的权重与对应上层指标的权重乘积。总随机一致性指标的计算公式如下：

$$CR = \frac{\sum_{i=1}^{n} a_i CI_i}{\sum_{i=1}^{n} a_i RI_i} \qquad (6\text{-}3)$$

式中，a_i 为一级指标的权重；CI_i，RI_i 分别为其对应的一致性指标值和平均随机一致性指标值。

按照指标数值的大小对土地制度创新综合绩效贡献的大小，指标分为正向指标（其值越大表示综合效益越高）和负向指标（其值越大表示综合效益越低），各指标类型见表 6-5。

表 6-5　指标类型

序号	指标	指标含义	指标类型
1	B_{11}	劳动生产率年增长率	正向指标
2	B_{12}	土地生产率年增长率	正向指标

续表

序号	指标	指标含义	指标类型
3	B_{13}	农民人均纯收入增长率	正向指标
4	B_{14}	农民人均纯收入与所在市比值年均增长百分点	正向指标
5	B_{21}	城镇化率年均提高百分点	正向指标
6	B_{22}	农业人口年均增加百分点	负向指标
7	B_{31}	耕地面积年均增加	正向指标
8	B_{41}	城乡居民收入比年均增加	负向指标

对所有指标进行一致化处理，均将其转为正向指标。无量纲化处理公式如下：

当指标为正向时，

$$B_{ij} = \frac{B_{ij} - \min(B_{ij})}{\max(B_{ij}) - \min(B_{ij})}$$ （6-4）

当指标为负向时，

$$B_{ij} = \frac{\max(B_{ij}) - B_{ij}}{\max(B_{ij}) - \min(B_{ij})}$$ （6-5）

指标处理结果详见表 6-6。

表 6-6　指标处理结果

	B_{11}	B_{12}	B_{13}	B_{14}	B_{21}	B_{22}	B_{31}	B_{41}
平度模式（平度市）	0.106	0.288	0.709	0.500	0.063	0.025	0.454	0.316
南海模式（南海区）	0.168	1.000	0.000	0.538	0.043	0.000	0.441	0.526
昆山模式（昆山市）	0.640	0.086	0.084	0.500	0.147	0.049	0.000	0.316
苏南模式（吴中区）	0.177	0.652	0.125	0.000	0.690	0.638	0.119	0.000
成都模式（温江区）	1.000	0.268	0.729	1.000	1.000	1.000	0.551	0.579
重庆模式（江津区）	0.000	0.572	1.000	0.712	0.385	0.239	1.000	1.000
嘉兴模式（南湖区）	0.519	0.000	0.364	0.654	0.000	0.006	0.433	0.789
芜湖模式（南陵县）	0.343	0.271	0.384	0.558	0.066	0.055	0.480	0.737
浙江模式（绍兴县）	0.549	0.672	0.252	0.712	0.405	0.270	0.394	0.316

构造判断矩阵并计算各指标单层权重（表 6-7～表 6-9）。

表 6-7 判断矩阵 B_1-P

B_1	B_{11}	B_{12}	B_{13}	B_{14}
B_{11}	1.000	2.000	0.360	0.833
B_{12}	0.500	1.000	0.250	0.500
B_{13}	2.778	4.000	1.000	2.500
B_{14}	1.200	2.000	0.400	1.000

表 6-8 判断矩阵 B_2-P

B_2	B_{21}	B_{22}
B_{21}	1.000	0.259
B_{22}	3.861	1.000

表 6-9 判断矩阵 A-B

A	B_1	B_2	B_3	B_4
B_1	1.000	2.071	2.857	3.571
B_2	0.483	1.000	1.548	2.786
B_3	0.350	0.646	1.000	1.929
B_4	0.280	0.359	0.519	1.000

运用式（5-2）计算各判断矩阵最大特征值（表 6-10）。

表 6-10 判断矩阵最大特征值

	矩阵 A-B	B_1-P	B_2-P
λ_{max}	4.0273	4.1303	2

考核指标权重及其一致性计算结果见表 6-11。

表 6-11 考核指标权重及其一致性分析表

准则层		方案层				总权重	
名称	权重	名称	单权重	CI	CR	权重值	CR
经济 B_1	0.463	劳动生产率年增长率 B_{11}	0.135	0.0434	0.0483 ＜0.1	0.088	0.0483＜0.1
		土地生产率年增长率 B_{12}	0.07			0.050	
		农民人均纯收入增长率 B_{13}	0.538			0.228	
		农民人均纯收入与所在市比值年均增长百分点 B_{14}	0.257			0.098	
社会 B_2	0.259	城镇化率年均提高百分点 B_{21}	0.206	—	—	0.053	
		农业人口年均增加百分点 B_{22}	0.794			0.206	
生态 B_3	0.175	耕地面积年均增加 B_{31}	1.000	—	—	0.175	
公平 B_4	0.103	城乡居民收入比年均增加 B_{41}	1.000	—	—	0.103	

运用表 6-6 的数据和表 6-11 的总权重计算主要土地创新模式绩效指标值及综合排名（表 6-12）。

表 6-12　主要土地创新模式绩效指标值及综合排名

	综合绩效	经济绩效	社会绩效	生态绩效	公平绩效	排名
平度模式（平度市）	0.355	0.234	0.008	0.079	0.033	9
南海模式（南海区）	0.619	0.389	0.010	0.101	0.120	6
昆山模式（昆山市）	0.415	0.299	0.045	0.000	0.072	8
苏南模式（吴中区）	0.547	0.218	0.303	0.027	0.000	7
成都模式（温江区）	1.397	0.683	0.456	0.126	0.132	1
重庆模式（江津区）	1.119	0.521	0.142	0.228	0.228	2
嘉兴模式（南湖区）	0.630	0.350	0.001	0.099	0.180	5
芜湖模式（南陵县）	0.660	0.355	0.028	0.109	0.168	4
浙江模式（绍兴县）	0.814	0.498	0.154	0.090	0.072	3

从表 6-12 中可以看出，各种集体土地经营制度创新经济效益明显，社会效益、生态效益和公平效益相对不明显，且差异较大。从综合绩效来看，成都模式、重庆模式效果最好，排在第 1 位和第 2 位，浙江模式、芜湖模式、嘉兴模式分排第 3 位、第 4 位、第 5 位。从经济绩效来看，成都模式、重庆模式、浙江模式效果较好；从社会绩效来看，成都模式、苏南模式、浙江模式、重庆模式效果较好；从生态绩效来看，重庆模式、成都模式、芜湖模式效果较好；从公平绩效来看，重庆模式、嘉兴模式、芜湖模式效果较好。

6.3　土地制度改革与创新的案例分析——湖北案例

6.3.1　孝南区"360+X"

1. 模式简介与特点

孝南区"360+X"模式发源于孝南区三汊镇龙岗村，三汊镇东距武汉市天河机场 26km，距武汉市区 45km，西距孝感市区则 12km，区位、交通十分优越。三汊镇每年有 1/3 左右的人口外出打工。随着村里外出打工人数日益增多，村里种地的都是 60 岁左右的老人，土地撂荒严重。"明天谁来种田"的问题一直困扰着龙岗村。离村庄远的耕地几年都没人种。

2011 年在孝感农发行的支持下，湖北春晖集团与龙岗及周围的 4 个村建立了龙岗土地股份合作社，流转四村土地 6000 多亩。龙岗土地股份合作社（以下简称合作社）是独立的市场经营实体，由湖北伟业春晖米业有限公司、上述 4 个村的村集体、

669 户农民共同组建。其中，村集体和农民以土地入股，每亩折 1 股，共折股 6004.6 股，占总股份 11 773.73 股的 51%。龙岗村流转土地 4000 亩，基本上实行了整村土地流转，流转农户 474 户，占全村承包户数的 92.4%，所以又称为"龙岗模式"。

农民参加合作社可以获得六项收益，分别是租金、股份分红、薪金、管理金、农业补贴和"机金"。每亩入股土地每年获得 360 斤中籼稻租金；股金年终按股分红，每股大于等于 0；在合作社务工劳动每天可以获得薪金报酬 100 元；从事农田管理的人员 1500 元/月，另加每日 9 元的务餐补助；各种农业财政补贴全归农民；农民有农机设备加入合作社的，可以另外分成，因此称为"360+X"模式。

合作成立后，2011～2012 年，春晖集团先后投入了 7500 万元的资金，用于龙岗土地合作社建设。一是整理土地，将入股土地统一建成每块 30～50 亩的高产农田，整理土地 5000 多亩，新增实用可耕地 15%左右。二是累计投入 4800 万元，创办了春晖农业科学技术研究院。三是建设了现代化育秧工厂，智能化谷物烘干厂等现代化的生产设备。四是实行生产各个环节统一管理，全程机械化作业。

截至 2013 年底，龙岗村土地入股的农户达到了 97.3%，而春晖集团采取土地入股、长期流转、季节性流转等方式已在孝感流转土地 12.3 万亩，组建了一批农业合作社，扶持家庭农场 30 多个，并发展"订单农业"近 40 万亩。

2. 模式的成效

一是探索了现代农业的发展。农民专业合作社发挥湖北春晖集团资本优势和科技优势，不但破解了土地利用率不高的难题，而且破解了农业生产中的资金和技术瓶颈，大幅提高了农业的科技含量，推动农业规模生产发展，在发展现代农业上进行了有益探索。以龙岗村为例，入股前全村有农户二轮延包面积 1811.39 亩，村集体无机动地，户平耕地 3.53 亩，人均 0.81 亩，在家种田的绝大多数是妇女和 60 岁以上的老年人，每年都有大量的抛荒面积。土地股份合作社成立后再也看不到一块抛荒田。合作社实行基地管理"七统一"标准化操作，节约了时间，减少了费用，极大地提高了农业生产力。在"龙岗模式"的示范带动下，三汊镇新增土地流转面积 13 000 亩；孝南区全区土地流转面积累计达到 12.65 万亩，占全区二轮承包面积的 28%，其中流转面积在 500 亩以上的达到 33 000 亩。有很多资本进入农村的例子，但是多是进入特色种植领域，进入粮食生产领域的并不多，春晖模式对于现代农业的规模发展是一个很好的探索范例。

二是增加了合作社农民收入，较好地保护了农民的利益。龙岗土地股份合作社，通过股份合作创新，农民的保底分红收益大于等于零，收益随市场变化而变化。

合作社成立后，2011～2013 年社员亩均收入情况见表 6-13，可以看出社员入股收益实现了逐年增长，租金年均增长 12.3%，股金年均增长 11%，再加上国家惠农补贴亩均总收入年均增长 11.8%。对于大部分家庭来说，入股合作社后农业收入较入股前有了一定的增加，例如，龙岗村村民李荣松，入股前家里有 9 亩田，只耕种 5 亩田，年均纯收入 3000 元，入股后由于土地平整，净增加了 8 亩田，2011 年获得收入 7245.4 元（表 6-14），2012 年 8415 元。同时，大部分农户由于土地入股，劳动力解放出来出去打工，做生意，又可以获得额外的劳务性收入和经营性收入。

表 6-13　龙岗土地股份合作社 2011～2013 亩均收入及增长情况

类别	2011	2012	2013	年均增长/%
租金/元	385.2	450	486	12.3
股金/元	41	45	50.5	11.0
种粮补贴/元	115.4	141	141	10.5
合计	541.6	636	677.5	11.8

表 6-14　部分合作社社员入社前后收入对比（2011 年）

社员	年龄	入社前		入社后	
		耕种面积	净收入/元	入股面积/亩	净收入/元
李荣松	72	9 亩田，耕种 5 亩	3000	17	7245.4
吴云华	60	5.5 亩田	1700	5.5	2975.5，另：工资 800/月
李洪华	55	7 亩田	约 3500	12	6500，另：工资 1800/月
王玉兰	62	17 亩田，耕种 12 亩	3600	17	7500，另：工资 1375/月

三是推动了农业人口转移与退出。以龙岗村为例，该村现有 11 个村民小组，543 户，2230 人，劳动力 1007 人。土地流转前全村常年在外打工 879 人，占全村劳动力的 87.3%；在家务农 228 人，占全村人口 10.2%（表 6-15）。在家务农人员中以 60 岁以上的老人（89%）及女性居多（53.5%），高中及高中以上文化程度 6 人，其他均为初中及初中以下。

表 6-15　龙岗村土地流转前人口及就业情况（2011）　　　单位：人

人口（2230）				
劳动力（1007）			非劳动力（1223）	
外出打工	在家务农	其他	在家务农	其他
879	25	103	203	1020
87.3%	2.5%	10.2%	16.6%	83.4%

自 2011 年至今，龙岗村现有被合作社被长期聘用的农工有 20 多人，他们的月工资为 1500 元，季节性临时用工 100 人左右，从事农业生产的人数大大减少，常年从事农业生产的只占到原来的 10%左右，季节性用工可以外出兼职。此外，春晖集团先后安排 518 位村民到下属各公司和农业合作社打工，帮助 317 位农民到外地务工经商。

土地入股合作社后，龙岗村农民从土地上解放出来，年轻人外出经商打工再无后顾之忧，老人从农业生产解放出来，促进了当地农村人口的就近转移。2012 年以来，龙岗村所在的三汊镇新增个体营业网点 132 个，新增城镇住户 452 户，新增城镇人口 1400 人。土地入股后 2013 年龙岗村的人口从业情况见表 6-16，可以看出，与入股前相比，龙岗的土地股份合作模式推动了农村人口的向外转移与退出。

表 6-16　土地入股后龙岗村的人口从业情况（2013）

从事农业生产		外出务工经商	其他
农工	季节性农工		
20	约 100	约 1000	—

3. 模式的问题

一是合作社（企业）的可持续性发展问题。相当于经济作物种植，粮食生产利润较少，有时还受天气情况的干扰，可能亏本。从企业层面看，2011 年，春晖集团在经营合作社的流转土地后，实现水稻单产 1200 斤，比上年提高 50 斤，经营收入达到 781.68 万元。但是，除开每亩每年 360 斤中籼稻（折合人民币 385.2 元）的农户流转土地租金，还付出了每亩 41 元的"盈余分红"共计 426.2 元，再加上其他生产成本和田间管理费用，公司实际上已处于"盈亏点"了。集团负责人也承认利润主要来源于中下游环节。

除此之外，地方政府在农田基础设施建设上也整合涉农资金给予了合作社大量补助。2010～2011 两年间，孝南区政府除了动用本级财力，还通过积极向上争取项目资金，共整合商品粮基地改造项目资金 350 万元、土地整理项目资金 1460 万元、粮食直补项目资金 250 万元、农机购机补贴资金 520 万元，协调落实信贷资金 600 万元，集中投向春晖集团公司，以帮助他们进行农田水利基础设施建设与流动资金周转。此外，孝南区允许春晖集团以流入的土地承包经营权抵押贷款，用于改善生产条件，发展主导产业。

可以看出，合作社的发展与企业的发展息息相关，企业的经营绩效也影响到合作社的稳定发展，而且，由于农业的弱质性，对于农业生产经营主体不管是农业龙头企业还是家庭种植大户或者其他主体，政府对于农业基础设施或者其他方面的适当补贴仍是必需的。

　　二是农民转移与就业的稳定性问题。龙岗土地股份合作社成立时，还有37 户农民不愿意入社。据龙岗村四组一位农民讲，之所以不愿意入社不在于每亩每年 360 斤稻谷的租金是多了还是少了，而是因为春晖集团签订的合同为 20 年。这么长的期限，万一国家形势变了或者外面打工出了问题要回家种田怎么办？这也说明部分农户对专业大户和农业企业所持有顾虑，以及对就业前景的担忧，不敢轻率地割裂与土地的联系。而且，有部分农民不具有从事非农产业的能力，具有种田愿望和种田能力，也不愿意失去土地，他们一无文化，二无技术，不可能长期靠打工过日子，土地以及副业收入依然是他们主要的生活来源。

　　对土地全部流出的农户和贫困户，孝南区由劳动和社会保障、民政和工商等部门优先纳入保障范围，并给予失地农民待遇，在经商税费、小额贷款等方面给予减免照顾。此外，还需建立健全各项保险制度，通过社会保障措施的完善，增强农民流出土地的"安全感"，稳定农民心理预期。此外，现有的政策没有设计农民从合作社退出的问题，尚需完善。

6.3.2　鄂州：新社区建设与农村产权改革

　　鄂州市是湖北面积最小的地级市，位于湖北省东部，全市国土面积为 1596km^2，下辖鄂城区、华容区和梁子湖区三区，户籍人口为 107 万。由于面积小、工业发达、城镇人口多，鄂州市城镇化水平在全省仅次于武汉市，2009 年 4 月，鄂州市被湖北省委、省政府确定为全省城乡一体化综合配套改革试验区。随着鄂州市经济快速发展，城镇建设用地的需求量增大，农村建设用地超标及闲置现象严重，为集约节约利用土地，统筹城乡用地，鄂州市推进农村新社区建设，并相继推进农村产权改革，推动城乡一体发展。

1. 主要做法

　　一是兴建农村新社区，集约利用农村建设用地。为率先实现城乡一体化，《鄂州市城乡总体规划（2009～2020）》提出了"全域鄂州"的规划理念：规划建设106 个新社区，每个社区 300～500 户的规模，将全市 320 个行政村逐步集并为 106个社区。

　　据测算，建设 106 个农村新社区人均用地为 25.8m^2，相当于原来农村宅基地面积的 1/3 左右，全市 106 个新社区建成后，可节约耕地 5.1 万亩。例如，鄂城区杜山镇东港村将 12 个自然塆合并为三个农村新社区，农村新社区只占地 400 亩，可以腾出 2086 亩宅基地复垦为耕地（表 6-17）。截至 2013 年 3 月，鄂州已建成和正在建设的新社区达到 63 个，占规划的 59%。新社区提供了比较完善的基础设施和比较完备的公共服务，让农民在不离土、不离乡的情况下，实现向"居民"的转变，推动了城乡统筹发展。

表 6-17　鄂州市部分在建农村新社区土地集约节约利用情况

新社区	新社区用地/亩	入住户数/户	节约建设土地/亩
鄂城区燕矶镇池湖社区（一期）	240	160 多	约 300 多
鄂城区泽林镇楼下村福盛社区和大畈上社区	200	可入住 2000	800
鄂城区凤凰街办司徒村司徒翰林苑	400	650	1200
鄂城区杜山镇东港村东港社区	400	约 1000	2086
华容区蒲团乡横山社区	198.7	361	近 800

新社区的建设需求大量的启动资金，为解决新社区建设的融资问题，鄂州市出台了一系列有关农村新社区建设、城乡建设用地增减挂钩、土地整治的文件，从而把土地整治、迁村腾地与建设用地增减挂钩、小城镇建设、新农村社区建设相结合。复垦土地一部分留做村集体经济用地，另一部分通过"增减挂钩"调作城市建设用地指标。这样，不仅解决了新社区建设资金来源的问题，也解决了部分城市用地问题。同时，为解决"挂钩指标"交易问题和推动农村土地流转，鄂州市启动了农村产权改革。

二是开展农村产权确权登记，成立农村综合产权交易所，推动农村土地流转交易。鄂州市从 2012 年开展农村产权确权登记工作，除了土地承包经营权，农民还可以办理水域滩涂养殖权、房屋所有权、林权和集体建设用地使用权的确权登记。截至 2014 年 5 月，鄂州已经对农村土地承包经营权、林权、水域滩涂养殖权、房屋所有权和集体土地所有权进行了全面清理，累计发放各类权证 22.8 万份，已发面积 285.76 万亩。在进行确权登记后，农民可以用以上五种产权进行抵押贷款，并进行其他方式流转。截至 2014 年 8 月份，鄂州市共办理"五权"抵押贷款 1.94 亿元。

2012 年 9 月，鄂州市农村综合产权交易所正式成立，为农村各类产权和指标交易提供平台。鄂州市制定出台了《鄂州市农村产权交易管理办法（试行）》《鄂州市指标交易管理暂行办法》等一系列文件，对指标交易规则、农村产权交易规则、流程和管理办法等明确规定。2012 年验收复垦的耕地面积为 1500 亩，完成土地指标交易 1023 亩，交易资金为 1.63 亿元，2013 年启动了第二批指标交易试点，完成指标交易金额 2.1 亿元。截至 2014 年 10 月，该中心共交易建设用地挂钩指标 61 宗，面积 2770 亩，成交金额达 4.4 亿元。

2. 典型社区：峒山社区

鄂州市鄂城区长港镇峒山村，属于非物质文化遗产村，有古铜镜、麦秆画、农家戏曲等非物质文化资源。峒山村有 6 个自然湾，11 个村民小组，915 户，3723人。全村耕地面积 11 000 亩。2009 年，峒山村被纳入鄂州市农村新社区建设试点村和百里长港示范区重点建设村。自试点以来，该村将本地农业产业化、现代企业引进与新社区建设三者同步推进。通过宅基地的置换、土地增减挂钩等，保证基本农田面积不减，建设和城市标准基本相同的新社区，实现了农村人口就近转移。

一是完善规划。对峒山新社区 10.7km^2 的土地进行全域规划：以改造山（峒山）边、改建路边（汽李线）、拆改水边（长港）为原则，山边打造峒山古村落；路边统一的建筑风格；水边原则上拆迁，打造百里长港示范区的中转站和旅游观光码头。在产业规划确定为"以生态环境为主的休闲观光旅游业"。2010 年 6 月 18 日，峒山被正式命名为"湖北旅游名村"。

二是以企代村，产业兴村。在编制出完整的建设规划下，由峒山村委会注册成立了峒山农业发展公司（作为峒山村新社区投融资平台和项目建设主体），公司与村委会和党总支合署办公，按企业化管理、公司化经营的模式运作，注册资本已由最初 50 万元增加到 1000 万元。公司通过招商引资，重点引进一批技术含量高、环境污染少、经济效益好、农业关联度高的发展项目，以农业产业支持峒山新社区的发展。已成功引进 12 个项目，它们分别是浙江千亩花卉苗木基地、华中农业大学 2000 亩教学科研教学示范基地、鄂州元隆生态农业园、峒山艺术创意产业园、峒山旅游区生态农家乐、大自然精细花卉苗木基地等。

三是多形式推动新社区建设。有了产业培育的先期基础，峒山村积极推进新社区建设。采取旧村改造和新社区建设同步进行，峒山古村落如寺湾、大湾、漳湾、大背主要发展旅游业，村落以改造为主，其他村湾以搬迁为主，集中到新社区居住。新社区规划占地面积 131 440m^2，建筑面积 70 365.6m^2，总户数 256 户，一期工程 58 户居民点已完成并迁入，节约的土地由村集体集中管理，用于土地规模经营和集体建设。

四是土地规模经营，农村人口自由就业。峒山村农业发展公司将峒山新社区经营田通过入股集中起来，统一对外发包，全村 11 000 亩耕地都由农业发展公司管理，公司付给居民租金和股金收入。农民流转出土地后，就业更自由，他们既可以就近就业，也可外出创业。峒山村引进的 12 个项目为本村劳动力转移提供了就业空间，提供就业岗位上百个，现在峒山村的外出务工人员正在回流，感觉在家打工合算。

五是完善社会保障。村级集体经济收入的增加又推进了社会保障的完善。从2010 年开始，凡经营田被集并的村民，个人所交医保部分，统一由峒山农业发展公司交纳；子女考取大学、高中的，按不同标准补贴 5000 元到 1 万元不等；独生子女每年都有 120 元保健费；纯女户家庭 60 岁以上家庭成员，每人每年补贴 300 元；70 岁以上老人，每人每年补贴 500 元；60 岁以上的老党员，每人每年补贴 300 元。峒山社区配套的这些惠民措施，又解决了农民的后顾之忧。

六是社区容貌大变化。新社区建起了"八位一体"综合服务中心，包括村级办公场所、农民转移就业培训中心、警务室、医务室、超市、文化活动中心、健身休闲广场、幼儿园。在共享的基础设施方面，峒山新社区已形成路网、电网、供排水网、广播电视电话互联网和供气等"五网"全贯通。社区服务中心设有民政、科技、农技、卫生等服务窗口，镇服务点人员集中时间在此办公，使居民享受到一站式服务和自助式服务。

3. 成效

鄂州新社区与土地产权改革，实现了土地生产要素的合理流动与配置，盘活了农村资产，不仅增加了农民收入，改善了农村面貌，村民到居民的改变，也推动了农民就业方式的改变，有益于农村人口的就近城镇化。

从经济效益来看，鄂州新社区建设与土地产权改革通过土地利用方式的变化，实现了农村和小城镇产业升级，从低效农业向高效农业、现代工业和第三产业（文化旅游业）转变，增强了个人和集体的经济实力。峒山村、横山村、东港村等土地向规模经营的方向发展，带动了农产品加工、生态农业和生态旅游业发展。据有关部门的统计，已入住新社区的 2 万多居民，从事非农产业的占 42%以上，来自非农产业的收入占农民人均纯收入 75%以上。以峒山村为例，通过农业发展公司，把分散经营的农户组织起来，向股份化、公司化转制，农民实现了劳动收入、资产收入等多元化收入。在 2009 年前，峒山村年人均纯收入 5610 元，全村年产出约 2088 万元，每平方公里土地产值约为 195 万元。2012 年，每年土地出租费达 500 元/亩，农民年人均纯收入超过 8000 元，每年村级集体经济收入超过 96 万元，全村年产出近 400 万元，土地产值达到每平方公里 288 万元左右，增长 48%。

从农村人口城镇化来看，随着土地利用方式的变化和产业的升级，一方面，改变了城乡隔离下农村人口单边向城市流动农村衰败的现象，另一方面，促进了就近城镇化的健康发展，促进了城镇新区和小城镇的发展。产业支撑下农村人口在家门口创业就业，参与工业化、现代化并分享现代化成果，改变了人口城乡过度单向流动。峒山村 2009 年前也是如此，每年 90%的青壮年劳动力外出务工，虽然有务工收入，家乡面貌却无改观，峒山从产业培育着手，通过土地制度创新，城市的资金、技术、人才、观念的流动加快向农村渗透和转移，实现了部分农民工的回流，实现农村的发展、农民（居民）生活的改善。由于这些社区一般区位条件较好，基本上实行了农村生活的城镇化，随着未来的发展也将逐步成为城镇发展区，是一种自下而上的城镇化，避免了城市化过程中造成大量"失地农民"问题。

6.4　人口退出视角下土地制度改革与创新的效果评价

从前面分析可以看出，各种集体土地经营制度创新成效显著，经济效益明显，部分社会效益突出，从农村人口退出效果来看，差异较大，本节对其分类进行分析。

6.4.1　建设用地

农村集体建设用地存在的主要问题是土地流转受限，农村土地需经征收（征用）变为国有土地才能进行开发建设，宅基地流转范围极其有限，农民没有合理分享工业化和城镇化过程中土地的增值收益。

针对上述问题，有些地方对集体建设用地流转与开发进行了大胆的探索。目前集体建设用地的流转与开发主要有五种方式：集体建设用地入股；宅基地换住房，承包地换社保；集体建设用地置换城市建设用地指标；集体建设用地入市；宅基地流转（表 6-18）。

表 6-18　主要集体建设用地创新模式人口退出效果

模式	具体内容	人口退出效果	问题	改进之处
集体建设用地入股（南海模式、苏南模式）	由社区股份合作公司作为改造单位对村庄实施改造、开发，村民以其宅基地入股改造项目并参与项目利润的分配	短期效果不明显，长期效果较好	股权流动合法化问题；集体组织及其他经营组织侵害农民个体利益	推动股权的合法自由流动，完善监督和法律、法规保障，如制订《农村集体经济组织法》等
宅基地换住房，承包地换社保（嘉兴模式、成都模式、苏南模式）	农民放弃农村宅基地和承包地，宅基地置换城市住房或农村新社区住房，承包经营权置换城市社保	农村人口退出效果很好	农民没有太多的选择权。安置取决于政府资金、政策力度	完善程序，让农民参与其中，给予农民选择权
集体建设用地置换城市建设用地指标（重庆模式）	以区县或市为范围，建设农民经济安居房，多点开发，农民自主选择，并可以以宅基地及房产抵扣房款。或在交易中心交易整理后的建设用地指标	农村人口退出效果很好	尝试较少，条块管理上有一定协调难度	出台政策文件明确农民的土地增值收益
集体建设用地入市（芜湖模式）	集体经营性建设用地由地方乡镇政府或者集体经济组织委托的机构整理开发后，对外招拍挂，乡镇政府（代理机构）、集体组织和农民按一定比例分成	农村人口退出效果一般，长期来看效果较好	时机成熟时集体土地和国有土地的有效转换问题	出台相关文件及指导意见予以规范
宅基地流转	突破村集体的限制，在区域或乡镇范围内置换、交易宅基地，空闲宅基地由村集体统一有偿收回，再经农村产权交易管理信息平台公开出让	农村人口退出效果较好	还处在试点阶段	需进一步完善"两证"，扩大流转范围，搭建流转平台

"集体建设用地入股"较多存在于城中村、城郊村、园中村，为集体建设用地"市场化"主导模式之一。在南海模式中户籍城镇化水平的提高及农业人口的退出都比较缓慢，可能跟土地股份制的股权的流动性较差有一定的关系，而苏南模式是一种多种探索的模式，该模式中农村土地既可入股，股份又可以转让或与城市指标置换，相应的农村人口的退出较为显著。长期来看，股份合作制模式逐渐淡化了农村人口对农村土地的实际占有概念，逐步转化一种概念上的权利，一种能获得收益的经济权利，对于农村资产的流动和农村人口的退出具有重要的意义。对于该模式的改进，一方面是完善相关规定推动股权的自由流转合法化，明确集体经济组织成员股权的流转性、继承性；另一方面是避免村集体及相关组织对农民权益的侵害，完善相关法律法规，如制订《农村集体经济组织法》等，明晰农村集体经济组织的相关权利。

"宅基地换住房，承包地换社保"属于"国有化"主导模式，适用于即将城镇化的地区。地方政府整片推动的土地整理与农民集中居住，农民的权益相对较好地得到保障，而且，农村人口彻底放弃了农村资源，置换了城镇发展资源，对于他们从农村退出和市民化具有决定性意义，也是一种较为彻底的退出方式。但是农民没有太多的选择权（包括住房位置等），农民放弃农村宅基地、土地承包经营权，需要大量资金、相对健全的社保、就业机制等加以支撑，对地方财政实力有较高的要求。

"集体建设用地置换城市建设用地指标"适用于相对偏远的农村地区，农民宅基地复垦后，拥有置换出的城市发展指标，农民有较大的自主选择，既可以在县（市、区）为范围，选择农民经济安居房，也可以获得置换指标交易价值补偿，扩大农民自主权，根据自己的能力渐进城镇化，有利于加快农村地区有条件农民的城镇化。实践中采用这种模式主要是重庆市，从人口退出绩效来看，这种模式农村人口的退出效果较好，排在第四位。存在的问题主要是住宅整理置换出的城市用地指标的农民的收益分配份额及权益保证问题，实践中存在"地票"交易价格较高，达到十几万/亩，但农民所得极为有限。

"集体建设用地入市"属于产权不变，集体经营性建设用地按照与国有建设用地"同地、同价、同权"入市，适于工业化和城镇化快速发展地区。集体经营性建设用地流转，在地方城市规划和土地规划的范围内，通过集体经济组织（或委托代理方）市场化方式操作，村集体农民参与收益分配，分享工业化和城镇化过程中土地增值收益，较好地维护了农民的土地权益。芜湖模式农业人口的退出效应不太明显，另外可以看作该模式变形的昆山模式人口退出效果也不明显，可以看出，在农村人口集体土地产权不变更的情况下的土地创新模式，对农民的退出激励效应不明显。由于该模式较好地维护了农民的利益，且多发生在工业化城镇化快速发展地区，长期来看，该类地区很可能发展为城镇化地区，关键是如何处理好集体经济组织成员的收益权流动问题，以及城市与城镇规划区集体土地和国有土地的转化问题，在此基础上能成建制地推动农村人口的市民化转化。

"宅基地流转"模式突破了村集体内的流转限制，目前还处于试点阶段。资金仍然是制约农村发展与农村人口退出进城的"软肋"，该模式用经济手段引导和规范宅基地跨集体组织流转、置换和有效配置，探索在县域行政区域范围建立农村宅基地置换、有偿使用、有偿退出机制，有条件地赋予了农户对土地的处分权，还原农地的资产属性，有利于盘活农村闲置宅基地，增加农民收入，增强农民市民化的经济积累，推进农村人口向城镇转移。

6.4.2　承包地

现行的农用地采取"集体所有，农民承包"的制度，即采取集体家庭统分结合的双层经营机制，承包年限 30 年调整一次，基本上是贵州湄潭模式的推广。承包地可以出租、转包、转让、入股、互换、拍卖等，《农村土地承包经营权流转管理办法》做了详细规定。十八届三中全会进一步允许抵押担保探索。2014 年中央 1 号文件提出所有权、承包权和经营权三者分离，促进土地要素自由流动，引导土地有序流转。

由于现有的家庭土地承包制度存在一些问题，如承包权不稳定、土地流转率不高以及土地的社会保障功能突出等，不仅影响了农业生产率的提高，也不利于农村人口的退出，一些地方在农用地承包制度和经营制度进行了探索和创新，主要农用地创新模式人口退出效果如表 6-19 所示。

表 6-19　主要农用地创新模式人口退出效果

类型	类别	内容	人口退出效果	缺点	适用地区	需改进之处
承包制度创新	土地承包长久不变	以农村二轮承包为基础，进行土地承包关系长久不变的改革，代表地区有湄潭、嘉善	有利于农村人口退出	农村内部土地分化明显，部分农村人口成为无地人口	全国大部分地区	修改相关法律法规，承包经营权进一步物权化
	两田制	将承包地划分为责任田和口粮田两部分，责任田采取招标承包方式，口粮田按人口进行平均分配，典型代表地区为平度	有利于农村人口退出	集体控制土地收益，完善相关制度规范责任田的收益分配	非农就业转移率较高，生产条件优良的地区	修改相关法规政策规定，承认其合法性
经营制度创新	土地股份合作制	在自愿的基础上农户将土地承包经营权量化为股权，农户凭股权入股合作社或股份公司，按股分红	长期来看有利于农村人口退出	股权的流动性问题以及收益分配问题	发达地区及一些城市郊区，农民有充分的就业机会	推动股权的合法自由流动，完善监督和法律法规保障

续表

类型	类别	内容	人口退出效果	缺点	适用地区	需改进之处
经营制度创新	承包地换社保	农民获得城镇或农村养老保险待遇,但以放弃土地承包经营权为代价	非常有利于农村人口退出	农民的长期发展问题	主要适应于城镇规划区范围内	解决退出农民长期发展问题
	土地银行	农户自愿把自己承包的土地使用权委托给他人(集体、企业或个人)经营或转包。目前,委托经营模式主要出现在浙江,以绍兴的"土地信托"最为典型	非常有利于农村人口退出	不利于农地用途保护	二三产业发达,农地流转供需活跃的发达地区	完善政府的支持
	土地市场	建立土地流转交易平台土地市场,为交易双方提供交易信息和场地,代表地区为成都	非常有利于农村人口退出	—	流转交易频繁,非农产业发达区域	政府的财力和人力支持

　　在土地承包制度上,"土地承包长久不变"主要针对土地承包期限经常调整带来的土地细化和不稳定问题,如湄潭县规定在第一轮土地承包到期后,第二轮土地自动延长 50 年,以稳定农民的生产预期。一些其他地方如浙江嘉善也在探索土地承包经营权长久不变。由于使用权长久不变,稳定了农民的生产预期,更长的稳定的使用年限也相当于提高了土地的价值,有利于土地的长期流转,也有利于农民做出长期迁移决策,因此,有利于增强农村人口的退出能力,推动农村人口的退出。

　　"两田制"该模式通过对承包地类型的细分,进行了土地规模经营的探索,从而土地的规模经营水平和生产效率,在全国大部分地区推广,后因存在村集体组织损害农民的利益等问题被叫停,后来出现的农村集体组织反租倒包经营也存在同样的问题。两田制提高了规模经营水平和生产效率,解放了部分农村劳动力,有利于农村人口的离农和迁移,从农村人口退出的角度来看具有积极意义。其存在集体组织损害农民利益的问题在目前农村新型自治体制下可以通过制度予以规范。

　　在承包地流转经营上,除了传统的家庭承包经营,以及鼓励有基础、有余力的家庭及专业大户等通过转让、转包、互换、入股、出租等流转实现规模经营外,一些地方在一些在土地股份合作制、承包地换社保、土地银行、土地市场等方面进行了探索(表 6-19)。

　　"土地股份合作制"有利于吸纳社会资本进入农业和农村。把农民土地集中在一起之后,也便于规模化经营,提高土地利用效率,农民同时保留产权。同时,土地股份合作制模糊了农民的土地界限和实际占有,长期来看,成为一种土地收益权,也有利推进农村人口退出,关键是解决土地股份的合理流转问题及土地的收益问题。同时土地股份合作制模式本身的一些问题，如集体组织的委托代理可能损害农民的利益，也须重建农民合作组织予以规范。

"承包地换社保"不仅是解决农民社会保障问题的积极探索，也是推进土地规模经营的有效探索。农民以土地承包经营权置换社会养老保险这种模式，实现了农民由家庭养老向社会养老的转变，有利于农村人口成建制的整体退出。从实践结果来看，嘉兴模式农业人口在增加，而苏南模式中农业人口迅速减少，这跟两种模式的特点有关。嘉兴的"两分两换"模式在置换宅基地时并不要求置换承包地，将两者的置换分开，以宅基地置换为核心，推动承包地的置换；而苏南模式的"双置换"在进行宅基地的置换时，同时置换承包地。该模式需要具备一定的条件，二三产业发达，就业机会稳定经济发达地区，政府具备雄厚的财政实力。

"土地银行"也可以称为土地信托模式。该模式中，在维持产权现状的情况下，承包人自愿将一定期限内的土地使用权租赁（信托）给土地银行并获益，土地银行在约定期限内将其贷给其他单位和个人。通过土地银行的零存整贷，不仅实现了土地规模化经营，也节约了流转交易费用。该模式与土地股份制一样通过土地的集中经营模糊了土地的实际位置，变成了一种收益的权利，有利于农村人口做出长期迁移的决策，也有利于推动农村人口的退出。

"土地市场"模式通过建立土地流转交易平台，促进土地流转中的价格竞争机制的形成，实现农地高效流转。农地的高效流转对农村人口的流动和退出具有推动作用，通过价格竞争提高流转收益一方面提高农村人口流转土地的意愿，较少对土地的黏性；另一方面也增强农村人口退出的资金积累。但土地市场的建立也有条件，需要政府的财力和人力支持，适宜流转需求旺盛的地区。

综合来看，各种主要土地制度创新人口退出效果存在差异，"宅基地换住房，承包地换社保""集体建设用地置换城市建设用地指标""土地银行""土地市场"等模式人口退出效果很好；"土地承包长久不变""两田制""宅基地流转"模式有利于农村人口退出；"土地股份合作制""集体建设用地入市"模式人口退出效果一般，长期来看人口退出效果较好。

6.5　人口退出视角下各地区土地制度改革模式比较分析

从土地制度创新适用范围来看，不同的模式由于其产生的条件及所处的特定环境具有不同的适应性，例如，"土地股份合作制"模式、"两分两换"模式、"土地银行"模式等适合经济发达地区及城郊地区，非农化发展水平较高；"两分两换""集体建设用地置换城市建设用地指标"模式等对政府财力有较高的要求，适合财力较强的大城市或发达地区，应根据各地的情况因地制宜选择合适的有利于农村人口退出的土地改革模式。本节对全国 31 个省（不包括香港、澳门、台湾）不同省域的农村发展情况进行聚类分析，进而分析不同类别地区适用的有益于农村人口退出的土地改革模式。

6.5.1　定义问题、选择分类变量与数据预处理

由于我国地域广大，东西南北差别较大，再加上地形地貌、区位等因素差异明显，各个省域单位农村发展情况、发展条件、发展基础差异较大，为找出农村发展情况类似的省域可以采用聚类分析方法进行分析。聚类分析是直接比较样本中各指标（或样本）之间的"性质"，将性质相近的归为一类，性质差别较大的归为不同类。常用的聚类方法有：系统聚类法（层次分析法）、动态聚类法（逐步聚类法）、模糊聚类法等。其中，系统聚类法是将类由多变到少的聚类分析法，它的突出优点是聚类结果不依赖元素的初始排列或输入次序，聚类结果比较稳定，不易导致类的重构。因此，本书选用系统聚类法对省域单位聚类分析。

本书预选取人均地区生产总值、二三产业产值占生产总值的比例、农民人均纯收入、工资性收入占农民人均纯收入比例、城镇人口比例、农村人均农林牧渔产值、人均公共财政收入、人均耕地面积、家庭人均经营耕地面积、农村人均机械总动力 10 个指标对 31 个省域单位进行聚类分析。2013 年 31 个省域单位（不包括香港、澳门、台湾）的各指标情况及其描述统计量见表 6-20、表 6-21，由于其均值差别较大，需进行标准化处理，结果见表 6-22。

表 6-20　31 个省（不包括香港、澳门、台湾）各项指标情况（2013）

地区	人均地区生产总值/元	二三产业值占生产总值的比例/%	农民人均纯收入/元	工资性收入占农民人均纯收入比例/%	城镇人口比例/%	农村人均农林牧渔产值/元	人均公共财政收入/元	人均耕地面积/(亩/人)	家庭人均经营耕地面积/(亩/人)	农村人均机械总动力/(kW/人)
北京	93 213	99.2	18 337	65.6	86	16 479	17 312	0.21	0.50	0.810
天津	99 607	98.7	15 841	57.4	82	15 400	14 122	0.56	1.58	2.070
河北	38 716	87.6	9 102	57.5	48	14 365	3 131	1.36	1.89	2.650
山西	34 813	93.9	7 154	56.5	53	7 729	4 688	1.78	2.50	1.700
内蒙古	67 498	90.5	8 596	19.7	59	23 160	6 891	4.44	10.40	2.940
辽宁	61 686	91.4	10 523	40.0	66	25 234	7 617	1.42	3.78	1.530
吉林	47 191	88.4	9 621	18.8	54	20 876	4 205	3.04	8.27	2.130
黑龙江	37 509	82.5	9 634	20.7	57	27 157	3 331	4.64	13.56	2.840
上海	90 092	99.4	19 595	62.5	90	15 026	17 016	0.19	0.26	0.530
江苏	74 607	93.8	13 598	56.0	64	17 552	8 273	0.93	1.25	1.260

续表

地区	人均地区生产总值/元	二三产业值占生产总值的比例/%	农民人均纯收入/元	工资性收入占农民人均纯收入比例/%	城镇人口比例/%	农村人均农林牧渔产值/元	人均公共财政收入/元	人均耕地面积/（亩/人）	家庭人均经营耕地面积/（亩/人）	农村人均机械总动力/（kW/人）
浙江	68 462	95.2	16 106	57.1	64	13 070	6 906	0.56	0.54	1.130
安徽	31 684	87.7	8 098	46.1	48	10 983	3 441	1.4	1.89	1.680
福建	57 856	91.1	11 184	46.4	61	18 177	5 616	0.55	0.73	0.740
江西	31 771	88.6	8 781	50.4	49	9 993	3 585	0.96	1.57	0.780
山东	56 323	91.3	10 620	48.3	54	17 732	4 685	1.2	1.64	2.580
河南	34 174	87.4	8 475	42.3	44	11 934	2 566	1.26	1.62	1.850
湖北	42 613	87.4	8 867	43.6	55	16 489	3 779	1.23	1.71	1.300
湖南	36 763	87.4	8 372	54.9	55	13 665	3 035	0.89	1.22	1.470
广东	58 540	95.1	11 669	60.6	68	14 150	6 653	0.44	0.53	0.730
广西	30 588	83.7	6 791	39.9	45	12 609	2 792	1.31	1.37	1.140
海南	35 317	76.0	8 343	36.0	52	25 782	5 373	1.28	0.73	1.130
重庆	42 795	92.0	8 332	49.1	58	10 662	5 701	1.18	1.29	0.840
四川	32 454	87.0	7 895	44.9	45	11 032	3 434	1.1	1.14	0.780
贵州	22 922	87.1	5 434	47.3	38	6 185	3 445	1.77	1.18	0.830
云南	25 083	83.8	6 141	28.2	40	10 040	3 438	2	1.60	1.010
西藏	26 068	89.3	6 578	22.4	24	5 763	3 045	1.89	1.89	2.330
陕西	42 692	90.5	6 503	48.5	51	11 764	4 645	1.61	1.52	1.130
甘肃	24 296	86.0	5 108	43.1	40	8 511	2 352	2.66	2.72	1.360
青海	36 510	90.1	6 196	37.9	49	9 481	3 874	1.47	1.83	1.250
宁夏	39 420	91.3	6 931	41.5	52	12 647	4 713	2.69	3.69	2.360
新疆	37 181	82.4	7 296	18.0	44	19 740	4 984	2.9	5.76	1.680

资料来源：①《中国统计年鉴》（2014，2013，2009）；②家庭人均经营耕地面积为 2012 年底的调查数据；③人均耕地面积为 2008 年年底数据

表 6-21　描述统计量

	N	极小值	极大值	均值	标准差
人均地区生产总值/元	31	22 922	99 607	47 046.6	20 776.72
二三产业产值占生产总值的比例/%	31	76.0	99.4	89.5	5.144
农民人均纯收入/元	31	5 107.76	19 595	9 539.4	3 659.6

续表

	N	极小值	极大值	均值	标准差
工资性收入占农民人均纯收入比例/%	31	18.0	65.6	43.9	13.502
城镇人口比例/%	31	23.7	89.6	54.5	13.941
农村人均农林牧渔产值/元	31	5 763	27 157	14 625.4	5 607.24
人均公共财政收入/元	31	2 352	17 312	5 633.8	3 840.80
人均耕地面积/(亩/人)	31	0.19	4.64	1.578	1.076 1
家庭人均经营耕地面积/(亩/人)	31	0.26	13.56	2.586	3.007 3
农村人均机械总动力/(kW/人)	31	0.530	2.940	1.502	0.688 14
有效的 N（列表状态）	31	—	—	—	—

表 6-22　标准化数据

地区	Z人均地区生产总值/元	Z二三产业产值占生产总值的比例/%	Z农民人均纯收入/元	Z工资性收入占农民人均纯收入比例/%	Z城镇人口比例/%	Z农村人均农林牧渔产值/元	Z人均公共财政收入/元	Z人均耕地面积/(亩/人)	Z家庭人均经营耕地面积/(亩/人)	Z农村人均机械总动力/(kW/人)
北京	2.222	1.878	2.404	1.606	2.285	0.331	3.041	−1.271	−0.695	−1.006
天津	2.530	1.780	1.722	0.999	1.977	0.138	2.210	−0.946	−0.334	0.826
河北	−0.401	−0.378	−0.120	1.007	−0.454	−0.046	−0.652	−0.203	−0.231	1.668
山西	−0.589	0.847	−0.652	0.932	−0.136	−1.230	−0.246	0.188	−0.030	0.288
内蒙古	0.984	0.186	−0.258	−1.793	0.306	1.522	0.327	2.660	2.599	2.090
辽宁	0.705	0.361	0.269	−0.290	0.861	1.892	0.516	−0.147	0.396	0.041
吉林	0.007	−0.222	0.022	−1.860	−0.018	1.115	−0.372	1.359	1.891	0.913
黑龙江	−0.459	−1.369	0.026	−1.719	0.212	2.235	−0.600	2.845	3.650	1.944
上海	2.072	1.916	2.748	1.377	2.521	0.071	2.964	−1.290	−0.775	−1.412
江苏	1.327	0.828	1.109	0.895	0.693	0.522	0.687	−0.602	−0.445	−0.352
浙江	1.031	1.100	1.794	0.977	0.685	−0.277	0.331	−0.946	−0.679	−0.540
安徽	−0.739	−0.358	−0.394	0.162	−0.473	−0.650	−0.571	−0.165	−0.232	0.259
福建	0.520	0.303	0.449	0.184	0.453	0.633	−0.005	−0.955	−0.617	−1.107
江西	−0.735	−0.183	−0.207	0.481	−0.400	−0.826	−0.533	−0.574	−0.337	−1.049
山东	0.446	0.342	0.295	0.325	−0.050	0.554	−0.247	−0.351	−0.314	1.567
河南	−0.620	−0.416	−0.291	−0.119	−0.764	−0.480	−0.799	−0.296	−0.320	0.506
湖北	−0.213	−0.416	−0.184	−0.023	0.004	0.332	−0.483	−0.323	−0.292	−0.293
湖南	−0.495	−0.416	−0.319	0.814	−0.466	−0.171	−0.677	−0.639	−0.453	−0.046
广东	0.553	1.080	0.582	1.236	0.955	−0.085	0.265	−1.058	−0.684	−1.122

续表

地区	Z 人均地区生产总值/元	Z 二三产业产值占生产总值的比例/%	Z 农民人均纯收入/元	Z 工资性收入占农民人均纯收入比例/%	Z 城镇人口比例/%	Z 农村人均农林牧渔产值/元	Z 人均公共财政收入/元	Z 人均耕地面积/（亩/人）	Z 家庭人均经营耕地面积/（亩/人）	Z 农村人均机械总动力/（kW/人）
广西	−0.792	−1.136	−0.751	−0.297	−0.692	−0.360	−0.740	−0.249	−0.405	−0.526
海南	−0.565	−2.633	−0.327	−0.586	−0.123	1.990	−0.068	−0.277	−0.616	−0.540
重庆	−0.205	0.478	−0.330	0.384	0.279	−0.707	0.017	−0.370	−0.432	−0.962
四川	−0.702	−0.494	−0.449	0.073	−0.685	−0.641	−0.573	−0.444	−0.479	−1.049
贵州	−1.161	−0.475	−1.122	0.251	−1.192	−1.505	−0.570	0.178	−0.466	−0.976
云南	−1.057	−1.116	−0.929	−1.164	−1.002	−0.818	−0.572	0.392	−0.327	−0.715
西藏	−1.010	−0.047	−0.809	−1.593	−2.205	−1.581	−0.674	0.290	−0.233	1.203
陕西	−0.210	0.186	−0.830	0.340	−0.225	−0.510	−0.257	0.030	−0.355	−0.540
甘肃	−1.095	−0.689	−1.211	−0.060	−1.027	−1.090	−0.854	1.005	0.043	−0.206
青海	−0.507	0.108	−0.914	−0.445	−0.426	−0.917	−0.458	−0.100	−0.251	−0.366
宁夏	−0.367	0.342	−0.713	−0.178	−0.175	−0.353	−0.240	1.033	0.368	1.247
新疆	−0.475	−1.388	−0.613	−1.919	−0.716	0.912	−0.169	1.228	1.055	0.259

为保证聚类分析结果的客观、真实性，要求聚类分析选取的各项指标（变量）应具备的一些特征：①和聚类分析的目标相关；②反映分类对象的基本特征；③变量值在不同研究对象间有差异；④变量彼此不高度相关。因此，聚类分析要求选取的各项变量之间不能具有很强的相关性，从不同方面来描述。

为避免上述指标的相关性过强，对其进行变量型聚类分析，分析相关性。首先对 10 个分类变量进行标准化处理，然后选用 pearson 系数作为度量标准，组间距离作为聚类方法，将处理后的数据进行变量性聚类分析，结果见表 6-23。

表 6-23　预选变量相似性系数

	Z 人均地区生产总值	Z 二三产业产值占生产总值的比例	Z 农民人均纯收入	Z 工资性收入占农民人均纯收入比例	Z 城镇人口比例	Z 农村人均农林牧渔产值	Z 人均公共财政收入	Z 人均耕地面积	Z 家庭人均经营耕地面积	Z 农村人均机械总动力
Z 人均地区生产总值	1.000	0.769	0.912	0.444	0.920	0.385	0.908	−0.360	−0.073	−0.054
Z 二三产业产值占生产总值的比例	0.769	1.000	0.706	0.633	0.698	−0.180	0.722	−0.467	−0.281	−0.150
Z 农民人均纯收入	0.912	0.706	1.000	0.535	0.891	0.314	0.877	−0.492	−0.178	−0.187

续表

	Z人均地区生产总值	Z二三产业产值占生产总值的比例	Z农民人均纯收入	Z工资性收入占农民人均纯收入比例	Z城镇人口比例	Z农村人均农林牧渔产值	Z人均公共财政收入	Z人均耕地面积	Z家庭人均经营耕地面积	Z农村人均机械总动力
Z工资性收入占农民人均纯收入比例	0.444	0.633	0.535	1.000	0.523	−0.317	0.467	−0.805	−0.706	−0.470
Z城镇人口比例	0.920	0.698	0.891	0.523	1.000	0.425	0.895	−0.375	−0.064	−0.203
Z农村人均农林牧渔产值	0.385	−0.180	0.314	−0.317	0.425	1.000	0.237	0.317	0.559	0.324
Z人均公共财政收入	0.908	0.722	0.877	0.467	0.895	0.237	1.000	−0.405	−0.177	−0.233
Z人均耕地面积	−0.360	−0.467	−0.492	−0.805	−0.375	0.317	−0.405	1.000	0.906	0.658
Z家庭人均经营耕地面积	−0.073	−0.281	−0.178	−0.706	−0.064	0.559	−0.177	0.906	1.000	0.666
Z农村人均机械总动力	−0.054	−0.150	−0.187	−0.470	−0.203	0.324	−0.233	0.658	0.666	1.000

从表 6-23 可以看出，Z 人均地区生产总值与 Z 农民人均纯收入、Z 城镇人口比例、Z 人均公共财政收入、Z 二三产业产值占生产总值的比例 4 个变量具有较大的相关性，相关系数分别为 0.912、0.920、0.908、0.769，Z 人均耕地面积与 Z 家庭人均经营耕地面积具有较大的相关性，相关系数为 0.906。根据研究目的将农村土地改革发展基础、条件等相似的区域聚类，并结合对聚类结果进行不断的检验，这里选用 Z 农民人均纯收入、Z 家庭人均经营耕地面积两个变量，确定出用于聚类的变量为：Z 农民人均纯收入、Z 工资性收入占农民人均纯收入比例、Z 农村人均农林牧渔产值、Z 家庭人均经营耕地面积、Z 农村人均机械总动力，其相似性系数见表 6-24。

表 6-24 选取变量相似性系数矩阵

	Z农民人均纯收入	Z工资性收入占农民人均纯收入比例	Z农村人均农林牧渔产值	Z家庭人均经营耕地面积	Z农村人均机械总动力
Z农民人均纯收入	1.000	0.535	0.314	−0.178	−0.187
Z工资性收入占农民人均纯收入比例	0.535	1.000	−0.317	−0.706	−0.470
Z农村人均农林牧渔产值	0.314	−0.317	1.000	0.559	0.324
Z家庭人均经营耕地面积	−0.178	−0.706	0.559	1.000	0.666
Z农村人均机械总动力	−0.187	−0.470	0.324	0.666	1.000

6.5.2　聚类分析

运用 SPSS19.0 的系统分析方法，对上述 31 个省（不包括香港、澳门、台湾）经过标准化处理后的数据，选取表 6-24 的 5 个指标进行聚类分析，得到的群集结果如表 6-25 所示。

根据表 6-25 可知，2013 年 31 个省（不包括香港、澳门、台湾）按照农村发展状况的相似程度可以分成五大类。第一类包括 7 个省市，第二类包括 17 个省区市，第三类包括 4 个省，第四类包括 2 个省，第五类包括 1 个省区。因此，将全国 31 个省（不包括香港、澳门、台湾）划分为五类区域。

表 6-25　群集结果

类别	省份
第一类地区	上海、北京、福建、广东、浙江、江苏、天津
第二类地区	江西、重庆、广西、四川、陕西、贵州、青海、云南、湖南、安徽、河南、甘肃、河北、湖北、山西、山东、宁夏
第三类地区	新疆、内蒙古、吉林、黑龙江
第四类地区	辽宁、海南
第五类地区	西藏

采用单因素方差分析检验上述 5 个指标对聚类分析结果的作用。如果有个别变量对分类没有作用，应该剔除。将 5 个聚类变量作为因变量，聚为 5 类的结果作为因子变量，方差分析结果显示，5 个聚类变量 Sig 值均极显著，均小于 0.05（表 6-26），作为聚类变量是比较合理的。

表 6-26　ANOVA

		平方和	df	均方	F	显著性
Z 农村居民人均纯收入	组间	22.406	4	5.601	19.177	0.000
	组内	7.594	26	0.292		
	总数	30.000	30			
Z 工资性收入占农村居民人均纯收入比例	组间	24.135	4	6.034	26.747	0.000
	组内	5.865	26	0.226		
	总数	30.000	30			
Z 农村人均农林牧渔产值	组间	23.867	4	5.967	25.294	0.000
	组内	6.133	26	0.236		
	总数	30.000	30			

续表

		平方和	df	均方	F	显著性
Z 家庭人均经营耕地面积	组间	24.964	4	6.241	32.223	0.000
	组内	5.036	26	0.194		
	总数	30.000	30			
Z 农村人均机械总动力	组间	11.606	4	2.901	4.101	0.010
	组内	18.394	26	0.707		
	总数	30.000	30			

6.5.3　结果描述、解释

　　本书将对以上五类地区的 Z 农民人均纯收入、Z 工资性收入占农民人均纯收入比例、Z 农村人均农林牧渔产值、Z 家庭人均经营耕地面积、Z 农村人均机械总动力这五项指标,进行对比分析和总结,分析得出各类地区的相同特征。

　　第一至第五类各指标均值信息见表 6-27~表 6-31。

表 6-27　第一类地区各指标分析

项目	农民人均纯收入/元	工资性收入占农民人均纯收入比例/%	农村人均农林牧渔产值/元	家庭人均经营耕地面积/(亩/人)	农村人均机械总动力/(kW/人)
第一类均值	15 190	57.9	15 693	0.77	1.04
全国均值	9 539	43.9	14 625	2.59	1.502
第一类均值/全国均值	159.2%	131.9%	107.3%	29.7%	69.2%

表 6-28　第二类地区各指标分析

项目	农民人均纯收入/元	工资性收入占农民人均纯收入比例/%	农村人均农林牧渔产值/元	家庭人均经营耕地面积/(亩/人)	农村人均机械总动力/(kW/人)
第二类均值	7 576	45.88	11 519	1.79	1.45
全国均值	9 539	43.9	14 625	2.59	1.502
第二类均值/全国均值	79.4%	104.5%	78.8%	69.1%	96.5%

表 6-29　第三类地区各指标分析

项目	农民人均纯收入/元	工资性收入占农民人均纯收入比例/%	农村人均农林牧渔产值/元	家庭人均经营耕地面积/(亩/人)	农村人均机械总动力/(kW/人)
第三类均值	8 787	19.30	22 733	9.50	2.40
全国均值	9 539	43.9	14 625	2.59	1.502
第三类均值/全国均值	92.1%	44.0%	155.4%	366.8%	159.8%

表 6-30　第四类地区各指标分析

项目	农民人均纯收入/元	工资性收入占农民人均纯收入比例/%	农村人均农林牧渔产值/元	家庭人均经营耕地面积/(亩/人)	农村人均机械总动力/(kW/人)
第四类均值	9 433	38.0	25 508	2.26	1.33
全国均值	9 539	43.9	14 625	2.59	1.502
第四类均值/全国均值	98.9%	86.6%	174.4%	87.3%	88.5%

表 6-31　第五类地区各指标分析

项目	农民人均纯收入/元	工资性收入占农民人均纯收入比例/%	农村人均农林牧渔产值/元	家庭人均经营耕地面积/(亩/人)	农村人均机械总动力/(kW/人)
第五类均值	6 578	22.4	5 763	1.89	2.330
全国均值	9 539	43.9	14 625	2.59	1.502
第五类均值/全国均值	69.0%	51.0%	39.4%	73.0%	155.1%

各类区域特征总结与分析。

第一类地区：该地区包括北京、上海、天津、江苏、浙江、福建、广东。从上述地区 2013 年的各项指标所体现的能力来看，该类地区农民收入水平较高、二三产业发达、农民离农能力较强，但农业生产条件一般，农业产出效率一般。

该类地区是我国经济最发达省域单位。浙江、福建、江苏、广东属于沿海地区理，北京、上海、天津是直辖市，经济发展水平也较高。2013 年，这一类省份的农民的收入水平高，约相当于全国平均水平的 1.6 倍，离农能力强，工资性收入占农民人均纯收入的 40%～65%，平均值为 57.9%，农业机械化水平较高，规模经营有一定的基础，但人均耕地面积较少，只相当于全国平均水平的30%。

第二类地区：包括江西、重庆、四川等 17 个省（自治区、直辖市）。该类地区农村发展水平可归纳为：农民收入水平低于全国平均水平，离农能力相对较好，农业生产条件较好，农业机械化水平达到全国平均水平。

该地区覆盖了我国中西部大部分地区，地貌包括平原、丘陵与山区，农村发展水平居于中等位置，各项指标稍接近于或低于全国平均水平，湖北、湖南、江西、安徽、河南、河北、山东等是我国传统的粮食主产区之一，农业生产条件好，同时，该类地区也是我国主要的劳务输出地区，农民工资性收入的比例相对较高，部分农村人口离农能力相对较强。

第三类地区：该地区包括内蒙古、吉林、黑龙江、新疆 4 省（自治区、直辖市）。从表 6-29 来看，该地区人均耕地面积是全国平均水平的 2～3 倍，家庭人均经营面积是全国平均水平的 3.7 倍，农业生产条件好，农业机械化水平最高，而且农业经营收入占农民人均纯收入的比例较高，超过 40%，该地区的农业生产具有一些规模经营的基础与雏形。与前两类地区相比，该类地区农业经济效益水平相对较高。

第四类地区：该地区包括海南、辽宁 2 省。该地区农村人均产值平均最高（全国平均水平的 1.74 倍），农业经营效益较好，农民人均纯收入达到全国平均水平，工资性收入占比接近全国平均水平，农民离农能力也相对较强。

辽宁作为传统的老工业基地和商品粮基地之一，特别是国家实施东北振兴战略以来三次产业发展较快，2013 年农村人均产值产出居全国第三位，农民人均纯收入较高。作为沿海省份，海南由于开发较晚，其工业发展相对其他沿海省市较为落后，但农业生产条件较好，旅游业和农业作为支柱产业，较为发达。

第五类地区：西藏地区。西藏的地理位置特殊，交通运输极为不便，与国内其他地区的交流困难，因此形成了西藏工业经济和农村经济较为落后的局面。人均地区生产总值、农民人均纯收入、农村人均农林牧渔业产值、工资性收入占农民人均纯收入的占比、城镇化率都较低，在整个西部地区乃至全国均排列较靠后。

6.5.4　适用模式

综合上面的分析，本书整理出适用于各类地区有利于人口退出的土地创新模式如表 6-32 所示。第一类地区：该类地区经济发达，农民人均收入较高。同时，经济社会发展占用了大量耕地，人地关系较为紧张。有利于农村人口退出的土地改革创新模式的选择可以从三个方面考虑：①采用"集体建设用地入市""宅基地流转""土地银行""土地市场"模式。由于这一类地区经济发达，人们的观念比较先进，且农村土地市场发育相对较早，因此，可以"采用集体建设土地入市""宅基地流转""土地银行""土地市场"等模式。②该地区地方政府的财力也相对雄厚，且发展用地有限，可以尝试"宅基地换住房，承包地换社保"模式，节约集约利用土地。③该类地区二三产业比较发达，农村土地（包括集体建设用地和农用地）的利用及开发较早，农村劳动力转移率高，这为实行土地股份制提供了条件，长期来看，这种模式将加速这一地区的土地流转和农村人口的流动和退出。

第二类地区：该类地区范围较广，包括中西部的大部分地区。对于这类地区大中城市郊区可以采用与第一类地区相同的土地创新模式。

对于该类地区广大的落后的农村地区，农户收入水平普遍低于全国平均水平，外出务工的农户较多，该类地区也是我国主要的劳务输出地区，农民工资性收入的比例相对较高，部分农村人口离农能力相对较强。因此，结合这一地区经济不发达的特点，宜采取如下有利于农村人口退出的土地创新模式：①集体建设用地采用"集体建设用地置换城市建设用地指标""宅基地流转"等模式；②农用地采取"土地承包长久不变""土地市场""土地银行"等比较适合的土地创新模式。

　　第三类地区：该地区包括内蒙古、吉林、黑龙江、新疆 4 省（自治区、直辖市）。该地区农业生产条件好，人均耕地面积是全国平均水平的 2~3 倍，农业机械化水平最高，人均农林牧渔业产值较高，农业经营收入占农民人均纯收入的比例较高，超过 40%，农业生产具有一些规模经营的基础与雏形。

　　与前两类地区相比，该类地区农业经济效益水平相对较高，大中城市郊区可以采用与第一类地区相同的土地创新模式，其他地区宜采取如下有利于农村人口退出的创新模式：①农用地适合采用"土地承包长久不变""家庭农场""土地市场"等比较适合的土地创新模式。②建设用地流转适宜采用"集体建设用地置换城市建设用地指标""宅基地流转"等模式。

　　第四类地区：该地区包括海南、辽宁 2 省。农业较为发达。虽然家庭人均经营耕地低于全国平均水平，但农村人均产值平均最高，农村人均纯收入工资性收入占比接近全国平均水平，农民离农能力相对较强。

　　该地区大中城市郊区可以采用与第一类地区相同的土地创新模式，其他地区宜采取如下有利于农村人口退出的创新模式：①农用地适合采用"土地承包长久不变""土地入股""土地市场""土地银行"等比较适合的土地创新模式。②建设用地流转适宜采用"集体建设用地置换城市建设用地指标""宅基地流转"等模式。

　　第五类地区：西藏由于其地理位置特殊，地形地貌独特，农村经济较为落后，土地较为零散，以自耕为主，流转规模小，城镇化率低，农民的离农能力较弱。由于不具备大规模开展土地流转的自然基础和条件，该区需加强土地整理和基础设施建设，推进土地确权颁证，推进土地市场体系建设，农户在自愿的原则下，探索适合当地情况的土地入股、土地入市、土地置换等土地创新模式（表 6-32）。

表 6-32　各类地区适用有利于农村人口退出的土地创新模式

类别	采用模式		备注
	集体建设用地	农用地	
第一类地区	集体建设用地入市、宅基地流转等模式	土地承包长久不变、土地入股、土地银行、土地市场等模式	
第二类地区	集体建设用地置换城市建设用地指标、宅基地流转等模式	土地承包长久不变、土地市场、土地银行等模式	大中城市郊区可以采用与第一类地区相同的土地创新模式
第三类地区	与第二类地区同	土地承包长久不变、家庭农场、土地市场等模式	
第四类地区	与第二类地区同	土地承包长久不变、土地入股、土地市场、土地银行等	
第五类地区	探索其他先进地区且适合当地情况的土地承包长久不变、土地入股、土地入市、土地置换等土地创新模式		

6.6　土地制度改革与创新的经验与教训总结：兼谈湄潭试验之争

　　发轫于 20 世纪 70 年代末而在 80 年代初得到普遍推行的中国农村土地家庭承包制，迄今已有 30 余年。80 年代起在贵州湄潭进行的"增人不增地，减人不减地"土地改革试验，作为这项深刻而伟大变革中一个案例，也已经进行了近 30 年。期间，湄潭的试验结果，总结成为经验写进了 1993 年中央农村工作会议文件在全国加以提倡，其核心做法则在 2001 年的《中华人民共和国农村土地承包法》中以法律形式加以确认和大面积推广。2007 年的十七届三中全会和 2013 年十八届三中全会进一步确认的中国农村土地制度改革和完善的路线图，勾勒出赋予农民更加充分的财产权利，将稳定现有土地承包关系并保持长久不变的愿景。正如长期关注中国农村发展尤其是土地制度改革的贺雪峰先生所总结的那样，湄潭试验的结果直接影响到国家农地政策的制定。

　　然而，政策文件的出台并不意味着理论和实践部门人士对湄潭试验和现行农地制度改革的方向存在不同看法，事实上，对湄潭土地改革试验结果的解读和未来土地制度改革与完善的方向，学界存在相当大的分歧甚至不乏极端的对立。例如，作为该项改革的设计、参与者周其仁先生，盛赞这场坚持了 1/4 世纪的改革是从根本上动摇了苏式农村集体经济，昭示了地方创新在中国制度演化中不可或缺的积极作用，而且等到中国城市化进程达到一个较高水平时回头评价这一试验，其贡献将更加彰显。而长期坚持实地调查，"以脚做学问"著称的贺雪峰先生，则依据自己的观察和思考，认为湄潭试验存在着严重问题，湄潭的土地改革政策及其实施效果，既不公平，又无效率，而且农民也不满意，几乎没有达到任何试验目标，这样的试验当然是失败的。贺雪峰先生更为关注的是，学界和政策部门似乎对湄潭试验所暴露出来的问题有意视而不见。他认为漠视湄潭试验中出现的问题而在全国推行激进的农地制度改革，表面上看是给农民更大的土地权利，赋予农民更加充分而有保障的土地承包经营权，但却并非农民真正所思所想所需的改革，反而有可能会危及中国现代化稳定的根基。此外，作为与周其仁先生一起经历湄潭试验并持续跟踪观察的刘守英先生，以及与贺雪峰先生一起进行过实地调研的刘燕舞先生，也分别发表了对湄潭试验肯定和反思的文章。

　　对同一社会现象有不同认识是非常正常的，"周贺之争"（两位先生并非只对湄潭试验有不同观点，在成都模式问题上也颇有争论，其中逻辑是一脉相承的）出现如此极端对立的观点和主张则更说明湄潭试验乃至其所代表的改革方向有进一步讨论的必要。作者出身于农村，可以说是伴随着 20 世纪 80 年代农地制度改革的进程而成长并切实体会着这一制度演进给家人带来的喜怒哀乐。二十余年来也经常走村串户进行调查研究，对农村及土地制度的改革和完善有切身的感性认识。虽然专业和兴趣是人口与发展，不是专门集中于农地制度改革，却也正好对农地制度问题有一个较为开阔的视角。这里不揣浅陋，对"周贺之争"谈谈自己的看法。作者无意各打五十大板，只就自己的理解和感悟参与对这一问题的认识和讨论中来，也许有助于学界和实践将问题的研究推向深入。

6.6.1　"无地人口"之辨

观察和评价湄潭试验的效果，当然要以第一手资料为依据来说话。对湄潭试验观察和评价中一个十分重要的数据和研究对象就是所谓"无地人口"。

民以食为天，获食靠种田。对农民而言，没有了土地，其严重性不言而喻。从政治和社会意义上讲，"耕者有其田"是体现农民权利和维系社会稳定的基础，从经济意义上讲，农民耕种自己的土地是一种体现效率要求的制度安排。因此，无论对湄潭试验持肯定意见的刘守英先生还是持反对意见的刘燕舞先生，都不约而同地提及无地人口。刘守英先生认为要解决好农村溢出人口在城镇的落地和落户问题，建立无地人口社会安全网。而刘燕舞先生则认为"增人不增地、减人不减地"的土地政策造成了大量失地农民阶层，客观上会造成比圈地运动更加有害的结果。

无地人口的生存和发展当然重要。甚至从某种意义上讲，湄潭土地改革试验过程中出现的人地结合变化和人地关系的变迁，就是理解、评价这项试验的核心观察指标。从土地上被动和主动解脱出来的人的生存和发展，是评价该项试验的重要内容。

但是，作者想表达的思想是他们对无地人口的定义过于宽泛，所使用的无地人口指标并不能真正反映湄潭土地试验下人地结合关系发生的真实变化，客观上夸大了无地人口的数量和比例，对湄潭试验下无地人口的认识及判断难免由此产生偏差。

刘守英先生介绍，1987～2010 年 23 年间，湄潭县一共新增人口 12 万，在实行"增人不增地、减人不减地"的政策后，这些新增人口就没有再分到土地。在2010 年，无地人口占总人口的 25%。在其调查研究的抄乐乡，2010 年无地农户占18%，无地人口占 26%。抄乐乡的落花屯村无地人口占 42%，无地劳动力占 52%，对落花屯村 248 农户的调查数据表明，无地人口占 54%，无地劳动力占 37%。黄家坝镇无地农户占 10%，无地人口占 33%。沙坝村无地人口占 60%，无地劳动力占 18%，对沙坝村 252 农户调查数据表明，无地人口占 40%，无地劳动力占 23%。

在刘守英先生看来，1987 年土地改革试验以后新增（婚嫁迁入、出生、其他原因迁入）人口，就是"无地人口了"。

无独有偶，提出对湄潭试验要进行反思的刘燕舞先生，在其对贵州鸣村的调查中，也给出了相应数据。他介绍，鸣村现有人口 2572 人，其中承包人口 1985 人。实施 30 年的"增人不增地、减人不减地"后，2006 年鸣村失地农民比例已占 22.8%。

无论是刘守英先生笔下的无地人口，还是刘燕舞先生笔下的失地农民，其实均为土地改革试验开始时点之后新增的人口。他们成为集体经济组织成员后，已经无地可分。人口增减后户际之间调地的路径又被政策堵死，所以他们被称为"无地人口"或者"失地农民"。但这些人真的是"无地人口"或者"失地农民"吗？作者认为万万不可轻易给他们贴上如此身份标签。

首先，这些人绝对不是"失地农民"。土地改革试验后，妇女嫁进村来（男性人口入赘同理），本来就没有分得土地，新生儿更是无缘分得土地，就是说他们本来无地，何来"失地"之说？只有原来有承包土地者，因为征收、占用或者其他原因失去了，才算失地人口。因此，刘燕舞先生笔下的"失地人口"，至多算是他所理解和定义的"无地农民"或者"无地人口"罢了。将承包人口以外的新增人口统统算为失地农民，理由过于牵强。

其次，最为重要的是，这些人口，就算改革后没有分得一丝一毫土地，也不能轻易归结为"无地人口"。为什么？因为他们可以共享和继承家庭成员通过承包方式获得的土地。这些所谓新增人口，基本上是原有集体经济组织成员家庭通过婚姻和出生方式增加的。这些人口，或者通过婚姻方式来到这个村庄，成为社区中某个家庭成员，或者因为自然出生，成为既有家庭中的一员。诚然，他们成为社区成员家庭中的一员是在承包时点之后，失去了分地的机会和资格，但他们至多是一个"非原始承包人口"而已，他们作为家庭成员的合理合法性（这里不考虑非计划生育出生人口的情形，因为它不具有普遍意义），使得他们自动获得与其他家庭成员一样占有家庭生产资料（包括承包土地）的天然权利。简而言之，家庭有地，这些人口就有地。湄潭的土地改革试验一开始规定承包期 20 年不变，后来延续到 50 年，可以转让、继承。他们没有原始承包土地，却可以在家庭内部共享和继承其他家庭成员承包的土地，这是他们作为集体经济组织家庭成员的固有权利，他们明明有地，何来"无地人口"之说？

试设想，原来一个三口之家，父母和儿子，分得 5 亩土地，100%算有地人口。改革后若干年，如果儿子娶妻生子，变成 5 口之家。按照狭隘的"无地人口"之说，该家有 2 个无地人口，占总人口的 40%。如果父母年老去世，则仍为 3 口之家，仅有户主一人为当年承包人口，则无地人口占 66.7%。仍然是 3 个人，仍然是 5 亩地，却有"三分之二的无地人口"。推演下去，若干年之后，户主故去，其妻和子女继承其承包权，明明这个家庭仍然还有 5 亩地，但全部家庭成员却要被算成"无地人口"了!这个例子说明狭隘的无地人口指标的荒唐之处。因此，无论是刘燕舞先生所说的贵州鸣村 22.8%的无地人口比例，还是刘守英先生所说的落花屯村 2011 年有无地人口农户比例达 84%，沙坝村有无地人口农户比例达 78%，均不能反映真实的人地关系变化情况。

我们还可以设想，待到承包期 30~40 年后，当年的承包人口很多去世，其土地由子辈和孙辈继承，难道这些事实上共享和继承了土地的人，我们还要称他们"无地人口"吗？推而论之，今天的农民土地，均从祖辈继承所得。非亲自分得土地者，均是无地人口吗？要是这样，过了若干年，岂不是所有事实上有地的农民都是"无地人口"了？

当然，农村每个家庭户人口再生产的状况是不一的。有的家庭人丁兴旺不得不分户，有的则人口逐渐缩减。"生不增、死不减"的政策只会导致不同家庭人地关系随着人口数量的变化而波动，却内在机制上排除了无地人口的产生，除非是非婚嫁原因产生的新增家庭和人口进入农村社区。考虑工业化和城市化背景下农村人口净流出的趋势，这种导致真正无地人口产生的情况，其实是可以忽略不计的。

如果上述理由成立，其实我们大可不必为无地人口指标到达一个较高水准而担忧。倒是"无地农户"值得关注。

无地农户的产生有两个途径：一是如上所说改革后非婚姻原因迁入家庭；二是由原有家庭析出但没有取得相应土地者。

首先，我们可以推断人口非婚姻因素迁入而产生的无地户不是问题的重点。按照刘守英先生的口径，抄乐乡 2010 年无地农户占 18%，黄家坝镇无地农户占 10%，但没有给出两个调查村的无地户数量。考虑两个村狭义的无地人口比例均高于所在乡镇，我们以其所在乡镇的无地户水平测算两个村的无地农户应该是偏保守的。以 18%的水平计算，落花屯村中 248 个被调查农户中无地农户有 45 户，以 10%的水平计算，沙坝村中 248 个被调查农户中无地农户有 25 户。另据调查，落花屯村中 248 个被调查农户里 1987 年以来迁入的人口（不含嫁入人口），只有 24 人，沙坝村中 252 个被调查农户里 1987 年以来迁入的人口（不含嫁入人口），只有 9 人，按照刘守英先生提供的数据，这两个村的户均规模分别为 3.9 人和 3.8 人。因此，极端情况是，这些迁入人口即使全部属于无分地资格的新家庭，也只有 6 户和 2 户，占两个村的户数比例分别为 2.4%和 0.8%，比 18%和 10%的无地农户水平低多了。可见，人口迁入不是无地农户产生的主要原因，甚至不是值得注意的原因。

由此推断，刘守英先生调查所统计的无地农户，97%以上是由家庭分拆后没有分得相应土地造成的。这个情况很有趣也很有研究价值，可惜调查者未进一步收集和分析其产生原因。以作者对当今农村一般情形的观察和理解，这些无地农户之所以没有土地，固然有当地土地较为稀缺、分家后如果同时分地更加零碎不便耕作的原因，其实一个更加重要的原因是，在农业收入只占全部家庭收入不高比例的背景下，分门立户的 70 后和 80 后，有些已经不屑于耕种土地了。面积狭小、收入有限的农地对他们而言，其实如同鸡肋，他们更情愿从事非农业生产经营，而主动放弃了从原来的大家庭中分割土地，尽管他们有这个权利。从亲情上讲，他们应该得到的土地仍然归属自己的大家庭（父母或者兄弟姐妹），对自己无所损害。一旦情势有变，他们很有可能重新获得土地；从实际收入上讲，他们干脆放弃（也许是暂时的，视土地能够带来的价值而定）土地而专心务工经商，所得更多，何乐而不为？湄潭土地改革试验，一个重要的目标是通过土地制度的设计，塑造土地流转和适应城市化发展的人口流动微观机制，从这个意义上讲，无地农户的比例高，与其说是一个值得警惕的信息，毋宁说是一个值得期待的数字。

6.6.2 "滑稽人口"：滑稽乎？希望乎？

解读湄潭土地改革试验过程中，同时面临的另外一个人口现象就是部分农民拥有承包土地，而长期在外务工经商，甚至已经将户籍迁出拥有承包土地的农村。刘燕舞先生将这部分人口称为"滑稽人口"，给出的定义是"承包人口中有一部分户口迁出村庄因而实际与村庄没有任何关系但却在村庄中继续拥有土地的人"。

刘燕舞先生的贵州鸣村调查表明，2009 年时，"滑稽人口"比例最高的小组达到 16.3%，他估计整个鸣村的"滑稽人口"比例为 12.4%。这些人口原来承包的土地约为 300 亩。据此计算占全村耕地面积的 15%。

另据刘守英先生的调查，1987~2011 年，落花屯村中 248 个被调查农户里迁出的人口（不含嫁出人口）有 145 人，沙坝村中 252 个被调查农户里迁出的人口（不含嫁出人口）有 135 人。这两个村外迁人口占现有被调查家庭人口的比例分别为 14.9% 和 13.9%，与鸣村的情形大致相当。

刘燕舞先生将这些人口称为"滑稽人口"，其负面含义显而易见。因为他认为，这些人口与村庄已经脱离了关系，客观上也不承担任何村庄建设事业的义务，但同时他们却又在现有的刚性土地制度的荫庇下拥有村庄中宝贵的土地资源。举例来说，这些人口不在村庄生活和生产，他们对道路、灌溉设施等公共品无所需求，更无贡献力量的动力和意愿。不仅如此，如果公共设施的建设需要占用他们拥有的土地时，如果他们不愿意（在这些人口没有切身利害关系的情况下，他们很可能不愿意），则公共品的提供就会因为这些人的不配合举步维艰。就算这些人愿意配合，但与之有关的沟通、协商、调解的过程极其复杂、成本极其高昂，也客观上迫使村级组织消极作为。这就是贺雪峰先生所反复强调的"反公地悲剧",更有甚者,由于这些不在场人口的存在所造成的集体行动困境,现有土地的村民在公共品的提供上的意愿和积极性也受到影响,从而损害了整体土地的生产效率。

正是观察到这一现象较为普遍,给村庄公共品供给造成了巨大的负面效应,贺雪峰先生强烈反对学界以及政府所主张的给农民更大更充分的财产(土地)权利的土地制度改革思路。他认为,相较于更大的土地权利,其实农民更需要的是耕作方便,旱涝保收。给了他们更大的土地权利,其实是缘木求鱼。

"滑稽人口"滑稽吗?我不知道刘燕舞先生为什么给这类人口安上如此一个有点滑稽的名称,也许在他看来这些人早已不算农村居民了,因为他们长期不从事农业生产经营,户口不在农村,却还因为拥有土地承包权妨碍着公共品的提供,从而对其他农户生产造成伤害,由此显得滑稽。但在作者看来,"滑稽人口"一点也不滑稽,他们的存在和产生,其实与"生不增、死不减"的土地政策并无必然的关联,恰恰是这部分人的存在和需求折射出农村土地制度应该与时俱进地进行制度跟进改革。

"滑稽人口"不滑稽。我们从土地制度改革的逻辑起点观察"滑稽人口"的产生就会得出这一结论。"滑稽人口"离开农村并且将户口迁入外地之前,是农村集体经济组织的成员,他们与现在仍然滞留在乡村的村民一样,凭借自己作为社区成员的天然身份获得农村土地的承包权。这种按照人头平分承包权的做法,有着浓烈的福利色彩,它既是遍行全国农村的习惯做法,也得到正式制度安排的认可。村民所具有的集体组织身份,是农村土地制度改革的原始起点和既有前提,换言之,只要是某个农村集体经济组织成员,在承包制改革中或多或少获得一定数额的土地承包权是作为农村居民的既有权利。在城乡二元结构的社会制度框架下,与之相对应的,是城镇居民享有的就业和社会保障等一系列权利。随着改革开放后城乡经济日益活络,城乡人口流动性增强,部分农民主动或者被动地在城镇中长期务工经商,甚至将户口迁出原籍,这是他们在市场条件下选择的一种生存和发展方式。从法理和逻辑上讲,这些原来的农民将户籍外迁,不是政府主导和国家安排的结果,而是基于自主决策的一种市场选择行为,他们并没有得到迁入地政府的额外恩惠,如果没有得到相应的补偿,他们在迁出地以原有身份所获得的福利也就没有道理遭到剥夺。从湄潭试验制度设计的初衷来看,"生不增、死不减"政策的重要意图在于,以工业化和城镇化发展的外因来催化改革后人地关系动态的变化,拉动农业人口的流出,催生农地资源的重组,从而实现城乡良性互动,同时推动城镇化和农业生产现代化的发展。那些较早跳出传统农业者,或许当初带有几分被迫和无奈,但外面的世界给了他们足够的发展空间,使得他们不惜将户口迁出。从人口流动的选择性原理看,这部分人口无疑是先进生产力的代表者,是湄潭试验中弥足珍贵的形象。所以,将这部分在市场经济中辛苦打拼的先行者贴上"滑稽人口"的标签，无论如何都是不恰当的。

但是，刘燕舞先生所指的"滑稽"现象却又普遍存在。从大量的驻村调查和访谈可以观察到，大量的人地分离实实在在地对土地资源的利用造成了实质性的妨碍，这也许是刘燕舞先生将这些人口称为"滑稽人口"的本意。对此，作者的看法是，"滑稽人口"的存在说明湄潭试验需要跟进的制度完善，改革没有完成时。因为，我们没有任何法理和逻辑依据对所谓"滑稽人口"的承包权进行剥夺，而这部分人对拥有承包权土地的处置（抛荒、低价请人代耕、种应付田等），与土地资源本身的潜在生产率而言，无疑是一种损失和浪费，但对他们自己而言，却是衡量机会成本后的一种理性选择。

6.6.3　重心与角度：观察与研究的站位与取景

同样的一个地方，同样的观察对象，同样的改革与发展历程，为什么在不同的观察者眼里会得出不同的结论，进而出现截然不同的评价意见呢？没有别的解释，就是观察与研究者所持的立场与角度不同，导致意见分歧。就如同那个经典的例子所说的：一个杯子里装了半杯水，甲说杯子有一半是空的，乙说杯子有一半是满的，两者观察时的占位与取景角度差异，决定了其强调的重心差异。

也许用不太贴切的比喻和概括来总结周贺之争中的角度差异，就是周其仁先生更多的是自上而下型的全景式观察和评价角度，将湄潭试验放在整个经济体制变革、经济结构演进的大框架下认识和评价，从规范的制度经济学范式来认识和评价"增人不增地、减人不减地"试验，对湄潭土地承包试验持有积极的评价也就是其理论体系的必然结果。如果用两个简洁的关键词来概括周其仁先生在湄潭试验问题上的视角与重心，"改革"和"发展"当属首选。而贺雪峰先生则秉承一贯的脚踏实地调研的研究路线，凭借所见所闻做出自己的独立判断，更多地体现了自下而上式的见微识著的观察和分析角度，更加关注现实中农业和农村发展过程中农民家庭生产方式和生活方式变化，特别是农民家庭农业生产经营状况，更加关心农业发展、农民生产生活出现的问题和矛盾可能给国民经济发展和社会稳定带来的困扰。贺雪峰先生主要根据自己的调查研究和观察思考所得来发声，由此形成了不唯书、不唯理论、不随大流的研究风格。如果也要用两个简洁的关键词来概括贺雪峰先生在湄潭试验问题上的视角和重心，"效率"和"稳定"似乎比较妥帖。

周其仁先生作为经济理论的大家，对包括农地制度改革在内的经济体制改革和更为广义的制度变迁，有着其贯穿学术研究始终的理解和坚持，这毫无疑问是理解其对湄潭试验持有积极评价的一个切入角度，也是合乎逻辑的结果。另外，周其仁先生亲身经历湄潭改革的策划和出台的过程，对湄潭试验作为制度变革在理论创新和解决现实难题上的意义，自然有区别于一般人甚至是有别于同行学者

的更深的认识。因此周其仁先生特别强调湄潭试验对中国农村摆脱苏式农村集体
经济模式的意义，认为这是一个制度上的巨大贡献。这一点，与周其仁先生一起
见证并且一直跟踪关注湄潭试验的刘守英先生也深有同感，因此他认为，湄潭试
验首次将人口和土地的关系固定不变，稳定了集体土地所有制下人口和土地之间
的权利关系。用周其仁先生的说法，是这种试验试继包产到户之后，在农户利用
集体土地的权利上划下的一道权利边界。而且这个制度创新，产生了全国性影响，
得到官方认可，当时上升到中央 1 号文件，基本精神在 2002 年的农村土地制度承
包法中得到体现。湄潭制度试验的最大贡献就是破解了集体所有制下人地关系的
矛盾，在集体所有制框架下界定人口和土地的关系，对整个中国农地制度改革具
有开创性的启发。

　　周其仁先生对湄潭土地试验的积极评价，也来源于他从发展和结构演进的角度
来理解和评价"增人不增地、减人不减地"制度带来的效果。设计和讨论湄潭试验
方案之初，包括周其仁先生在内的许多人其实对方案的可持续性是存有疑虑的，其
中担忧的一个重要问题就是新增人口能否从非耕地资源上找到出路。在 20 世纪 80
年代试验之初，人们的思路还主要集中在宜茶宜果的荒山林地，当试验进行了 20
年后，发现"增人不增地、减人不减地"制度不仅抑制了人口过快增长减轻了人口
压力，而且还发现了一个曾经未受重视而如今则成为主要出路的解决途径，那就是
"增人不增地、减人不减地"后带来的无地人口的增加，可以通过工业化和城镇化
来破解。长期以来由于中国农村人地关系紧张而造成的历朝历代周期性动荡，在
今天可以通过工业化和城镇化对农村和农业人口的吸纳而找到新的解决办法。"增
人不增地、减人不减地"，强力催化了人口和土地之间的非农分离，减少了农村人
口对土地收入的依赖。这个过程，并非由于湄潭进行了这样的试验而只在湄潭发生，
它其实是近 40 年来中国典型农村在经济发展和结构演进的大格局下发生的普遍现
象。湄潭地处偏远的不发达地区，其实并非农村人口转移和退出的典型地区，但由
于这种试验产生的催化作用使其经验显得特别珍贵。联系到周其仁先生近年来对成
都和重庆的土地制度改革的极力推荐与支持，就不难理解他从是否有利于促进城市
化发展角度认识和评价农村土地制度的变革的一贯思维。

　　与周其仁先生的角度和重心不一，贺雪峰先生评价湄潭试验首先关注了"增人
不增地、减人不减地"制度下的效率。他对周其仁先生和刘守英先生所肯定的湄潭
试验两个正面效果提出了质疑，对试验的效果做出了负面评价：其一，他认为人口
增速放缓，不只是湄潭出现的情况，全国所有农村地区都是如此。很难说由于新增
人口无法分得土地对农村人口的增长起了什么抑制作用；其二，农村劳动力非农化
加速，是 1990 年代中国加入全球化后，沿海地区外向型经济对农村劳动力的需求
增加的结果，更多是一种外在的拉动力量的结果，也不能将之归功于无地人口增加
产生的外推力，这也是同一时期全国农村出现的普遍现象。总而言之，湄潭的土地

改革试验与人口增速放缓和劳动力非农化加速几乎无关。相反，贺雪峰先生认为土地和人口变化脱钩后，湄潭没有出现预期中的规模性土地流转，小农经营格局也没有根本性改变，家庭规模经营及农民对农业的投入没有增加，甚至粮食产量也没有提高，农业产业结构调整未见效应，改革的效果和效率因此也就大有疑问。凭借其对农村地区社会和生产结构的洞察，认为"增人不增地、减人不减地"制度下，一个村庄的农民通过农民祖祖辈辈生活在一起而结成的生产、生活和宗教共同体受到冲击，原有的熟人社会难以维系，农村社区的生产、生活的公共品供给遇到麻烦。因为按照人头平均占有土地的均衡被打破，一涉及事关农村社区生产生活的公共决策，都会因为利益失衡而受到反对者肆无忌惮的要挟和反对。与制度经济学宣讲清晰的产权边界、无恒产者无恒心等抽象理论教条相反，贺雪峰先生基于自己的观察认为这种没有效率的制度，其实并非农民所真正需要的。

　　除了认为效率不彰，贺雪峰先生对湄潭试验持有负面评价，一个重要原因就是认为这种试验严重损害了公平原则，在既定的人地关系条件下，可能产生严重的社会问题。贺雪峰先生反复强调，湄潭以及绝大多数中国农村地区，农业生产的基本格局是"人均一亩三分、户均不过 10 亩"，且地块极分散，小农经营占绝对主导地位。农民家庭经营的重要特色是通过家庭内部代际分工基础上的半工半耕来进行的。基本分工是年轻人外出务工，而缺少外出务工机会的中老年人在家务农。一个农民家庭，是由外出务工年轻人和在家务农中老年人两笔收入的加总来获取超过温饱收入条件的。简言之就是农业生产求温饱，外出务工挣余钱。在"增人不增地、减人不减地"制度下，无地人口大幅度增加并且还在增加中，进城务工经商但很少能够在城镇中生根落地，无地农民进城就业但无法落地，随着年龄增长，这些无地人口今后怎么办，还没有一个好的办法，国家必须出钱为农民提供社保和养老保险，以化解"增人不增地、减人不减地"带来的社会问题。但是，没有人相信，仅靠国家社保和养老保险可以让农民在城市落地。如果全国农村土地承包关系长久不变而使全国进城农民都无法再返回家乡时，这些漂在城市的数以亿计的缺少就业机会和收入条件的艰难生活的农民，就一定会成为每一次危机事件的助推器。而中国的现代化过程中，不发生任何经济、金融、社会、政治危机的可能性几乎为零，这些"城漂"的无地人口，将会转化成危机中的破坏性力量，由此产生的后果不堪设想。

6.6.4　尚未完结的争论与启示

　　中国农村社会的复杂性与观察问题的角度不同，使得人们要对周贺之争做出谁对谁错的评价几乎不太可能。而且，湄潭试验以及范围更广、程度更深的农地制度改革仍然在探索的过程之中，湄潭试验以及其对农地制度改革的借鉴和参考价值，还有待时间检验。不过，这并不妨碍我们对周贺之争的具体观点和方法发表自己的看法，或者从中吸取有益的养分。

作者认为以周其仁先生、刘守英先生为代表的肯定方和贺雪峰先生、刘燕舞先生为代表的否定方，在观察和评价湄潭土地制度改革试验的问题上，都立足于调查研究所得的基本事实而展开思辨，言而有据。但平心而论，双方是在争论过程之中占位和重心不同而得出的结论不同而已，并不存在绝对对错。同时，双方在客观上都在认识角度上存在着某种程度的偏颇。在将湄潭经验放大到全国的普适性认识上，其实都体现了争论参与者一贯持有的理论方法和认识立场。就湄潭试验展开的争论，其实只是将不同的理论与方法借助于一个具体问题而展开的结果而已。类似的争论和分歧在成都土地改革模式的评价上也表现得尤其明显和突出，所以说，对湄潭土地改革试验的评价，绝不是对一个孤立个案的看法差异，而是对农村发展现状和未来道路选择等一系列问题评价和认识存在的系统性差异。

例如，在无地人口的认识上，实际上双方都存在一定的认识误区。机械地将每个人有无凭借自己的身份从村集体取得初始土地分配资格作为判断其是有地人口还是无地人口，这个观察角度，在经历长期人口变化，随着经济发展和结构演进而出现家庭结构显著变化的情况下，特别是家庭内代际更替的背景下，显然是过于僵硬和不符合实际情况的，以这样口径的无地人口数量和比例来判断当地人口与土地关系的变化，其实是有失客观的。其数据分析以及所得出的结论是经不起实践检验的。

进一步地，以狭窄口径的无地人口作为调查对象，反映村民对重新调整土地的态度，本身就存在方法论上的缺陷。正如赵俊臣先生所指出的那样，把20%无地的少数农民对湄潭试验政策"不满意"，要求调整土地，看成多数农民"不满意"，要求调整土地，把局部和个别问题当成了普遍问题，进而完全否定了"增人不增地、减人不减地"政策。

又如，在所谓"滑稽人口"问题上，贺雪峰先生和刘燕舞先生没有从经济结构变化、人口城市化带来的农村人口迁移和流动角度进行认识，而是仅仅局限于这些人凭借其初始身份获得土地，但又在现实中缺位土地经营，给农村社区公共事业和土地规模经营带来一些困扰的基本事实，就对这一群体和现象进行挞伐。这就在一定程度上体现了其观察和思考的视野相对狭隘，没有从长远和发展的角度对此进行思考，也没有用进一步改革的思维来看待这些现实中的新问题和新课题。任何一项改革，都有可能出现不曾预期的新情况和新问题，出现了新情况和新问题，不能简单地对改革本身给予否定的评价，而是要从发展趋势和改革的初衷出发，用继续改革的思路来完善和修正已有的政策措施，这样才是一种实事求是的态度。实际上，作者在一些地方调研发现，对于类似于"滑稽人口"现象，如果采取顺势引导的政策措施，恰恰可以成为重构农村社区人地关系的一个突破口。一些地方对于"三有一无家庭"（有承包土地、有承包山林、有宅基地、无人居住和耕种），通过引导其有偿转让，调整了人地关系，促进了农村人口的退出和规模经营，这既顺应了城市化发展和经济结构大势，也是农村和农业发展的机遇和契机，而不能将之单纯视为一种障碍。关键要有持续改革的精神和措施来跟进，从这个意义上讲，湄潭土地试验，作为一种土地改革举措，只是经济和社会体制改革的一个侧面，需要有一系列的配套措施加以辅佐，而不能单项突进。

再如，周其仁先生和刘守英先生都是从发展的角度来审视湄潭土地试验，这是一种有远见的战略思维。但是应该知道，在传统的农村社区，确认集体经济组织成员资格并且将成员与土地关系长期固化，所面临挑战的难度并不亚于当初实行家庭承包制。更加艰难的是，让农村人口退出并且融入城镇和编织起对无地人口全覆盖的社会安全网络，远非一日之功。从理论和战略上明确土地制度以及相关配套改革的长远发展思路是完全必要的，但理论替代不了现实，长远目标还必须通过现实的具有可操作性的阶段性制度建设和改革措施才能逐步实现。在这个问题上，任何不切实际的浪漫和躁进就有可能欲速而不达，引发不必要的社会矛盾。同样，在这个问题上，看不到非农业经济成分发展与城市化对传统农业与农村结构性变革带来的历史性机遇，过分强调中国农村的人地关系紧张，认为在一个相当长的时期里只能抱守小农经营模式，也是一种消极无为的态度。因此，通过周贺在湄潭土地试验及相关问题的争论和探讨，我们可以得到的最大启示就是，中国的农地制度改革，既要脚踏实地了解农民的真实需求和想法，也要顺应经济发展和结构变革的大趋势，将长远发展目标和短期政策措施进行有机的结合，对于改革和发展中出现的新情况和新问题，只能用改革和发展的办法加以解决。这正好说明，改革没有完成时，只有进行时。

第7章 改革开放以来土地制度改革与发展的研究与争论

7.1 关于土地所有制问题的研究

20 世纪 90 年代以来，有关中国农地制度在承包制基础上进一步改革与发展方向的讨论一直持续进行着。期间出现过不同的论点和主张，概括而言，有坚持完善集体私有制的，有主张在现有集体所有制基础上进一步实行国有制的，还有公开主张实行土地私有制的。在多种不同的意见和主张中，农地私有化的呼声格外引人注意。一则这种声音及主张与现行政策及主流意见相左，显得别具一格；二则公开持有并发表此类观点的学者，国内固然不乏其人，其中还有若干知名学者，但广为人们所熟知的，主要还是身处海外、具有较高知名度且为一些人津津乐道的学术精英。这些理论精英在各种场合痛陈农地公有之弊，极言农地私有之利。他们的观点，概括起来就是中国的农业发展乃至"三农"问题的解决，除了"农地私有化-流转市场化-经营规模化"路线，（这里称为"三化路线图"），别无他途。只要浏览一下讨论农地制度较为热烈的网络论坛，就会发现，虽然在公开的刊物和媒体上农地私有化的主张并非主流，但激进的农地私有化主张者实际并不在少数，农地私有化主张的影响不可低估。

农地私有化果真是解决中国"三农"问题的灵丹妙药吗？从探求中国农地制度进一步改革以促进经济社会持续发展的良好愿望出发，本着学术讨论无禁区的态度，我们无须也不应囿于成见简单地把农地私有化的主张斥之为歪理邪说，不妨从这种观点持有者习惯使用的理论逻辑对之进行分析和检验，检讨其陷于认识误区的根源，从中吸取教益。

7.1.1 土地私有化神话与迷思

农地私有化主张的"三化路线图"，在不同学者那里，有不同的具体表达方式和论证逻辑，择其要旨，作者认为可以概括为四个观点，即四大神话。

1. 神话之一：土地私有普适说

农地私有化主张者认为，土地私有化，是立国之本，是人类经历长期探索与实践而得出的具有普适性的结论，中国不应该违反普世价值实行土地公有制。

　　海外的一些经济学家对此毫不隐讳。文贯中撰文指出:"今天世界绝大部分国家,都或早或迟地实行了农地私有。如此漫长的时期,如此众多的国家,殊途同归,选择和保护农地私有,其中必定包含全人类反复试验后的经验教训和智慧结晶"[①]。于建嵘和陈志武也说:"世界上没有哪个国家是在土地公有制之下富有起来的,也没有哪个国家是在土地使用权受到严格限制下发展起来的"[②]。国内也有人相和而鸣:"从世界范围看,没有一个实现了农业现代化的国家是实行土地公有的;而土地没有私有化的国家,如中国、朝鲜等,农业都相当落后"[③]。

　　这个神话可信吗?我们不妨以他们常不离口的所谓逻辑来检验一番。

　　首先,农地私有化主张者言必称西方的一些国家,如美国、日本、英国等,并非完完全全的土地私有化,甚至有相当比例的土地属于国有或者集体所有。查阅一下美国统计摘要,可以清晰地看到,属于私人的土地面积只有58%左右,其余的要么属于联邦,要么属于州和地方公有。至于日本,其现行土地所有制有国家所有、公共所有、个人与法人所有三种主要形式。前两种所有,即国家所有和地方自治团体所有的土地占国土总面积的35%,私人所有的面积占国土总面积的65%,这当中,个人所有的占57%,法人所有的占8%。再说英国,其全部土地名义上全部属于皇家所有,实际使用者都是租赁使用的[④]。这与他们鼓吹的土地私有化并不完全是一回事。

　　其次,土地是否私有化,与国家的发达程度,并没有必然的关联。君不见,世界上固然有美国之类的土地私有化(其实如上面所述,很难用私有化一词完全概括其土地制度)的发达国家,却也存在更多的如印度之类的发展中乃至极端贫穷的土地私有化国家,这些国家的农业,很难说比中国更成功。

　　再次,就算发达国家因为土地私有化而实现农业现代化,中国也必然要亦步亦趋实行私有化吗?按照他们言不离口的逻辑,应该是,可是也不尽然。例如,在谈到私有化后农地流转过程中是否要进行用途限制,当有人提到法国有严格的限制时,陈志武就不赞成在中国实行类似制度,原因有二,一是中国的发达程度不够,二是中国没有对权力进行制约的架构。以至于与其对话者不得不总结道:"西方某些国家的经验,也不一定适合中国,因为它不一定符合中国现阶段的情况"。这就让人费解了:不正是他们要中国接受普适规则吗?他们怎么又谈起国

　　① 文贯中. 2006. 解决三农问题不能回避农地私有化. 中国经济学教育科研网[2006-07-10].
　　② 于建嵘,陈志武. 2008-02-05. 给农民土地永佃权可不可行?——于建嵘、陈志武对话中国农村土地制度. 南方周末.
　　③ 盛大林. 2006. 农村土地到底该不该私有化. http://finance: sina. com. cn/review/zlhd/20060920/09262930881. shtml[2006-09-20].
　　④ 皮特 H. 2008. 谁是中国土地的拥有者?——制度变迁、产权和社会冲突. 林韵然译. 北京:社会科学文献出版社: 263.

情来了呢？换言之，符合胃口的，就是普适规律，应该学，不合胃口的，就拿国情说事，这是什么样的逻辑？

其实，仔细揣摩一下他们的观点就可以发现，他们所谓的农地私有化观点只是其一贯主张的私有制观点在土地问题上的延伸与发挥而已。在这一点上，他们倒也不怎么隐讳。这个问题，其实已经还原成经济生活中公有制和私有制的角色与存在的必要性之争了。市场失灵现象频频发生、发达国家市场的经济管制和公有经济成分的存在，已经为私有制是否为唯一的普适法则以及国（公）有经济成分存在的必要性做出了注脚。这个问题的争论已经超出土地制度之争的范畴了，但我们不难从中看明土地私有化主张者的底牌。

2. 神话之二：完全产权必需说

土地私有化主张者认为，按照经济学逻辑，只有土地作为一种产权明晰的生产要素投入市场过程，才能在生产和流通中真正发挥其经济功效。中国的农地集体所有，是一种土地产权权能分割的制度安排，既不能有效保护其使用者的权益，又妨碍了其经济绩效的发挥。只有实行农地私有化，将土地产权完完全全交给农民，才符合经济学逻辑。

茅于轼先生认为，土地的使用一定要具备几个要素：土地的所有权，可以交换，有价格，没有选择的障碍，效率才能提高[①]。文贯中还认为，作为市场经济的前提，生产要素的所有权及其派生的各种产权必须明晰界定。唯此，要素才能在市场顺利交换，完成自由流动和组合，实现本身价值和国民生产总值两者的极大化。土地作为生产的三大要素之一，当然和其他要素一样，必须服从要素配置的基本规律。中国既然决定将自己的经济体制改革成完全的市场经济，那么，其农地制度当然也应该和市场经济的要求接轨[②]。

农地作为一种生产要素，是否一定得私有化才能发挥市场功效呢？其实未必。

从理论上看，现代经济学理论早已阐明，产权是一个"权利束"，构成其整体的各种权能是可以分解并适当分离的。日常生活中比比皆是的现代化大生产和生产要素集中使用的现象早已证明，所有权和使用权的分离并不必然是生产要素所有者权益得到保障以及经济效益得到发挥的障碍。农地作为一种具有"不动产"性质特殊生产要素，其稳定的使用权预期，是这种生产要素最为核心的权能。在长期而稳定的使用权预期下，土地的所有权其实已经被虚置和淡化，作者称为"土地要素的使用权效应"，这一点下面有专门论述。

从实践上看，所有权和使用权分离模式下的土地使用并非不能保障使用者的

[①] 茅于轼. 2011-01-27. 让农民有自由选择权. 财经.

[②] 文贯中. 2006. 解决三农问题不能回避农地私有化. 中国经济学教育科研网[2006-07-10].

权益，也并非不能发挥土地的经济功效。英国的土地理论上归皇家所有，国民只是租用。没有听说土地私有化主张者要在英国实行土地私有化。被私有化主张者奉为圭臬的美国，也只有53%的农场主完全拥有自己的土地，38%只部分拥有自己的土地，9%是完全租用别人的土地①。既然这些农民可以在不属于自己的土地上经营，而且又实现了私有化主张者津津乐道的规模化经营和农业现代化，为什么就一定要求中国农民一定要拥有农地的完全产权呢？

至于说，农地私有化后，农民就能很好地保护自己的权益不受侵犯，也只是私有化主张者线性思维和一厢情愿的逻辑推理而已，与真实世界的情况大相径庭。早已有学者一针见血地指出："在新加坡和中国香港这类土地国有化的国家和地区，并没有因为土地国有而产生的官员贪污和官商勾结，相反，在印度、菲律宾这类土地私有化国家，官员贪污和官商勾结起来侵占农民土地利益的情况却比比皆是。"②

3. 神话之三：土地入市快速致富说

在人们为增加农民收入而殚精竭虑的时候，农地私有化主张者给出的万变不离其宗的药方就是迅速而完全的农地私有化。他们的逻辑是，有了完整的农地产权，农民就可以将土地入市交易，就可以免遭权贵凭借土地所有权控制而横加的盘剥，从而完全享有土地作为生产要素在市场流通中带来的收益，迅速致富。

杨小凯这样描述私有化下农民致富的美景：如果土地所有权完全私有化了，农民将成为自由民，若农民要弃农进城，或从事他业，他可以卖掉土地，不但有一笔收入，而且有一笔资本，因此他进城时是有钱人，而不是盲流。特别是，可自由买卖的土地比不可自由买卖的同样土地市价高得多，土地私有化只会使现在相对贫穷的农民变得更富，君不见，中国台湾的很多农民比城里人富，就是因为他们有大块土地完全的所有权③。

有这样让农民迅速致富的捷径吗？农地私有制有这样的魔法吗？

显而易见，私有化主张者憧憬的农民致富图是将宝押在土地的非农交易之上。不要忘记，我们讨论的是农地制度，即农民与农用土地之间的制度安排，私有化主张者在这个问题上其实有偷换概念之嫌。即便如此，这里仍然有两个问题。

其一，农地非农转用是否能够完全放开？私有化主张者毫无顾忌说能。因为他们并不担心粮食的供给，这是他们的另外一个神话，姑且放在下面分析。这里让人感到意外的，就是口口声声要借鉴国外经验的他们，对包括他们鼓吹的样板

---

① 陈宝森. 2001. 当代美国经济. 北京：社会科学文献出版社：92.

② 贺雪峰. 2010. 地权的逻辑-中国农村土地制度向何处去. 北京：中国政法大学出版社：326.

③ 杨小凯 2001. 中国土地所有权私有化的意义. http://www.cngdsz.net/old/discourse/article _ show. asp？typeid=2&articleid=1795 [2001-04-12].

国家在内的各国在农地使用上的严格限制故意避而不提，被别人逼问到了墙角，只得不情愿地搬出被他们曾经无情斥责过的"国情不同"的借口。现实的情况是，农地的使用权几乎在所有国家都受到限制。即便是地阔人稀的美国，也严格干预耕地的使用[①]，更不用说人地关系紧张的中国台湾地区，都坚持农地农用的原则。幻想农地私有化后农民立马可以入市交易换取大笔财富，足见其脱离实际之浪漫。

其二，就算农地可以毫无障碍地随意转用而且入市交易，谁的土地可以入市而且值钱呢？显然只是少数近郊能够分享农地非农化利益的土地拥有者。而且，私有化者奉为不二真理的市场供求法则不是早已告诉我们，当农地大量转用供给市场后，地价会下降吗？以现有的地价测算转用并交易后多少农民可以一夜暴富不是太一厢情愿吗？余下的农地，人还是那些人，地还是那些地，如若还是农用，私有化下就能种金种银不成？极端而言，就算可以种金种银，大面积推开，金银也就不值钱了，农民致富仍旧是画饼充饥。

4. 神话之四：粮食供给无虞说

农地私有化主张者极力鼓吹土地完全私有，自由流转，由土地所有者自由决定其使用途径。他们一个重要的支撑理由是，只有这样符合经济学的择优分配原理，才能最大限度提高土地的市场价值。至于有人担心如果大规模农转非，粮食供给是否成为问题，他们则颇不以为然，讥之为杞人忧天之举，因为在他们看来，万能的市场可以确保粮食供给无虞。

茅于轼先生说："究竟是保护耕地要紧还是城镇化要紧？肯定是城镇化更重要，因为粮食已经不是问题，完全没有必要死守住耕地面积。有人说万一人家粮食禁运怎么办。老实说，如果全世界对中国禁运粮食，一定是我们自己做了犯天下大忌的事。即使有粮食吃，中国人民的日子也好不了了"[②]。总而言之，在他们看来，世界粮食供给充裕，属于买方市场的国际粮食市场上真正处于有利地位的，是购粮大户而不是售粮者。因为怕粮食供给出问题而不敢放开耕地管制，不敢实行农地私有化，是不懂得利用市场的愚蠢之举。

民以食为天，对待粮食这样的事关国计民生的战略产品，持有无论怎样的谨慎都不过分。细品一下沉溺于市场万能理念的土地私有化主张者在粮食供给问题上的论点，让人觉得他们简直不知粮食从何而来。

农地用途可以让市场来决定吗？在市场万能者看来当然可以。陈志武先生认为，如果有必要，一亩地可以盖成 31 层楼，将面积增加 30 倍，通过温室控制，可以把这 31 层楼都改造成适合植物生长的气候和环境，这样，我们就有了 31 亩

---

① 潘维. 2009. 农地"流转集中"到谁手里？天涯.
② 茅于轼. 2007-05-29. 要不要保护耕地？经济观察报.

耕地。再利用温室技术提高粮食生长的频率，一年不只是生产两季粮食，而是生产多季，其产出恐怕 100 倍也不止。在正常年代里，中国可以靠进口粮食满足国内生产的不足，不必强制农民为所谓的粮食安全埋单；如果发生战争，自然可以很快地靠人工制造的温室楼房来补充生产粮食^①。读及此段文字，感觉是在看科幻小说，而非讨论严肃的现实问题。必须明确的是，农地资源远远不是一般的市场生产要素，它不仅总量稀缺，几乎无替代性，现实中存在刚性减少而且不可逆的特点。由于人类对粮食产品的刚性需求，各国普遍采取农地保护措施，农地农用是一个各国常见的规定，这一点，口口声声要借鉴国外先进经验的私有化主张者未必不清楚。

　　当然，他们会辩解说，耕地减少并不可怕，不是还有国际市场吗？张五常先生 20 世纪末就举例说，江苏昆山的工业用地价格是美国的三倍，但农地价格却只有美国同级农地价格的十分之一，因此昆山"弃农选工"，让美国种地，有大钱可赚。至于粮食制裁或者禁运，走私的费用从来都很低，何足惧哉？^②国际市场是否可靠，从上面引文中可以看出，茅于轼先生也不敢打包票。他认为如果别人在粮食供给上为难我们，那是我们自己做了错事。不要说国际上谁对谁错的事情常常难以说得清楚，就算我们事事做对了，别人就会慷慨卖给粮食吗？如果认为是这样，未必过于天真。远的不说，就拿近年来中国在石油、铁矿石等大宗战略性物质国际市场上的遭遇来讲，别人因为我们是大买主就大发慈悲了吗？我们成为这些产品的数一数二买家，但有过定价的发言权了吗？我们还没有忘记，早在 20世纪 90 年代，就有人渲染中国人要逼空世界粮食市场，整个世界也满足不了中国人的胃口。无视世界粮食生产和供给的不平衡现实，轻率地把 10 多亿人口的粮食供给建立在脆弱的国际市场供给之上，无论如何不是一个严肃的学者应有的立场。

　　综观土地私有化主张者信奉的上述四大神话，不难看出他们的致命软肋之所在。作者以为，他们失误的根源可以总结为三条，那就是：偏信书本理论、忽略社会条件；偏信国外经验、忽略中国国情；偏信逻辑推理、不惜以偏概全。

　　农地私有化主张者动辄以"经济学理论告诉我们"为口头禅，指点江山时会说这不合市场逻辑，那不符产权理论。在他们看来，一条科斯定理已经解决了全部产权问题，一道供求法则道尽了市场问题，一个万能市场能够包治百病。现实中出现的所有问题，拿这些理论工具一解剖，答案不言自明。他们宁可死守科斯定理而坚持要求农民必须拥有土地产权，就是不考虑土地作为一种特殊的生产要素，其使用权的特殊重要性及其分离使用的可能性，也不认真分析现实世界所有

　　① 于建嵘，陈志武. 2008-02-05. 给农民土地永佃权可不可行？——于建嵘、陈志武对话中国农村土地制度. 南方周末.

　　② 张五常. 2011. 学术上的老人与海. 北京：社会科学文献出版社：112，113.

权和使用权分离使用的成功案例。他们毫无保留地相信市场万能，忽视土地要素的稀缺性、农地转用的不可逆性，也对粮食产品作为一国战略物资的特殊性视而不见，把它当成可以任由市场调节供求的普通商品。从根本上讲，理论是用来解释实践，而不是反过来要实践去符合某个理论。当现实条件不满足其成立的前提时，再完美的理论也终归是纸上谈兵，以此指导实践，轻则浪费资源，重则祸国殃民。

农地私有化主张者另外一个惯有的思维习惯就是"某某国家的历史经验早已证明"。不错，人类文明发展史上所有成果都值得借鉴和学习，但如何学习，怎么运用，则必须结合具体国情。他们想当然地认为当今中国农民最迫切的愿望是获得其耕种土地的所有权，更是一厢情愿地把农地私有化看成一件轻而易举的事情。只要到当今中国农村去调查一番，对多数耕种农地的农民而言，他们最迫切的愿望并非拥有更大的土地权利。再说，即使要私有化，该如何进行，这些长期在书斋中坐而论道和论坛中指点江山的学者从来就没有人拿出过可操作的方案。需知这是一个涉及面广并带有根本性的制度变革，而且有着历史上由私（有制）而公（有制）、再由公（有制）而分（包到户）的复杂背景，如何将农地产权量化到户，绝不仅仅涉及现有的农民，任何操作，势必要纠缠出 60 年前的旧账和改革以来的新账，稍微操作不当，就可能带来剧烈的社会动荡，付出我们难以承受的社会成本。这是农地私有化主张者对国外经验津津乐道时我们不得不提醒的一个重大问题。

农地私有化主张者很是得意于他们严密的逻辑推理，从某个定理、某句名言和某个案例就理所当然地推论出农地私有化是中国农地制度改革的必然方向。例如，孟子曾说"有恒产者有恒心"，孟德斯鸠也有言"所有权是道德神"，东西方的先贤不约而同对私有产权的强调足以说明农地私有化的必要性。再如，他们有人论证农地私有化的好处，硬是用逻辑推理的方式论证了农民为什么倾向于多生孩子。说"孩子出生后，村集体组织就必须匀出一份土地给他。所以，农村土地的集体所有制在客观上助长了'超生'。"[①]全然不顾东西方也同时有哲人讲过私有和私心是万恶之源的话，也罔顾过去农村土地私有制条件下，农民总和生育率普遍高出 7.0 而远远超过土地集体所有的当今的现实。他们这样为了论证自己的逻辑而以偏概全的手法几乎随处可见。

7.1.2　为什么农地私有化的迷信有如此市场？

农地私有化的思潮虽然在当今中国并非主流，但却有着不可忽视的影响，尤其是在工业化和城市化快速发展背景下"三农问题"突出、涉农社会矛盾不时暴

---

① 盛大林. 2006. 农村土地到底该不该私有化. http://finance: sina. com. cn/review/zlhd/20060920/09262930881. shtml [2006-09-20].

露而且有时还很尖锐的现实面前，农地私有化被部分人士说成是解决问题的灵丹妙药，还是有一定市场的。这些人以忧国忧民为幌子、以学术光环为号召、以理论逻辑为工具，借助于发达的现代媒介鼓吹其主张，还是很能迷惑人的。为什么农地私有化的主张和思潮有如此市场？作者认为有以下原因。

其一，从客观方面看，随着中国经济改革和发展不断深入，经济和社会不断面临结构性矛盾和问题。工业化和城市化快速发展凸显了"三农问题"的广泛存在及其严重性。诸如农村剩余劳动力囤积、耕地抛荒、农民种田亏本、土地被强行征收、失地人口丧失基本生存保障、农民工返乡造成用工荒等一系列涉农现象不断发生。这些问题，覆盖面广、涉及人口多，事关社会稳定和发展大局，而且都与农地制度有着直接的关联。可以说，农地私有化主张频频出现，反映了土地制度需要进一步改革和完善的客观环境和社会氛围。

其二，农地私有化主张在一些人眼里仍然不失其诱惑性，很重要的原因，是我们理论研究者和实践工作者未能很好地从学理和实践操作方面进行有理有据的剖析，一些人士反驳农地私有化使用的依据和观点也大有可商榷之处，这样不仅削弱了对农地私有化主张的反驳力度，也损害了自身主张的可信度。这说明我们的理论探索和调查研究还有很大的改进空间。

例如，农地私有化主张者的逻辑起点和最为核心的观点，就是市场经济中经济要素的产权必须是完全清晰的，据此，他们要求给农民完整的土地所有权。对此，我们只有少数学者基于自己的调查实践进行辩驳，认为农民实际要求的是生产方便，并不是什么所有权[①]。实际上，完全可以从学理上证明，农地作为一种特殊生产要素，与一般市场要素相比，有两大特性：一是农地具有不动的特点，农地的使用由于农业生产本身的要求必须具有较长周期；二是农地非农用必须有一定的外部条件，而且农地转用后一般具有不可逆性，与其他要素基于市场价格信号在不同产业和行业间流动的特点迥异。这样两大特性，决定了农地这种生产要素的最为核心的权利是其现实使用权，而非名义或者法理上的所有权。换言之，经济学基本原理关于市场交易中一般要素的分析与农地问题的前提有根本性区别，套用通用的所谓经济学逻辑难免得出南辕北辙的结论，试图从所有权入手解决当今中国农地牵涉的一系列社会问题，也就丧失了其理论和逻辑基础。

又如，国内反对农地私有化的人士，经常提及的反对理由是土地私有化会导致土地兼并，危害社会稳定。他们认为，土地私有化后，陷入困境的农户会被迫"自愿"出卖土地，造成大量失地人口。一方面造成农村凋敝，小农破产，无地必反；另一方面失地农民涌入城市而难以就业，形成可怕的贫民窟[②]。更有学者认

---

① 贺雪峰. 2010. 地权的逻辑——中国农村土地制度向何处去. 北京：中国政法大学出版社：118.

② 温铁军. 2009. 我国为什么不能实行农村土地私有化？红旗文稿.

为，中国历史上王朝兴衰和更替，就是因为失地农民民不聊生而被迫揭竿而起。当今中国，不要说 8 亿农民破产，只要有 0.5 亿人口失地就足以掀起全国革命的浪潮[①]。这类警告和驳斥，虽然言者谆谆，却未必令人信服。一来，早已有学者通过令人信服的史料证明，中国历史上的土地买卖导致的土地集中程度并不那么高，所谓土地兼并导致农民战争进而王朝更替的历史认知，实在没有确凿的根据[②]。再则，把工业化和城市化快速发展阶段的中国与传统农业社会的旧中国进行简单比较也未必合理。当今中国，已经成为世界工厂，庞大的制造业吸纳了前所未有的劳动力，这一点改革开放前人们难以想象。如今中国的第二三产业仍然处于快速发展过程之中，尤其是第三产业，仍然有着极大的提高空间，可以吸纳的劳动力数量巨大。这构成了容纳大量农转非人口的重要渠道，这是历朝历代所不具备的条件。失地农民没有社会保障、在城市中失业和无房的可能性当然存在，但这就要求我们做更多工作，建立覆盖全体农民的社会保障体系和城市住房供给体系。不能因为有这些问题和困难的存在，就轻易否定农地的流转和集中。害怕出现循环往复的以土地为中心的农民革命而固守现有的土地制度，很难说是一个积极有为的态度和做法，自然在土地私有化主张者面前难以理直气壮。

再如，一些学者经常使用中国特殊的国情和人地关系作为反对农地私有化的理由。一方面，中国的人地关系紧张，有 600 多个县人均耕地面积低于 0.8 亩，1/3 的省份人均耕地面积低于 1 亩。这样的客观条件决定了只能采取小农生产模式。另一方面，发达国家中老欧洲国家是通过掠夺殖民地资源和向外输出剩余人口来解决工业化和城市化过程中的人口与资源矛盾，而美国等后起发达国家则是大规模屠杀土著而获得广袤的土地资源，中国已经不可能有这样的机遇和条件。旨在促进土地流转集中的私有化思路只是一个有特定依据的西方理论逻辑[③]。其实，用这样的一些似是而非的论点来批驳农地私有化，并无多大的帮助，反而常常使批驳者自己陷入逻辑困境。就人地关系而言，日本、韩国和中国台湾等国家和地区，同样十分紧张，甚至比中国内地的紧张程度有过之而无不及，但其平均农业生产经营规模也比中国高 3 倍以上[④]。不以发展的眼光看待这一问题，死守人多地少的陈腐观念而丧失改革的信念是消极无为的。至于说外国靠掠夺和输出人口转移工业化和城市化的压力，一来有新兴国家成功的例证，说明外部条件未必是决定因素，二来查阅欧洲发展特别是英国工业化发展的史料就可以判断，英国工业革命前向外输出的人口与其大规模劳动力转移相比，其实份额极少，很难把

①　潘维. 2009. 农地"流转集中"到谁手里？天涯.

②　秦晖. 2003. 农民中国：历史反思与现实选择. 郑州：河南人民出版社：42-53.

③　温铁军. 2009. 我国为什么不能实行农村土地私有化？红旗文稿.

④　蔡继明. 2009. 中国土地私有的分步改革方案//蔡继明，邝梅. 论中国土地制度改革——中国土地制度改革国际研讨会论文集. 北京：中国财政经济出版社：151.

向外输出人口说成是结构演进过程中解决劳动力就业难题的重要原因。大规模的人口输出是在其城市化率达到很高水平以后的事情。因此，很难把土地规模经营说成是"一个有特定依据的西方理论逻辑"，以此来反驳私有化的主张，也是欠缺说服力的。

最后，批判性多于建设性，是理论界和实践工作者对待农地私有化主张最为突出的特点。有学者认为中国"人均一亩三分，户均不过十亩"的小生产特点，加上大多数家庭还要靠农业收入才能维持温饱的现实，决定了未来三五十年中国仍然要保持小农经济的农地制度[①]。应该说，这些学者对当今一些地方农村和农民家庭实际情况有比较深入的了解，但也要看到，他们视角更多局限于典型农村，对城市化快速发展背景下农村人口流出的整体形势与趋向、农村新生代人口的选择取向与能力、农地制度改革与完善引领部分乡村人口向城镇转移的必要性与可能性，都采取了偏向保守的看法和估计，由此决定了他们在农地制度改革与完善问题上持有较为保守的立场和观点，他们对农地私有化的批评虽然有很多合理成分，但却因为自身视野和思路的局限，批判性有余，建设性不足，损害其思想的影响力。

7.1.3　几点启发

农地制度问题，牵涉中国农村乃至整个经济社会改革与发展的各个层面，它是一个现实的经济问题，也同时在政治和社会层面具有高度的敏感性和复杂性。对农地制度改革与完善方向选择的争论，也将在"三农"问题的存在与解决的过程中持续进行。作者认为，对这一问题的讨论，应该注意两个方面的问题。

一是理论界应该从学理上进行系统研究，对农地作为生产要素的特殊性、其特殊性在农地制度上的表现与要求、农地权能安排在现实中的各种组合的可能性等方面做更深入的探讨，奠定农地制度下一步改革与完善的理论基础。

二是对各种主张和思路进行操作层面的试验和比较分析。农地私有化主张者很少涉及其具体实现的操作环节，而这恰恰是其致命弱点所在。

农地私有化的主张，从学理上缺乏坚实的理论基础支持。从实践操作上看是一个经济、社会和政治成本极高的路径选择。而尊重农地所有和使用的现实格局，从法理上确认农地集体（社区）所有，赋予农民家庭永久使用（租赁）权，在用途管理的前提下放开使用权的租赁、买卖、继承、抵押等限制，同时建立和理顺相关经济与社会制度（如农民社会保障制度、土地使用税收制度、与城乡人口迁移相关的住房保障和子女教育提供等），是一个既有坚实理论基础，又具有现实可

---

① 贺雪峰. 2010. 小农经济还至少要维持 30 年. 贵州社会科学.

操作性的路径。作者把这个思路总结为"社区所有、家庭永佃、物化赋权、用途管理、市场流转、有序退出",这是一条与现行农地制度衔接最好、社会成本最低的改革与完善路径,其具体论证需要在另文中详述。

7.2　发展视角下土地流转问题的研究

7.2.1　农地流转的逻辑与评价视角

1. 发展视角的农地流转逻辑

以家庭承包制为基础的小农经济该不该通过土地流转向规模经营发展?在土地流转实践有如星星之火的当今提出这个问题,其实并不些多余,因为在实践和理论上,对农地流转问题并未取得广泛的共识。例如,贺雪峰先生面对各地民间普遍存在并且在相当多地方得到政府鼓励和支持的土地流转大合唱,特立独行地保持高度冷静,在其一系列著作和文章中呼吁:人均一亩三分地为基础的"以代际分工为基础的半工半耕"小农经济是中国社会稳定的基石,大规模的土地流转会损害最广大农户的利益。一旦发生重大经济、金融、社会、政治危机,由于土地被流转,农村就失去了社会稳定器和蓄水池的作用,被流转出去而漂在城市的数以亿计的缺少就业机会和收入条件的艰难生活的农民,就一定会成为危机事件的助推器。因此,他自认为不属于强调规模经营的"现代农业派"而算是"小农经济派",反对大规模的土地流转,强调要保持小农经济30年(贺雪峰,2010)。

不能说担心或者反对农地流转者是杞人忧天,但从发展的视角来看,农地的流转自有其内在的逻辑。

其一,生产要素流动逻辑。从一般生产过程来看,为了获得最佳收益,参与经济活动过程的生产要素总是处于流动之中,土地作为农业生产的基本要素,概莫能外。恰如市场经济中一笔资金、一部机器、一批可以带来利润的原材料,按照某种信号(通常是价格)的牵引在不同的市场主体之间流转着,完成某个环节的价值增值而转入下一个轮回。农地的权能(包括所有权、使用权、处置权、收益分配权等)在不同的市场主体之间流动,与别的生产要素流转,其道理毫无二致。只要市场经济存在,这种流动就不可避免,人为的抑制,最终损害的是社会整体的经济福利。20世纪80年代初期承包制全面推行之后,农地流转的种子就已经种下,这是市场经济的必然逻辑。这即是李昌平先生从实践中观察所得的结论:从承包制开始的那一天起,农村的土地流转就开始了(李昌平,2010)。

其二,经济结构变化逻辑。经济发展导致经济结构不停演化,市场主体和生产要素向优势产业和地理空间集聚成为一种常态。大规模的人口从乡村流向城镇、小规模农业生产者在非农经济吸引下让渡农地并退出农村,成为经济结构变化中的普遍现象，农地流转成为一种客观需求，不以局外人的意志为转移。

反对农地流转者通常以相对保守和消极的态度看待农地流转，对农地流转过程中出现的弊端有较多观察和深刻理解，对如火如荼的土地流转实践有切中肯綮的批判，但往往提不出建设性思路，陷入坐困愁城的窘境。其保守性的主张其实也存在逻辑矛盾。例如，贺雪峰先生认为要保持小农经济30年，那30年后怎么办？还是要流转!他又说届时城镇人口超过70%，就可以改变小农经济格局了。且慢，中国当今的人口再生产格局是，城镇人口本身是处于收敛状态，城镇人口规模的增加和城镇化水平的提高，完全取决于城乡人口转移的规模和力度，割裂农村人口转移和农地流转这两个本来应该统一的过程，如何指望城镇化有一个健康、快速的发展呢？没有包括农地流转在内的农地制度不断改革和完善而死守小农经济，农村人口就可能因为制度因素而沉淀于农村，城镇人口如何达到70%？!"以代际分工为基础的半工半耕"小农经济，在一定程度上准确把握了当今中国农村社会发展的脉搏，但问题的关键是，如何从一个历史的发展观来看待这样的结构：它是中国农村发展过程中的一个过渡性结构模式，还是中国农村发展的一个基本范式，这是认识的分野之所在。

可见，问题的核心不在于农地要不要流转，而在于选择什么样的模式和路径进行流转。对现行农地流转实践中出现的种种弊端的尖锐批评，恰恰为我们实事求是地评价已有模式和路径提供参考，在比较和分析中选择最佳的农地制度，可对该制度做进一步改革和完善。

2. 评价农地流转模式的观察视角

围绕着农地流转始终存在着诸多议论和不同观点，是因为中国的农地流转有着特定的现实条件制约，农地流转过程中难以绕开若干重要矛盾。如何看待这些制约条件和解决这些矛盾，决定了观察和认识土地流转问题的价值取向，对此，李昌平先生曾经将其对农地流转认识概括为"一个前提与五个有利于"（李昌平，2010）。作者这里将其概括为认识农地流转问题的"两个基点与三大矛盾"。

所谓"两个基点"，就是指农地的流转发生在特定的时空背景和制度基础。从流转发生的时空背景上看，农地流转发生的过程，是从80%人口为农民向70%～80%人口转变为城镇市民这个历史背景下展开的，无论采取就地城镇化还是向大中城市集中的模式，多数农民将要退出农村和农地的经营；从流转发生的制度起点来看，是在人地关系极其紧张的格局下，通过具有中国特色的集体所有、家庭承包经营的土地权能安排架构，形成了"人均一亩三分地，户均不过10亩田"的这样一种分散的、带有普惠的福利性土地制度。

以上两个基点，决定了我们观察和评价农地流转的实践的基调：农地流转是否有利于农村人口的顺利退出？这种流转和农村人口退出是否与现行的土地承包制能安排相对接？

所谓"三大矛盾"，是人口众多和人地关系紧张的国情与经济结构和社会结构转换过程中，由土地流转可能触发的影响经济发展和社会稳定的冲突，它们的存在要求农地流转的路径必须在各种矛盾间找到均衡点。

第一种矛盾是土地生产率和劳动生产率的矛盾。农地的流转，往往从生产者个体的角度可以形成更高的劳动生产率，但未必就同时保证更高的土地生产率。事实上，反对农地流转者一个非常顺手的理由就是流转造成精工细作传统的丢失和资源的粗放经营。人口大国的粮食基本自给是一个刚性需求和约束，已有的农地资源几乎开发殆尽并且逐年减少，这些都要求农地的流转不能牺牲农业生产能力。因此，我们在观察和评价一种农地流转模式时必须考察，这种模式是否以追求劳动生产率而损害农业生产能力（土地生产率）为代价。

第二种矛盾是流入者致富与流出者致贫的矛盾。农地流转可能造成贫富悬殊和两极分化，一直是对农地流转持保守和消极态度者的心腹之患。观察和评价一种农地流转模式，看它是否具有普适性和可持续性，就要考察它是否实现一个流转双方双赢的结果。

第三种矛盾就是分散的权能与集中的经营之间的矛盾。在既有的土地制度下进行土地流转，农地的所有权是集体的，承包权是流出农户的，经营权则又被让渡给流入者。一方面，各种权能客观上需要在制度安排上体现其经济利益，另一方面，农业生产经营的独特性又天然地要求采取最小监督成本的组织形式。改革开放以来的农地制度演进仍然处于发展的过程之中，"二轮延包"后农地制度的基础性分配制度走向仍然存在变数。因此考察某种农地流转制度，就要看它在权能及相应的利益体现方面是否有足够的"韧性"，能够适应和包容不同权能的利益需求，能够在权能变化过程中体现一定的灵活性和包容性，具备适应农地流转过程中农地制度进一步发展的弹性空间。

以上三种矛盾，决定了我们观察和评价农地流转的实践时应该着眼的视角：①农地流转是以一种效率的损害为代价来追求另外一种效率的提升，还是在土地出生率和劳动生产率之间获得合适的平衡？②农地的流转是否带来流出者不可逆的生计支撑资源丧失，沦落为土地制度改革的受害者而形成社会不稳定的因素？③农地流转的组织形式是否有足够的弹性彰显不同权能者的利益诉求，并且适应可能的权能结构变化，同时以最佳的经济成本体现农业生产自然特性所要求的组织形式。

正是基于上述认识和观察角度，本书对农地流转实践中涌现出的几种影响较大的农地流转模式进行解读，在比较中发现不同模式的优势与短板，对进一步探索和完善农地流转提供借鉴与参考。

7.2.2 几个有代表性的农地流转模式及其特点分析

1. 几种模式的基本做法

如前面所述，不管官方是否提倡，只要是赋予了农地经营者一定的权能，就会产生农地流转的经济动力，这是基本经济学常识所揭示的基本规律，也是实行家庭承包制以来实践所证明了的。30 多年的实践，已经涌现出不少农地流转的典型案例。有学者和专家进行了总结与概括，有的通过典型案例进行解剖，有学者还概括总结出 12 种流转方式（蔡志荣，2010）。作为中部地区重要农业生产省份的湖北，其农地流转对全国大部分地区有较好的代表性。近年来湖北省农地流转，产生较大影响的有四种模式（表 7-1）。

表 7-1   几种典型土地流转模式的运作机理

	禾丰模式	春晖模式	侯氏大户模式	华丰模式
运作主体	集团下属企业农庄	土地股份合作社	种植大户	农业专业合作社
土地流转组织方式	政府协助整村整组流转	政府协助整村整组流转	种植大户与村委会签署以村为流转单位的土地出租合同	农业合作社长期流转全村全组参与流转的土地。季节性租种非社员闲地
生产组织管理方式	聘请原种植大户或者农民为农庄田管员，田管员负责生产环节，有详细而具体的计酬和奖励标准	合作社负责生产经营，聘请部分参与土地流转农户为农工进行种植	成立种田机构，下设生产队，成立队长——小组长两级管理团队，进行生产管理；或者把土地二次承包给生产能手	合作社成立生产部，划分小组开展集体生产
盈利模式	企业农庄通过农产品种植、原产品深加工、销售，获得从种植、加工到销售全产业链的利润	企业通过参与土地合作社获取股份分红和收购"订单农业"粮食进行加工出售获得盈利	种植大户种植通过流入土地的农产品收益或者再转包租赁收入扣除土地租金后获利	通过提高土地种植面积、产量、生产资料成本和生产服务支出节省等途径获利
利益关系	企业，获得粮食种植收益可靠农产品加工来源；田管员，获得从事田间种植的工资收入和超产奖励；农户，获得固定土地流转收入和国家农资补贴	企业，土地流转合作社分红；"订单农业"粮食加工销售利润；参与土地流转合作社农户，获得入股土地的保底租金、盈余分红和国家农资补贴，部分农户作为合作社工人的工资性收入，部分有农机入社的农户还能另外分成	种植大户，获得销售种植所得农产品利润；农户，获得土地流转租金和国家农资补贴	长期流转农户，获得市场折价的流转费用；季节性流转农户，获得固定流转费用；土地入股社员，获得流转费用、工资和分红；农机入股社员，获得工资、机械作业返还收入；合作社经营纯收入中 15%作为公积金与发展基金
流转土地农民去向	部分返聘为协管员或田管员	安排部分农民到下属企业和农业合作社工作；帮助部分农民外出经商务工	基本不参与种植大户的生产经营	吸纳部分流转土地农民为合作社社员

（1）"禾丰模式"。所谓"禾丰模式"是湖北安陆禾丰粮油集团涉足农业生产领域后所探索的农地流转模式。其基本做法是：集团设立企业性的生态农庄有限公司进行农业生产。在地方政府支持下，各村以村为单位成立农村土地股份合作社，流转给禾丰农庄统一经营管理。禾丰农庄将原种田大户聘为禾丰农庄田管员，参与经营；对原农机大户，吸纳进入农庄农机合作社，参与服务；对不愿意流转土地的农户，尊重农户意愿，按整理后的面积择优分配还原面积。流转的农地，按每年每亩 600 斤稻谷的标准，以国家当年最低收购价兑付流转金。国家给农民的农资补贴仍然归农民所有。

农庄使用现代化的农业生产技术对生产过程进行管理，建立可溯源的优质原粮生产体系，让农庄能从源头上掌握产品质量，形成从种植、加工到销售产业链，从各环节中提高产品附加值并从中获利。

禾丰农庄拥有 15 人的包村管理团队，12 个村各聘有一名协管员，在 87 个村民小组各聘有一名田管员。包村管理干部实行包保责任制，对农庄负责，协管员对包村干部负责，按照管理员的要求，组织田管员从事农业生产，并协调农业生产相关事宜。田管员对协管员负责，按照协管员的要求具体进行播种、施肥、灌溉、除草、防虫治病等田间管理。对田管员按每亩 210 元价格计酬，雇员自定，超产奖励 20%（张晓峰和张爱虎，2013）。

（2）"春晖模式"。所谓"春晖模式"[①]是湖北孝感春晖集团按照"龙头企业＋合作社＋基地（或农户）"的模式进行农业生产经营而探索的农地流转模式。其基本做法是，集团旗下涉农企业春晖米业与村集体和农户成立土地股份合作社，村集体以机动地和集体资产入股，农户以土地经营权入股，企业以农机具入股，形成"农户保底又分红、公司参股不控股"的利益构架。通过"保底租金加盈余分红"的模式，让村民成为股民，农民变成农工。

合作社聘请职业经理，负责经营管理，组织日常生产。集团通过土地整理增加耕地面积和改善生产条件，入股土地统一建成 30～50 亩一块、机耕路配套、沟渠相连、旱涝保收的高产农田。集团组织农业科技人员从事农业科研开发，返聘入股农民开展农业生产，实现经营团队职业化、生产技术现代化，力求管理效益最大化。

集团通过农机合作社对流转土地实行"七统一"管理（即统一种子、统一育秧、统一机耕、统一机插、统一机防、统一灌溉、统一机收），明确按亩产 1100 斤的标准，超产部分的 60% 由合作社所得，40% 为企业所得。

集团还通过"四提供、一回收"（提供种子、肥料、种植技术、病虫害防治

---

① 由孝感市春晖集团主导、发源于孝南区三汊镇龙岗村的土地流转模式，被一些人称为"龙岗模式"。本书从运作主体的角度以及该模式已经扩展至其他地域的现实出发，称为"春晖模式"

和保价回收成粮）服务模式，与更多农户建立起利益联结机制，在更大规模上发展"订单农业"（文斌，2012）。

（3）"侯氏大户模式"。所谓"侯氏大户模式"指的是湖北大冶县农民侯安杰在农地流转过程中的实践。其基本做法是种植大户以村为单位与村委会签署土地出租合同，再与农户签署同意出租合同，从而进行土地流转。种植大户设立种田机构管理生产，通过与生产能手合作种植或二次转包对流转土地开展生产种植活动。种植大户销售所得粮食产品获取利润。

侯氏成立了自己的种田机构，首先成立了若干个生产队，包括林业队、蔬菜队、粮食队。选拔靠得住的人当队长，每个生产队再选拔 2 至 3 个技术能手当小组长，形成二三十人的管理队伍。其管理有两种模式，一种是与生产能手三七分成。生产能手负责生产和技术，他负责种子化肥农药各种成本，秋后按产量计报酬，能手得三他得七。这种模式的核心是统一的大生产：即统一规划、统一耕整、统一播种、统一管理、统一收割、统一销售和统一结算。另一种模式是按照生产能手的条件，将每亩一定价格承包给生产能手。生产能手有资本有机械有能力，承包的土地更多，每亩除给原承包农户的租金外，再提成若干元。这种模式有点像我们平常说的"甩手承包"，类似于"大包头"转给"小包头"。侯氏不与生产能手一一打交道，多是委托队长管理和经办（余爱民，2008；宋亚平，2012）。

（4）"华丰模式"。所谓"华丰模式"是发生在湖北天门农民间通过合作成立的专业合作社，它所采用的是企业型管理、市场化经营、合作社分配模式。农户可以土地经营权入股、农机具或资本入股，成为社员。

"华丰模式"的基本做法有三种：一是整村整组流转农户土地，与农户签订 10 年以上土地流转合同。合作社每年支付流转费以 800 斤稻谷市场折价。合作社对机耕道、最后 500m 的排、灌、水沟、渠、塘堰进行清理，对土地进行整理，彻底改变田小埂多、田块分散的状态，达到机械化作业的要求。二是合作种植。与种田大户签订合作种植合同，种田大户提供土地及所有生产资料的成本，合作社提供全程的农田作业机械、技术、田管劳务。当产量达到 900 斤后，种田大户向合作社支付机械作业费、技术费、田管劳务费每亩 280 元；亩产超过 900 斤部分，按四六比例分成，种田大户得六成，合作社得四成。三是季节性流转冬闲田。合作社支付农户按季每亩流转费 100 元，种植一季小麦或油菜，于次年 6 月中旬将土地耕整后交还农户种，这种做法只是一种季节性的使用权灵活让渡。

2. 几种模式的特点分析

在清楚了几种典型模式的基本做法之后，我们不妨从本章前面所提及的评价农地流转模式的观察视角对不同模式进行解剖。

　　"禾丰模式"的特点有四：其一，较之于其他模式最为突出的特点，是这种流转方式产生的动力来自于企业集团在农产品加工经营领域过程中向上游环节的延伸。其盈利的源泉或者着眼点与其说是在农业生产过程中获得的一级收益，不如说更加可靠的是通过自主的、有品质保障生产经营活动将生产、加工、销售环节形成产业链，从各环节中提高产品附加值而获利。其二，这种模式下，田管员按照公司的要求具体负责生产环节，而且有详细而具体的计酬和奖励标准。因此，禾丰模式下农业生产经营的组织和管理仍然保留有抛弃家庭承包下最为核心要素：自主和激励。其三，禾丰模式另外一个特点是以每亩 600 斤稻谷实物折价的方式确认了承包农户的基本权益，国家给农民的农资补贴仍然归农民所有。其四，禾丰模式下是依靠政府和基层村组的组织协调实现土地流转的，但在这一过程中尊重了农民意愿，不愿流转的农户，在土地整理后择优返回原有面积。

　　禾丰模式下的土地股份合作社，实际上是将实实在在的农地使用权转化为财产收益权。从流转前每一农户知道哪块田是自己的，过渡到流转后每一农户知道自己在合作社中占有多大面积，但不能确定是具体哪一块田，凭借承包权的让渡获得有保障的收益。这种模式，既解放了农村人口，为其流动和退出创造了空间，又避免了流转对农户生产资料的剥夺。尤其难得的是这种模式下，既进行大规模土地整理，为规模经营创造条件，又对暂时不接受流转的农户予以包容，在整理后的面积中择优返回原有面积，这其实为后续的可持续流转创造了条件。禾丰模式由于盈利模式的基点在于全环节的附加价值增加，没有激化土地生产率和劳动生产率的矛盾，而且对田管员的自主和激励性制度安排与承包制的合理内核是一脉相承的。

　　"春晖模式"的特点可以概括为三：其一，农业生产的企业化经营特征明显，流转后的土地由实行"七统一"的经营管理，可以引进现代农业生产的主要元素，如大机械生产、专业农业生产技术服务。其二，保底租金加盈余分红的利益分配模式，让村民成为股民，农民变成农工，可以获得一部分收益，同时也承担相应的风险。其三，春晖集团还通过"四提供、一回收"服务订单农业模式，与更多农户建立起利益联结机制，显然与流转土地集中经营是另外一种规模经营尝试。

　　与禾丰模式相比，春晖模式的盈利基点明显立足于农业生产本身。合作社通过职业经理对流转的土地采取"七统一"的经营管理模式，是否符合农业生产本身特点值得存疑。一方面，企业式的统一经营管理能否克服农业生产集体经营难以监督内在难题无法预期，另一方面，对于约定的亩产指标（如每亩 1100 斤），由谁考核以及如何考核，是个难题。超产部分企业和合作社四六分成，如何与企业的统一服务挂钩，值得考虑。企业制度中监督和激励的难题，在春晖模式下的农业生产经营中并没有得到有效解决。在春晖模式下，企业性生产模式的成本收益法则决定了其追求土地生产率的动力远不如追求劳动生产率的动力足，这也从侧面说明了为什么春晖模式的流转保底收益（360 斤稻谷）远低于禾丰模式（600 斤稻谷）。

"侯氏大户模式"与"禾丰模式"和"春晖模式"相比，其实更加类似于一种临时租地耕种的模式，其特点有三：其一，流转的实际主体是有一定经济实力的农民家庭而非企业，生产组织过程虽然引入了雇佣劳动，但本质上仍然具有家庭农场的特性；其二，模式的盈利基本上来源于土地产出与租金之间的差额。从这点出发，侯氏大户模式是十分注意挖掘土地生产率的，这也决定了侯氏所租用的土地均为农民抛荒或者无力精耕细作的农田，他付出的租金也相对很低（每亩 100 元左右）。其三，侯氏大户模式下土地租约基本上通过村集体签订，租期相对较短，租金以现金而非对应实物折价方式约定，租赁关系双方履约风险均较大。

"侯氏大户模式"的本质只能看成一种种田大户对被抛荒和利用效率不高农田的短期利用，其流转过程的规范性、稳定性和可持续性难以得到有效保障。这种临时性制度安排框架下，既难以产生推进农村人口退出的强有力动力，也缺乏新农业生产方式和组织制度创新的内在动力。但从经济结构演进过程中有效利用农业生产资源、催生和培育新型农业生产经营主体的角度来看，这种模式的存在性和合理性是不容否认的。

"华丰模式"的基本特点是通过集体组织大规模生产获得相对较高的土地收益以获得盈利。合作社盈利的源泉来自几个方面：一是农业生产资料购买的批发的优惠价格和农业生产机械服务的规模效益，二是农业生产效率提高；农民单户家庭通常只种单季中稻，合作社普遍种两季，产品都是高产优质品种；三是通过土地整理增加了耕种面积，改善生产条件，提高生产水平。除了流转土地的集体生产经营，华丰模式下的与种田大户的合作种植以及分散农户的季节性闲田租种，也是一种特点突出的农业生产合作模式。

由于地处土地生产率较高的江汉平原，华丰模式下的土地流转价格相对较高。2007 年每亩价格 200 元，2008 年为 250 元，2009 年为 380 元，2010 年为 460 元，2011 年流转价按照 600 斤稻谷折算，2012 年至今按照每亩价 800 斤稻谷折算，这在湖北的较大规模农地流转实践中是价格偏高的。从成立以来的实践来看，华丰模式较好地处理了追求土地生产率和劳动生产率之间的平衡，土地流出农户的收益保障水平较高，农村人口退出的助推机制和力量日渐形成，但这种模式下，农业生产采取集体组织方式进行，如何解决农业生产过程中的监督和激励，仍然有待更长时期的观察。

7.2.3　发展视角下的土地流转典型模式比较分析

评价一种农地流转模式，从发展的视角可以有两种维度：一是从短期看该模式有哪些适应经济发展和结构演进阶段性需求的合理成分，又有哪些与中长期发展目标相抵触而必须扬弃的成分；二是从长期看该模式的核心成分有无发展成为具有普适性制度的发展潜力，即现有农地流转模式与未来发展的目标之间有较好的衔接。

基于这两种维度，本书提出评价几种农地流转模式的 5 个主要特征指标(表 7-2)。

表 7-2　几种农地流转模式的主要特征比较

特征指标	禾丰模式	春晖模式	侯氏大户模式	华丰模式
模式盈利的可靠性	可靠	不可靠	不可靠	较可靠
农民的收入可保障程度	高	较高	较低	高
土地流转模式的稳定性	高	较高	很低	高
普适性	较强	较差	较差	较强
政府在土地流转中的角色	次要辅助角色	强力推动	大力促成	次要辅助角色

(1) 模式盈利的可靠性。无论采取什么模式，土地的流转均应该是一种基于市场行为的农业生产要素的重新配置活动。这种农业生产要素的再配置，必须使得参与过程的利益相关者均得到合理的经济利益。就土地流转而言，流入方获得土地要素的使用权后，必须要发现和建立有保障的盈利模式，这样才能保证支付流出土地的农户基本租金，也才能保证土地的流转活动持续下去。

从这一指标看，上述四种典型模式的盈利可靠性显然参差不齐。禾丰模式下给流出土地农民固定的每亩 600 斤稻谷折价流转费，加上流转土地的种植成本，很难保证农庄每年都在种植环节盈利。2012 年干旱导致生产成本增加，从种植业环节看，流入的土地亏了 800 万，但从产业链看，种田是为了从源头掌控产品质量，建设大米可追溯系统，提高产品附加值。禾丰集团当年从种植、加工、销售全产业链盈利 2000 多万元。土地流转后整理改善，3 年土地后种熟，亩均产粮能稳定在 1200 斤，农庄的盈利不成问题(张晓峰和张爱虎，2013)。春晖模式下 2011年每亩土地租金和分红成本为 426.2 元，加上种植成本，最终核算的结果是集团亏本了。很难理解春晖模式下 360 斤稻谷的固定租金亏本，而禾丰模式和华丰模式下每亩年租金高达 600 斤甚至 800 斤稻谷却可以盈利。在气候、土地生产条件无重大差别的条件下，只能说农业生产组织和管理是差异产生的主要原因。这也难怪部分农民对春晖模式冷眼旁观，认为它是一种类似于大集体的粗放经营，是借土地流转之名，不计成本种"政治田"，目标是获得政府的补贴，或者在集团其他非农领域中获得政策支持，失之东隅，收之南山(宋亚平，2012)。相比之下，付出最高流转成本的华丰模式值得肯定，合作社获取超额利润的三种源泉也相当稳健和可靠。至于侯氏大户模式，其盈利是建立在流入抛荒和闲置低效利用土地基础之上的，它远远没有形成禾丰模式下的价值增加产业链条，也不具备华丰模式下增加产出、降低成本的能力，一旦农民要求随行就市增加土地流转租金，这种模式的盈利空间就极其有限。

（2）农民的收入可保障程度。土地流转后农民收入是否获得可靠的保障，既是这种模式本身是否具有生命力的一个重要指标，也是土地作为农民基本生存和发展资料的基本制度属性应有之义。

从几种模式的基本做法可以看到，禾丰模式、华丰模式和春晖模式，均采取恶劣保底的或者固定的实物折价租金反馈模式，这也是这些模式能够运转起来的必要条件。禾丰模式和华丰模式下，农户的收入可以通过农业生产本身得到保证，而春晖模式下的农户收入的保障程度，在现有的生产组织管理模式下似乎并不太高，集团能够在多大程度上确保农户的收入，取决于非农领域的业绩，甚至受到集体的政治意愿影响。侯氏大户模式下的租金，只能说是象征性的，它基本上类似于华丰模式下对农户闲置农田的季节性灵活租用，对于农户而言，只是一种聊胜于无的小小补贴而已。

（3）土地流转模式的稳定性。土地流转模式的稳定性取决于两个因素：一是流转过程中对利益相关方利益关系处理是否具有平衡性；二是流转协议中对双方利益关系的安排能否得到有效的落实。

从几种流转模式的基本做法和实践来看，禾丰模式和华丰模式具有较好的稳定性。一方面，他们对流出农户的租金支付以实物折价方式落实，这是对固定现金回报方式的改进，具有动态适应市场形势变化的内在稳定机制；另一方面，这两种流转，基本上都是基于农户自愿的原则达成的，体现了有偿、自愿、合法的原则。在华丰模式下，有农户希望加入合作社而不得愿，在禾丰模式下，村组中不愿参与流转的农户均得到妥善安置，这就消除了流转模式可能存在的内部风险。相对而言，春晖模式的稳定性值得分析，一方面，农业生产内部相对粗放的经营方式能否做到种植业的盈利或者持平还有待观察；另一方面，不能排除集团"醉翁之意不在农"的强烈动机，模式的稳定性存在较多的外在影响因素。至于侯氏大户模式，其稳定性明显不足。非农就业形势变坏和农产品价格变化，均可以对这种流转模式造成致命的因素，前几年金融危机影响下部分农民回流使得侯氏流转规模急剧缩减的经历足以说明这个特点。

（4）普适性。虽然农业生产具有明显的地域性特点，但农业生产的基本属性还是可以从农地流转是否具有普适性的角度评价某种模式的生命力和参考价值。

从几个模式的基本做法和实践来看，每种模式均具有自己相对独特的产生和实施条件：禾丰模式是禾丰集团基于农产品生产、加工、销售一条龙实现价值增值的动力而将触角深入农业，华丰模式是具有专业生产机械和农业生产技能并且在平原地带可以展开大规模生产作业，春晖模式则是有集团相对雄厚的实力支撑并寻求通过土地流转之台唱非农领域发展之戏，侯氏大户模式则是在大量存在抛荒、闲置或者低效利用农地的地方可以以极低价格获得土地的使用权。相对而言，禾丰模式和华丰模式的普适性较强，而春晖模式和侯氏大户模式依赖的地域性特点更强，普适性较差。中国农村地域辽阔，各地经济发展水平差异大，农业生产条件各异，非农产业的支撑力和吸引力参差不齐，很难说哪一种土地流转模式具有绝对的普适性，但每一种模式都有其产生的内在动力，在特定条件下它们能够运作起来，足以说明其存在的价值和对其他地区土地流转的借鉴意义。

（5）政府在土地流转中的角色。农地的流转，根本上讲是生产要素的所有者根据价格信号处置其要素的市场行为，流转过程中的参与者是流出者和流入者。由于中国农地集体所有的特殊属性和中国基层政府深度介入经济活动的一般现实，农地的流转过程很难想象政府不在其中发挥某种程度的作用，扮演某种角色。一般而言，政府在促成流转过程中起到积极推动的作用，但是如果流转的过程是政府拉郎配促成或者流入者依靠与政府的紧密关系而强烈主导，则很可能给流转模式的稳定性和可持续性留下隐患。

从实践角度考察，上述四种模式中均可以看到政府在促成土地流转方面所发挥的作用。但这些作用从性质和力度来讲是有根本性的区别的：在禾丰模式和华丰模式下，政府在推动整村组进行流转方面起到了协调和引导的作用，但最终的流转协议的达成，仍然取决于当事人的意愿，流转过程基本上不存在勉强和扯皮事件。而春晖模式下的土地流转，则带有政府强力扶持的色彩。一方面，为了促进土地流转，地方政府成立农村土地流转工作专班，实行县乡村干部包保责任制，县干部包乡镇，乡镇干部包村，村干部包户；另一方面则通过财政补贴、专项资金补贴等方式刺激流入者积极性。侯氏大户模式在土地流转过程中对村组干部的依赖性则更加明显。侯氏通常只与村组签订流转协议，村组内的流转细节工作，则由村组干部摆平。有学者考察后就认为，侯氏与村委会签订的土地流转合同比较规范，但合同中只有流转土地总数，而无具体田亩"四至"。至于作为合同附件的农户签名和手印，则是村组干部工作的结果，这种手续是不大规范的（余爱民，2008）。这也是当外部经济形势不佳农民回流要回自己的土地，侯氏模式立马陷入困境的根本原因所在。

7.2.4　几个问题的反思

近年来的农地流转方兴未艾，可以说是大势所趋，也可以说是众议纷纭。基于湖北省几种典型的土地流转模式的比较分析，我们对其中涉及的几个带有普遍性的问题提出自己的思考。

第一，更加充分的土地权利是土地流转发展壮大的微观制度基础。无论哪一种流转模式，都绕不开现有的土地权能分割以及权利持久性问题的困扰。一方面，有农户欲流转而不能，有农户不愿流转又被勉强，究其根本原因，还是现行土地制度架构下承包经营权与土地所有权的分割造成的，农户不能真正拥有对其耕地的完全处置权；另一方面，所有流转模式下，都面临着一个流转期限的制约，短的三五年，长的二十年，中间有十年。禾丰模式、华丰模式乃至春晖模式下，大规模的土地整理和农业生产条件的改善，都要求长期稳定的土地权利作为其运作基础。因此，近年来在一些地方开始进行的土地确权工作其实是在土地流转等现实压力推动下一项基础性制度建设工作，它是落实农户土地权利的必要条件，是培育土地流转市场的微观制度基础，也是体现和落实十七届三中全会所提出的承包制"长久不变"的一项具体措施。通过确权，将农户土地权利（长久的使用权）做实，通过市场，最终大多数农户自愿选择将其虚化或者让渡，就是土地流转和农村人口退出完成的过程。这就是土地权利由虚（集体所有、集体经营）——到实（具体地块家庭承包、明确财产权利）——再到虚（具体地块权利货币化让渡或者股权性虚化）对过程。虽然学界有人不主张给农民更大的土地权利，也认为要保持小农经济更长时间，但从逻辑上讲，农地的确权并不妨碍部分农户坚持小农的生产模式，其实如果他们愿意，倒是为其执著和坚持提供了更加可靠的基础，更重要的是，确权给有能力有意愿流转土地的农户一个符合要素市场流动的微观基础。

　　第二，政府在土地流转中的定位只能是次要和从属的辅助作用。在不同的流转模式下，我们都不难发现政府的身影。一个基本事实也证明，凡是政府强力推动、大力扶持甚至越俎代庖操办某些环节的土地流转模式，在运行过程中反而矛盾迭出。曾经有国家级贫困县由政府埋单承担上千亩农地流转的租赁费，邀请某公司来流转土地种植花卉苗木。政府主导土地流转，一方面可能误导土地的转入方，助长其忽视农业生产经营风险、不按经济规律办事的冲动；另一方面，在土地所有权仍然归集体所有的制度架构下，分散的农户自愿或者勉强转出土地，一遇风吹草动或者其他变故，理所当然将流转中的矛盾甚至不是流转带来的矛盾都归之于政府的主导，最终政府的良好愿望和艰苦的工作却得到与初衷截然相反的回报。因此，应该还土地流转以纯粹经济活动的本来面目，不能因为它符合农业发展的历史趋势而以政治任务来看待和推动之。政府在这一过程中不能反客为主起主导作用，而只能起到次要和从属作用，在确权、维权、沟通、公共服务等方面发挥作用，让经济活动的主体即土地流转的双方当事人依据市场交易的剧本来唱土地流转的大戏。

　　第三，在"农地农用"原则下工商资本下乡非洪水猛兽而是值得期待和鼓励的。曾经风行一时的龙头企业和工商大户下乡，给乡村带来了活力，也引起诸多争议。目前中央政策对工商资本下乡流转农民土地采取的是不鼓励提倡的态度。其实从禾丰模式的实践中我们可以看到，立足于农产品全链条价值提升的工商资本下乡，对农户和企业而言，均是双赢的结果，甚至可以发挥工商业对脆弱农业的扶持和补贴作用，真正体现了"工商补农、工商促农、工商带农"的作用和效果。倒是一些与农业生产毫无产业关联或者冒牌农业的开发企业，其流转土地目的或在于攫取政治资本，或在于套取政策红利，抑或在于以农业开发之名行非农经营之实，其经济意图不在于农业生产经营导致农业生产经营的管理组织毫无科学性可言，这种流转短期可能损害农户的经济利益，长远则对国家农业发展资源形成不可逆转的破坏。我们的主张是，既然农地流转，是一种生产要素的经济再配置，就不应该限制外部要素的流入。问题的关键，不在于限制工商资本下乡，而是要确保流入的资本真正投入农业生产经营。从目前的情况看，土地流转企业和大户，有的种粮种菜，有的种花种草，有的养殖，有的则打"接二（产业）连三（产业）"擦边球，搞旅游观光、市场开发。因此，只要守住"农地农用"的底线，确保农业生产资源可持续性利用，对不损害而是着力改善和提高农业生产资源能力的工商资本投入农业生产经营，应该是大力鼓励和提倡。

第四，惠农政策的着力点应该定向和精准地有助于土地流转和农村人口退出。进入 21 世纪以来，为了扶持农业生产、保持农村社会稳定并促进农村经济社会发展，国家和地方均推出了一系列惠农政策，如退耕还林补贴、种粮直补、良种补贴、农资补贴等。一些地方为了促进农地流转，还提供了财政支持，并将一些专项助农优惠政策定向运用于土地流转企业和大户。例如，武汉市对流转 5 年以上面积达到 500 亩的承包经营土地者，按照每亩 200～600 元提供财政补贴。黄陂区对土地流转使规模达到 500 亩以上者，一次性提供每亩 2000 元的"农田水利等基础设施改造"财政补贴。仅在 2010～2011 两年间，孝南区共计向春晖集团提供整合商品粮基地改造项目资金 350 万元、土地整理项目资金 1460 万元、粮食直补项目资金 250 万元、农机购机补贴资金 520 万元，协调落实信贷资金 600 万元（宋亚平，2012）。这样大规模、强力度的扶持土地流转的效果值得反思和再检验。国家对农业生产进行扶持，特别是利用土地流转环节，将扶持资金高效地加以利用，值得提倡，但政策的运用应该有所改进：一方面，应该检讨惠农补贴发放的具体操作办法，通过"谁种地补贴谁"的定向补贴将优惠政策的实际效果直接兑现给土地的实际经营者，发挥政策效应对农地流转的推动作用；另一方面则是改进政府支持土地流转资金的使用效率，改事前发放为事后验收发放，聘请社会评估机构对水利和其他基础设施建设投入评估确定补贴额度，防止一些土地流入者"上吃政府、下吃农户"而非真心投入农业经营弊端的产生。

第五，多层次多模式的流转不可偏废。在客观条件各异的现实背景下，土地流转应该因地制宜，从现实条件下最可行的不同模式起步，相互借鉴和吸取有参考价值的养分，不断优化并迈向更加高级形态，最终形成既满足现代农业生产要求又遵循市场经济原则的农地制度。只要是遵循依法、自愿、有偿三原则，不论流转规模大小、也不论流转时间长短，通过转包、出租、互换、转让、股份合作等形式流转土地承包经营权，在实践中探索合适的模式并逐步发展壮大。即使本书认为是盈利模式不可靠、稳定性差、普适性不强的侯氏大户种植模式，也应该看到它在特定的区域和特定的时间里，实现了分散农户抛荒和闲置的大面积农田有效利用，对社会、对自己和对农户均是一种多赢流转模式，值得鼓励和提倡。随着确权、大户的实力和经验进一步积累、非农化程度较高的农户退出能力和意愿的进一步增强，这种模式有可能在现有基础上发展成为更高级、更成熟的土地流转模式。而目前阶段相对成熟的禾丰模式，其农庄经营借助于在农产品价值链提升过程中的不可替代作用，在长期稳定彰显其流转模式的优越性之后，则有可能随着土地基本制度的进一步改革和完善，最终发展成为长久性拥有土地经营权、将原来一家一户农村人口的大部分助推出农业和农村的土地经营实体。因此，采取何种流转模式，归根结底是由流入和流出双方根据现实条件而达成的，不能因为某个案例较为成功而一哄而上，也不因为某种模式某些方面的缺陷忽视其可资借鉴的合理性。中国农地流转和农业现代化的发展，将是一个相对较长的过程，至少在未来 30 年左右时间里这个过程将持续进行，我们不可能希望这个工作像当年承包制在短短三两年内势如破竹般完成，对此应该有足够的心理准备。

7.2.5　土地流转相关理论争论和实践困境

土地流转的理论争论主要集中在土地确权、流转模式上。在实践中，土地确权难度最大，也是矛盾的焦点，显得非常重要（李俊高和李俊松，2016）。

1. 争论之一：土地确权的争论和实践困境

土地确权是土地所有权、土地使用权和其他项权利的确认、确定，是按照法律、政策的规定确定某一范围内的土地所有权、使用权的关系和其他项权利的内容。土地确权是明确产权的第一步。土地确权最早提出是在 1986 年颁布的《中华人民共和国土地管理法》里，后来经过 1989 年和 1994 年两次补充修改为《确定土地所有权和使用权的若干规定》。该规定在国有土地所有权、集体土地所有权、国有土地使用权、集体土地使用权和土地他项权利方面作出了详细的规定。2014 年 11 月 20日，中共中央办公厅、国务院办公厅印发《关于引导农村土地经营权有序流转发展农业适度规模经营的意见》（下面简称《意见》）。文件提出，以经营规模适度为目标促进粮食增产与农民增收；以农户家庭经营为基础积极培育新型农业经营主体；以尊重农民意愿为前提引导土地规范有序流转；计划用 5 年左右时间基本完成土地承包经营权确权登记颁证工作。土地确权在土地流转中起着非常重要的作用，但在实际生活中因为涉及土地面积和位置的问题容易引起矛盾，会影响确权。

第一，确权加快土地流转还是阻碍土地流转。支持确权的人认为土地确权能够明确土地产权问题，来实现三权同时分置，即集体保留所有权、农户保留承包权，农户可以将经营权流转出去。土地流转已经在中国广大农村慢慢推广，或者转包，或者租赁，或者委托经营，甚至土地折股加入农民专业合作社、工商企业、农业企业等。有些农村居民认为，与其让自己的承包土地闲置或由留守农村的老人以低效率方式自耕自收自销，不如进行土地流转，这样可以取得较高的收入。但是，由于我国农村土地资源禀赋差异很大，土地流转在很长一段时期内只适应城市周边的农村。土地流转集中到种田大户手后，他们只追求短期效益，这样对一些水利建设会有影响，这样土地确权反而阻碍了土地确权。本书认为在实践中，在政策不明确和保障不到位的前提下，土地确权会导致某些农民担心流转出去的土地无法收回或者收回的土地难以进行耕种，所以部分不愿意流转自己的土地。

第二，"确权不确地"还是"确权确地"。"确权确股不确地"，只是落实成员权，不落实各成员具体承包的面积、区位（地界），成员只享受自己应得的权益。而"确权确地"，是指在确定农村土地集体地界和成员权的基础上，把各家各户承包土地的面积、区位（地界）落实到人到户，既获得土地又获得利益，土权与利益融为一体。确权确地是真正赋予农民权利的体现，是能够清晰地了解自己所拥有的土地面积和地理位置，有利于减少在土地入市时分家分户的成本大小，又有利于维护农民土地的权益，而且可以延伸到住宅地入市。本书认为"确权确股不确地"是不彻底的产权的表现，适用于在股权量化中已经承包到户的耕地和林地之外的集体土地，只需要给成员的收益权，而其他权利归集体所有。而"确权确地"适用于已经承包到户的耕地和林地，农户拥有独立的承包经营权能，可以用于耕种、流转、抵押等。

第三，承包权是长期固定还是定期调整。承包权长期固定是指农民所拥有土地的长期的承包权，让土地"准所有权化"，或者在保持现有制度总体框架的情况下让农民获得"永佃权"，这有利于农民提高对未来的土地收入预期。但是在学术界也有人认为这种长期固定承包权却保持了土地占有的不均等性，还支持采取以政府为主导的定期调整政策即"三年一小调，五年一大调"。因为在长期的承包期间"婚丧嫁娶"的情况随时可见，出现土地占有不均的现象，如果可以定期调整能够较好实现农地占有的均等化。本书认为在长期固定不调整、以农户为土地确权的基本单位的政策下，在实践中会与理论出现不符的情况：农户部分成员户籍非农化或完全非农化后，不再是集体成员之后，实际上不应再有权享受集体土地承包权了，但事实上，该"农户"仍占有土地，占有国家相关补贴，这个现象出现得很频繁。

2. 争论之二：关于土地流转模式争论

农村土地流转呈现出形式多样化，具体概括为以下几种：转包、转让、互换、入股、抵押、租赁、信托等。这些模式都是根据不同地区的实际情况，是经过当地实践之后的经验总结，但是存在着不同优缺点和适应性，所以必须我们要因地制宜（表 7-3）。转包、出租、转让和互换这些情况在初期时已经零星的、偶然的存在，这适应于小规模的土地流转，但是这种信托和入股的方式更适应于规模化、集约化、现代化的农业模式。而目前流转模式的争论是主要集中在"内置金融"即村民入股模式和土地信托模式，其最核心的是要解决"流转给谁、如何流转、资金从哪里来"的问题。李昌平认为中国大多数农村还是小农经济，不适合大资本，只能靠内置金融，建立"内生机制"，具体就是农民入股形成资金互助社，再由互助社内有能力的人来对土地进行规模经营，收益按入股比例共同享用。因此这种模式从一定程度上能保持农村农业内部的稳定，充分发挥农民的自主权和参与权，受制于"能人模式"，适用于部分干部的道德自省和执行能力较强的地区。而樊殿华认为，土地信托才是最好模式，由政府作为信托中介，实现三权分立，即耕地、山地等土地所有权仍然归村集体所有，承包权属于村民，经营权则在村民自愿的前提下流转到政府成立的信托公司，由公司代为打理，出租给"大户"。农民可以从中获得相应的经济收入，并在合同期满之后可以收回土地，而政府在其中扮演中介角色，负责企业和大户的遴选和监管，并获得相应的服务费。这种模式可以利用外部资金，将农民自身风险转嫁于外部，但这种契约关系往往是脆弱的，一旦发生纠纷，政府本身作为中介很难站在一个合适的立场去解决问题，解决不当容易造成群体事件（李俊高和李俊松，2016）。

表 7-3　土地流转基本模式对比

基本模式	优点	缺点	共同点
转包	可形成农村内部生产要素优化配置	转包范围局限	流转范围局限性无法在城乡间形成资金、技术等生产要素互动；自发无序不统一，无法实现规模经济效益；合同期短无法保障长期稳定的收益来源；缺乏法制观念容易产生纠纷
出租	促进农村劳动力转移，增加农民非农收入，同时享受固定的土地收益	契约稳定性低，土地所有权和承包权收到期限限制	
转让	促使有稳定收入的农民放弃土地，使土地流转集中	一次性收益，转让受让方受到限制	
抵押	快速解决资金紧张	银行风险集中	
互换	形势简单，方便操作	难以改变生产规模和集约化水平，容易引发纠纷	
信托	让农民接受容易，前期不占有资金去运作	选择的多样性管理难，利润点低，农民风险大	突破了土地流转范围，实现了农村土地的集中、连片，同意流转、产生规模经济效益，形成资源要素互动、保障长期收益
入股	合作社和农民共担风险，不占用大量资金	控制力度小，农民说退就退	

资料来源：李俊高，李俊松. 2016. 新一轮的土地流转：理论争论、实践困境与机制创新. 农村经济，（1）：39-43

7.3　改革开放以来我国的农地转用与争论

7.3.1　我国农地转用的基本制度框架与发展态势

从产权属性上讲，中国的土地属性呈现二元结构的基本特征：城镇建设用地均属国有性质土地，农业生产用地，除了少数属于国有（如国有农场、农业科研机构用地），其他属于集体所有。经济发展过程中工商业的发展和城镇建设扩张，不可避免地要将原来用于农业生产的土地转变为非农业用途，此即为农地转用。

因此，在中国的现有土地制度下的农地转用，实际上是两个转变的复合过程：一是土地用途的转变，即从农用转化为非农业用途；二是从集体土地性质转变为国有土地性质。将集体土地转变为国有土地，称为土地征收。由国有农地转变为国有非农用地，属于土地征用，一般参照集体土地征收政策执行。

由于人多地少，中国实行了极为严格的农地转用制度。《中华人民共和国土地管理法》及其实施条例等法规政策，确立了农地转为非农建设用地的基本政策框架。

第一，农地转用，必须是经过严格的控制后所必需的。《中华人民共和国土地管理法》第十八条规定，省、自治区、直辖市人民政府要编制土地利用总体规划，确保本行政区域内耕地总量不减少。第十九条又规定，土地利用总体规划必须根据严格保护基本农田和控制非农业建设占用农用地的原则编制。

第二，在进行建设过程中必须占用耕地的，实行占用耕地补偿制度，减少乃至消除农地转用对耕地数量减少的影响。

第三，农地的转用必须经过国家有关部门的审批后才能实施。对于重大工程涉及土地转用数量较多或者涉及基本农田或者转用数量超过 35hm^2 的耕地转用，审批权归属国务院，其他类型的农地转用，审批程序也十分严格复杂。

第四，农地的转用必须经过严格的程序才能进行，集体土地的征收必须经过公开、公告、听证等一系列必要程序。

第五，农地转用必须对被征地农民进行妥善安置。通过建立覆盖受征地人口的社会保障体系，制定土地征收区片价和统一年产值标准，动态调整土地征收补偿水平等一系列手段，确保受征地人口生活水平不降低，长远生计有保证。

这些法律条文所做出的规定，决定了中国农地转用的两个基本渠道（图 7-1）：其一，除了农民兴办乡镇企业和建设住宅，所有的非农建设要占用农地，必须经过土地征收的环节。土地征收，由政府征地事务机构从农村集体经济组织手中获得土地，把它转变为国有土地。转变为国有土地之后的非农建设用地，才可能出让给建设用地单位；其二，农民兴办乡镇企业和依据相关规定兴建住宅，可以不经过土地征收环节。这部分被转变用途的土地，仍然归属集体经济组织所有。

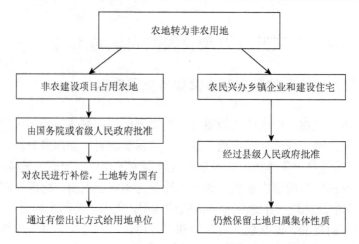

图 7-1　　中国农地转用的基本制度框架

即便是存在以上所描述的严格而近乎烦琐的农地转用程序，改革开放以来中国的农地转用也呈现数量大、需求持续而且旺盛显著特点。其中根本性原因，在于经济结构变化带来的工商业爆炸式发展和城镇化的快速推进。

改革开放以来农地转用的特点可以概括为两个方面，其一，每年转用的数量都较大。一般年份都在数百万亩之多。从 1978～2006 年 28 年间，全国共征收农村集体土地约 8400 万亩，其中耕地 6160 万亩。从国土资源部发布的历年国土资源公报可以看出，2007 年以来，除两个年份外，每年新增的建设用地均在 40 万 hm^2（600 万亩）以上，其中占用的耕地约为 50%，平均每年被占耕地 20.42 万 hm^2（306 万亩）。这就是说，以人均占有耕地的水平而论，相当于每年至少 200 万农村人口失去土地。其二，农地的转用，在各个年份数量不一，呈现出一定的起伏。农地转用数量的起伏，与国家宏观经济发展的整体格局以及相关政策的松紧之间表现出明显的同步性。例如，在 20 世纪 80 年代末 90 年代初期，是国民经济发展速度相对较低、宏观经济政策控制较紧的年份，相应的各年份农地转用数量也最低。1992 年开始，国民经济进入一个快速扩张的时期，相应地，农地转用的数量也迅速上升。从 20 世纪 90 年代中后期起，国家已经把建设用地的供应作为宏观经济调控主要手段之一。农地转用的审批，成为与"银根"一样重要的一道"闸门"。

大规模的农地转化为建设用地，固然满足了快速工业化和城市化对非农业建设用地的需求，为盘活土地资产、筹集城市化发展和建设资金、推动国民经济高速发展起到了重要作用，但也同时产生了一系列明显而突出的问题。这些问题不仅影响到国家和谐稳定的大局，也为长期可持续的发展增添了不确定性因素。这些问题主要体现在以下几个方面。

（1）农地转用在一些年份存在失控，滥征、滥占农地的圈地现象时有发生，导致宝贵耕地资源的流失和土地利用效率的低下。

大规模的农地转用中还存在另外一个突出现象，那就是一些用地单位出于各种利益考虑，进行大规模的"圈地"，导致宝贵的农地资源闲置和浪费。

（2）土地征收引发的各种矛盾不断显现，成为社会矛盾焦点之一。农地转用中最主要的形式是通过土地征收将集体所有土地变为国有，用地单位通过有偿方式获得土地的使用权。在这一过程中，各种利益主体为了自己的利益进行反复博弈。其中最为突出的现象就是，政府相关职能部门作为土地征收的实施单位，容易通过行政手段推行征地拆迁工作，而失地农民以及被征收土地上各类建筑物和附着物的所有者往往处于一个不对等的弱势地位。这种谈判地位和能力的不对等，极易引发土地征收过程中忽视乃至损害农民利益的事件发生。处于无助状态下的受影响者，在困迫和失望状态下往往选择过激的手段进行抗争。近 20 年来各地由于征地拆迁引发的矛盾纠纷，已经成为上访案件中比例最大的一类。征地拆迁引发的社会矛盾，已经成为事关社会稳定的焦点之一。

（3）农地转用后的失地农民可持续生存和发展问题还未能从根本上加以解决，数量庞大的受影响人口的安置和发展问题十分突出。尽管国务院和国土资源部门提出了农地转用后要使失地人口"生活水平不降低，长远生计有保障"的目标，但法规和政策本身存在的内在缺陷以及一系列政策措施落实不力，使得失地人口安置和发展的现状与目标之间还有较大距离。

（4）农地转用过程中存在巨大的利益势差，不同的利益相关主体在土地征收、出让等不同环节进行利益博弈，往往形成各种违法和腐败行为的多发领域。近年来多地出现的屡见不鲜的腐败案件，相当大比例与土地征收有关。

7.3.2　围绕农地转用展开的讨论与探索

针对农地转用过程之中出现的种种问题以及未来的改革方向，理论界和实践部门进行了持续的探讨，其中不乏激烈的争论。争论的焦点和问题繁杂，但归结起来，主要围绕两个方面展开：第一，如何对被征地人口进行合理补偿，以实现其"生活水平不降低，长远生计有保障"；第二，未来农地转用制度改革和完善的方向如何选择？

围绕第一个方面的争论呈现不同的观点，主要表现在对失地人口如何进行补偿，如何分配土地转用带来的收益增值。

在土地征收后对失地人口的补偿问题上，存在两种有代表性的主张。

第一种代表性的观点是不完全补偿论，其基本主张是农地转用带来的土地价值增加，是各种因素综合作用的结果。农民本身作为集体经济组织成员，只有土地的使用权，相应地，对其使用权的损失的补偿，只能是土地价值增加额中的一部分。这种主张的基本理由是，被征收土地转化为建设用地，其价值得到巨大提升，个中原因是因为国家和社会对土地及其周围环境进行了巨额投入，因此增加的收益自然应该体现国家和社会的贡献，不应该全部归农民所有。因此土地转用过程之中"涨价归公"，是理所当然的。而且，国家因为公共建设征地，也是为了增进全体社会成员的福利，以较低价格征地而不是以市场价格购地，可以照顾现实国情，加快发展的速度。

持有不完全补偿论的一部分人中，有相当多的是从事土地征收的实际工作者。他们依据自己的实践经验，往往还持有这样的一种认识：农地集体所有，是中国的基本制度之一。土地转用过程之中实行不完全补偿，是我们国家特有的制度优势，这个优势可以使得我们以相对较低的成本、相对简单而容易的征收过程完成农地转用，推进工业化和城市化建设。否则，像私有化国家那样处理农地非农化，国家根本难以承受建设成本，更延误不起时间。有人认为，改革开放以来中国经济建设和城市化取得世人瞩目的重大成就，这个因素居功至伟。鉴于土地征收实行区片价和统一年产值之后用地成本的上升，一些人呼吁，应该充分利用农地转用尚未完全市场化的有利机遇期，发挥我们的制度优势，低成本、快速地推进农地非农化，用更短的时间、更高的效率完成中国工业化和城市化的历史任务。

第二种代表性的观点就是农地转用，应该对失地人口进行完全补偿。这种主张认为，传统的二元社会结构里，农民其实处于弱势地位。在城镇，居民要么安排工作，要么提供社会保障和其他一系列福利，农民则除土地外一无所有。土地是农民安身立命之本，农地转用带来的收益就应该归属于赖以生存的农民，这样才不至于造成失地人口生存和发展的困境。土地征收之所以带来激烈的社会抗争，成为社会不稳定的主要风险源，就是我们还延续了计划经济体制下对农民进行剥夺的思维，以损害农民利益的方式推进工业化和城市化的发展。在这种主张下，有学者主张征地的补偿费应该按照市场原则进行，废除向农民"征地"制度，变"征地"为向农民"买地"。购买制度下的土地补偿费，将根据市场原则，由土地供求双方协商确定。也有学者主张以被征用土地所承载农民安置的实际社会成本为土地征收补偿的客观依据。

围绕着第二个方面的争论主要就中国未来农地转用的体制改革方向选择而展开。其代表性意见有缩小征地范围论、市场交易论和征购结合论。

缩小征地范围论认为，因公共利益需要进行农地转用的，可以进行土地征收，其余经营性开发占地，则应该由市场决定其价格。从实践的过程来看，2004年国务院做出的《关于深化改革加强土地管理工作的决定》首次明确要求各地政府要制订并公布各市县征地的统一年产值标准或区片综合地价，同年中共中央和国务院在《关于促进农民增加收入若干政策的意见》文件中首次明确要严格区分公益性用地和经营性用地，明确界定政府土地征用权和征用范围。这实际上是在不断提高征地补偿标准的同时，肯定了缩小征地范围的操作思路。这一思路在以后的一系列文件中得到延续，尤其在 2013 年以来的多个重要文件中反复被重申。

市场交易论则认为，凡农地转用，无论公共利益需要，还是经营性开发需要，均应该基于市场交易的价格进行补偿。简言之，未来的农地转用，应该从农民手中买地。持有这类观点的人甚至主张，农地的使用，如到底是用于农业生产，还是用于经营性开发，是自己进行经营，还是通过市场交易交由别人进行，应该将全部决定权交给农民，因为只有农民本身才能够将其价值最大化。

介于缩小征地范围和完全市场交易之间的一种未来农地转用的目标模式就是征购。顾名思义，征购模式就是征收与购买相结合的一种农地转用模式，它完全不同于现行的土地征收，它在大多数情形下是一种基于市场交易的自愿行为。征购也不完全等同于一些学者所主张的向农民"买地"，它仍然保留国家为公共利益需要而行使最终用地权。

征购模式下，无论公益事业项目还是经营性项目，都应该按照市场价格向失地人口支付土地补偿资金，为失地人口可持续安置和发展奠定物质基础。征购完全不同于现行的土地征收，因为后者是具有浓厚强制性色彩的所有权转移过程，而前者基本上应该是一种基于市场交易的自愿行为。征购也不完全等同于一些学者所主张的向农民"买地"，尽管所有权的转移在征购和"买地"方式下都建立在市场交易基础之上，但征购仍然保留国家为公共利益需要而行使最终用地权。这就是说，征购的基本特点有二：其一它的补偿标准是以市场供求关系来确定的，而不是由政府或者用地单位借助于政府的力量来强行确定的；其二在公共利益项目需要用地时，如果按照市场原则仍然不能达成农地所有权转让共识，国家可以按照独立机构评估的市场价格强制性地取得该土地的所有权。这就避免了可能出现的漫天要价、抬高发展成本的现象。

在理论界对农地转用的上述两个方面展开激烈讨论的同时，伴随着数量庞大的农地转用实践，各地也进行了一系列的实践探索。这些探索主要体现在以下几方面。

第一，在既有的法规框架下对农地转用补偿办法进行改良和修补。例如，在统一年产值和征地区片价标准正式颁布和实施之前，一些地方所采取的办法有：一是在土地法规定的补偿标准范围内，尽可能取其上限。或者是利用土地法所规定的补充条件，争取相关政府部门批准采用较高的补偿标准。二是尽可能地采用较高年产值参数，使得按照土地法计算出的土地补偿价格达到一个较高水平。在这种方式下，不同的时间、不同的地类、不同的地区、不同的农作物都按照"就高不就低"的原则，选择较高产值作为计算依据；三是"产值倍数"标准与其他附加条件相结合。在按照"产值倍数"法确定的标准对失地人口进行补偿之外，用一些额外的附加条件在生产和生活上为失地人口提供补偿，以期获得失地人口对土地征收的认可。

第二，结合市场经济发展的若干具体方面改进土地征收补偿和安置方式。这类改进的办法主要有：一是通过谈判协商确定土地征收价格。在按照法律规定计算出的征地补偿价格偏低，而土地出让价格转瞬间上涨数倍乃至几十倍的巨大反差下，一些地方，特别是经济发达、房地产市场活跃的城市周边地区，按照现行土地法规定的标准对失地人口进行补偿，实施难度极大。一些地方试图通过用地单位和土地被征用单位进行谈判协商的方式，以确定征地的补偿价格。必须说明的是，这种协商出的征地价格，虽然比严格按照土地管理法规定的办法计算出的价格要高，但与市场价格仍然有相当大的差距；二是其他方式代替征地补偿。如农民以土地入股，日后参与用地的建设项目的经营与收益分配；再如，一些城郊结合部在土地征收过程中为失地人口预留一定比例土地以供其开发经营，作为补偿回报，这种办法称为留地安置。

第三，若干具体操作政策形成对现有法规的局部突破。2004 年 10 月，国务院发布的《关于深化改革严格土地管理的决定》（即 28 号文），在土地管理法未来得及做重大修改的条件下，对现行征地制度做出了重要的改进。明确指出征地补偿安置不仅要使被征地农民保持原有生活水平，还要使被征地农民的长远生计有保障，要完善征地补偿办法。28 号文对征地程序尤其是报批前的程序作了重要补充。规定了土地征收的告知、调查、确认、听证等程序，强调了被征地农民的参与权、知情权。2006 年 8 月，国务院又发布《关于加强土地调控有关问题的通知》，在 28 号文的基础上，明确提出要"切实保障被征地农民的长远生计"，并指出"社会保障费用不落实的不得批准征地"。

这些文件和规定的出台，催生了后来广泛推行的土地征收区片价和统一年产值标准，强化了失地人口参加养老保险。但这些文件还不能算是正式确立适应市场经济要求的土地征收制度。

第四，全面制定并且动态调整土地征收区片价和统一年产值标准。从实际情况来看，以 2004 年国务院明确提出制定土地征收区片价和统一年产值标准为信号，各地在国土资源部的布置和督促下，纷纷于 2009 年前后公布了各省级单位的土地征收标准，而且该标准每隔三年左右时间进行动态调整。

制定土地征收区片价和统一年产值标准，是在土地征收过程中，根据被征收土地的地类、产值、土地区位、农用地等级、人均耕地数量、土地供求关系、经济发展水平和城镇居民最低生活保障水平等因素，划分征地区片，并采用征地案例比较和年产值倍数等方法，测算出不同区片土地征收的综合补偿价格和适用年产值补偿倍数。

制定土地征收区片价和统一年产值标准，是为了解决土地征用过程中补偿标准偏低、同地不同价、土地补偿标准制定随意性过大等突出矛盾，这种思路考虑了土地区位、农用地等级、人地关系、土地供求关系、经济发展水平和城镇最低生活保障线等原来被"产值倍数法"忽视的因素。从这个意义上讲，制定区片价和统一年产值标准的思路较以前的做法是一个明显的进步。

7.3.3　未来农地转用制度改革和完善的方向

对未来农地转用制度改革和完善的方向进行思考，不妨比较和评价一下前面提出几个流行的主要观点。

2015 年中共中央办公厅、国务院办公厅印发的《深化农村改革综合性实施方案》对于农村土地征收制度改革的基本思路是这样表达的：缩小土地征收范围，规范土地征收程序，完善对被征地农民合理、规范、多元保障机制，建立兼顾国家、集体、个人的土地增值收益分配机制，合理提高个人收益。这个思路可以看成是对之前 20 余年大规模农地转用过程中土地征收出现问题的一个综合回应，并且提出解决之道。其对应的观点，就是区分公共利益和经营性项目用地，缩小征地范围。但这里存在两个问题：第一，缩小征地范围，是不是减少农地转用数量？如果是，那么工商业发展和城镇用地需求如何解决？如果不是，那么征地范围之外的农地转用就不通过征地解决吗？这是否就是意味土地征收就是一种超市场的低价转用，所以要尽可能抑制其范围呢？第二，在现实中如何清晰界定公共利益概念并且得到社会公众的认可？许多项目根本就难以用是否事关公共利益这个尺度进行衡量。缩小征地范围，在实践的操作中存在诸多困难。通过界定公共利益需要而缩小征地范围以期继续低价获得农民土地的做法，是沿袭过去剥削农民的思路，在市场经济条件下此路不通。因为缩小征地范围，并非停止农地转用。其潜台词似乎是肯定公共利益需要的项目占用农地可以以低于合理的市场价格进行补偿，这是一种逻辑混乱的改革思路，既缺乏理论支撑，也缺乏现实的可操作性。一来为了土地征收实行补偿价格"双轨制"而区分项目是否属于公共利益需要殊为不易，在现实生活中把经营性项目和公益事业项目截然分开难以操作；二来即使是社会公益项目，也不应该让少量的失地人口承担本该是全体社会成员共同承担的责任。

缩小征地范围、通过区片价和统一年产值规范土地征收程序并增加对失地人口补偿，这个思路已经进行了近 10 年的实践。从现有情况看，这一思路无论在理论和实践操作上都存在一些明显的问题需要进一步完善。其一，区片价和统一年产值标准思路仍然以土地作为农业生产资料的价值进行补偿，即土地征收是按照其原来用途进行补偿，没有考虑土地转用后价值增加和在不同利益主体之间进行合理分配的思路，没有完全摆脱之前"产值倍数"的旧有窠臼。其二，区片价和统一年产值标准仍然遵循的是由政府主管部门主导征地价格的基本思路。在这种思路下，制定区片价和统一年产值的多种因素当中各种因素的主次以及对标准的影响如何确定？谁有权利确定区片价和统一年产值？政府主导区片价和统一年产值的同时又在征地过程中有重大利益关系，这合理吗？其三，区片划分的依据以及区片价确定的基本参数应该是什么？以区片划分依据而言，往往根据行政区划、自然地理界限等因素来划分，但这合理吗？因为这些依据往往同土地区位、农用地等级、人地关系紧张与否、土地供求关系、经济发展水平等我们必须考虑的因素相冲突。制定区片价和统一年产值的初衷是综合各种因素以测算出一个容易为人们接受的价格，但正因为需要综合的因素太多，而且各种因素错综复杂，其结果是造成新的不平衡。如果说，在区片价推出之前的土地征收中"同地不同价"的现象比较突出，区片价和统一年产值的思路在一个区片的范围内解决了这一矛盾，但却同时又产生了"不同地同价"的新矛盾。因此，土地征收区片价和统一年产值标准的推出，在一定程度上缓解了之前土地征收过程中的若干表面矛盾，但并没有完全解决这些矛盾，而且还产生了一些新的纷扰。以区片价替代"产值倍数法"至多只能看成是改革土地征收补偿标准进程中一个过渡性举措。

至于完全市场交易的农地转用思路，似乎具有理论逻辑上的彻底性，理论上似乎能够确保农民利益得到有效的保护，也能够实现其生活水平不降低和长远生计有保证的目标，但要真正推而广之，则存在绕不开的现实操作难题。因为，在农地集体所有的基本制度下，农民所交易的其实只是在一定期限内的承包经营权，并非完整的产权。经济学的基本原理则早已昭示，清晰而完整的产权界定，是市场交易的必要条件。从操作性来看，即使不涉及农地转用这个可能带来增值和增值部分分配环节可能造成的纷争，仅仅是一些人极力鼓吹的农地完全产权界定，也有可能造成极大的混乱。因此，试图通过完全的市场交易调节农地转用，过于理论化和理想化。

改革开放以来的农地转用，是发生在快速工业化和城市化大背景下的社会经济结构变迁的一个侧面。中国农村土地制度改革和完善，正如中央领导强调的，不能损害农民权益，不能改变土地用途，不能破坏农业综合生产能力。从长期来看，中国的农地转用，必须面对两个硬的约束条件，或者说必须解决好两大难题：一是农地转用不能突破国家粮食基本自给自足这一红线，农地转用不能造成耕地资源的无序滥用从而危及国家的根本安全；二是农地的转用，必须与其相应的农村劳动力非农化和农村人口城市化为基本前提，并在这一过程中保证农民的基本利益以维护社会的稳定。

从以上两个角度出发来评价迄今为止在农地转用制度上的探索与突破，我们认为可以得出以下三个基本结论。

第一，迄今为止的农地转用制度改革探索，虽然在一些具体方面有所突破，但还不能算是从根本上突破现有的、已经严重不适应市场经济要求的土地管理法规的约束。以土地征收制度为例，要解决目前土地征收过程中的种种矛盾，一是要彻底跳出"产值倍数"思路和以农地用途参考来制定土地征收补偿标准的思维框框，确立以土地市场价格为农地转用补偿标准的基本原则；二是各级政府从土地征收环节退出，实现从当事人身份向执法者和裁判的角色改变。而要实现这两个转变，需要对这一领域中的基本制度框架进行重新定位。就国土资源部门来看，这些年来疲于应付各种矛盾，对国务院在土地征收问题上发出的种种要求和规定无法找到有效的落实手段，心有余而力不足，其窘境产生的原因在于，作为一个职能部门对涉及土地制度重大基础性问题的根本性改革，难以有所作为。如前面所分析的，国土资源部门这些年来试图推行的统一年产值和区片价，只能看成一个有限的改良措施，远非农地转用制度改革的终极目标。

第二，迄今为止的改革和探索，已经为农地转用制度的重大变革提供了有益思路，而且进行农地转用制度革命性变革的条件日益成熟。一方面，市场机制作为配置资源的基础性力量的改革目标和现实取向已经十分明确，通过非市场力量介入农地转用环节所遇到的阻力会越来越大，按照市场经济要求实现农地转用过程中资源配置涉及的利益分割，已经成为一种越来越得到普遍认同的发展趋势，这可以看成农地转用制度进行重大变革的自下而上的动力；另一方面，国务院和有关部门提出的在农地转用过程中落实失地人口社会保障措施、保证失地人口"生活水平不降低、长远生计有保障"等要求，为自上而下进行农地转用制度的创新提供了动力。这两种力量的共同作用，足以说明进行农地转用制度的根本性变革时机日益成熟。

第三，农地转用制度的变革，与我国农地制度的改革密不可分而且相互影响。农地转用制度的变革和突破，可以为农地制度的改革和完善提供突破口和动力，而全面的农地制度改革和完善，无疑将为彻底解决农地转用过程中一系列难题提供制度资源。农地转用的制度安排，其核心是土地价值的确定以及利益在不同相关主体之间进行分配。要按照市场经济的要求解决这两个核心问题，必然要触及目前农地转用二元轨道问题，必须要解决农村集体土地产权权能分割而导致的农民利益受到侵蚀的问题，所有这些，又是和我国的根本土地制度相联系在一起的。所以，借助于工业化和城市化的推动来改革和完善农地转用制度，实质上也是把它作为一个突破口，推动整个农地制度的改革和完善。从这个意义上将，农地转用制度的改革，将极大推动整个农地制度的改革，而农地制度改革的目标取向和进展，又将最终决定农地转用制度的进程。

基于以上分析判断，本书对我国农地转用制度改革发展的前景做出以下几点思考。

第一，通过土地征收实现非农化和农村建设用地集体内部转化这两种渠道并存的"农地转用二元模式"必须统一于"同地、同价"的一元农地转用模式。现行的农地转用二元渠道，是与我国土地分属国有和集体所有的格局相适应的。农地转用必须通过征收转为国有的制度安排，实际上与城乡隔离、把绝大多数农民排斥在工业化和城市化进程之外的传统计划经济思路是一脉相承的，也是与市场经济格格不入的。从长远的目标模式来看，农地转用形成的农地非农化与工业化和城市化必须协调发展，土地资源在不同领域中的转用必须通过价格机制进行调节，二元农地转用渠道必须统一于一元渠道，即市场渠道，是毫无疑问的。农村集体建设用地入市参与交易，是对土地制度改革的一个突破。近年来部分试点地区通过城乡建设用地指标与耕地增减挂钩、异地交易等方式的探索，实际上是改革从侧面进行的攻坚突破。

第二，用地者以市场价格为基本依据通过征购模式实现农地转用，应该是我国农地转用的基本模式。无论是公共利益需要还是其他目的的非农项目用地，必须毫无例外地遵循以市场价格获得土地使用权或者所有权的原则。简言之，未来农地转用的目标模式应该是征购。征购既完全不同于现行的土地征收，它是一种基于市场交易的自愿行为。征购也不完全等同于一些学者所主张的向农民"买地"，尽管所有权的转移在征购和"买地"方式下都建立在市场交易基础之上，但征购仍然保留国家为公共利益需要而行使最终用地权。

第三，政府必须彻底从农地转用的过程和环节中退出，从运动员和裁判员双重身份改变为只当裁判员，真正履行好监管职能。要让政府退出征地环节，割断各级政府凭借审批权和农村集体土地权能分割的特点坐收土地增值的纽带，又要从经济利益上体现国家公共投入对土地增值的作用，更要避免国家退出土地征收环节后可能出现的农地转用失控现象，防止宝贵的耕地资源的浪费。政府在农地转用问题上，主要是制定相关的法规并切实监督这些法规的有效落实。

第四，赋予农民可以交易的土地产权权能，让其分享工业化和城市化带来的利益是农地转用制度的应有之义，也是我国社会经济持续发展和结构改善的重要保证。赋予农民可交易的土地产权权能，有两层含义：一是让集体拥有与国有土地相同的建设用地处置权，如开发用地、建设用地的流转；二是通过承认农户对土地的不可剥夺性承包权赋予其土地处置权、耕作权，让其自主调配土地资源，这正是中央一再强调的，在坚持农村土地集体所有的前提下，促使承包权和经营权分离，形成所有权、承包权、经营权三权分置、经营权流转的格局。

第8章　中国土地制度进一步改革的方向与思路

农村人口退出连接城乡发展，是现代化进程中必经过程。前面分析显示，我国农村人口退出受制于农村土地制度，现有的土地流转与退出机制缺失，严重影响了土地财产功能的发挥，进而影响了农村人口的顺利退出，影响到我国"三化"协调发展和现代化进程，必须推进农村土地制度改革促进农村人口退出。本章在前面的基础上，提出中国农村土地制度改革的原则与方向，实现有利于促进农村人口退出的中国农村土地制度改革的对策与建议，可供参考的农村人口退出的土地制度改革模式，同时提出保障农村人口退出后相关权益的政策措施。

8.1　中国农村土地制度改革原则与方向

土地制度，成为农村改革和发展的牛鼻子。实现农业现代化乃至中国国民经济向更高水平发展和结构进一步现代化，必须牢牢抓住农地制度进一步完善和发展这个核心。农地制度进一步完善和发展，需要高屋建瓴地进行顶层设计，把握好原则和方向。

8.1.1　农村土地制度完善和改革的原则

农地制度如何进一步改革和完善？2015年中共中央办公厅、国务院办公厅印发的《深化农村改革综合性实施方案》提出了基本思路和方案。我们认为，土地制度的进一步改革和完善，必须遵循如下几个基本原则。

（1）有利于发展和结构演进的原则。农村土地制度的改革，要放在促进农业现代化、有利于整个国民经济进一步发展和结构进一步改善的总体思路下通盘筹划。如果说，当年的承包制改革，是为了解放生产力，解决最基本的农产品供给问题，也就是解决温饱问题，那么，新的土地制度改革和完善的目标定位，则应该超越这一目标，将土地制度改革和完善定位在服务于经济发展与结构优化，促进农业现代化和整个国民经济的升级。具体来说，土地制度改革要盘活经济要素，有利于生产要素向城镇和非农业领域的流转与集中，而且在这一过程中实现农业生产本身的强化，夯实经济和社会发展的农业基础。

（2）保护农民利益原则。切实保障农民利益，特别是农民的土地财产性权益，是农村土地制度改革必须遵循的原则。集体土地要与国有土地同样享有参与城镇化、工业化的权利和机会。农用地、集体建设用地的相关权益的完善以及土地征收（征用）应保障农民的权益，保障农民的承包经营权、宅基地使用权和集体性资产收益权，合理设置土地增值收益在国家、集体、农民和企业之间的分配，形成公平合理的土地增值收益分配机制。制定动态调整的被征地农民补偿办法，采取多种方式对农民给予合理保障，确保被征地农民长期受益。

（3）市场导向原则。农村土地改革应该真正体现让市场成为配置资源的主导力量，遵循市场化的原则。特别是要减少行政强制性规定，排除习惯性的地方政府安排、包揽、代办土地要素的在不同利益主体之间的流转，使农村土地流转价值和农村人口退出补偿价值按照市场规律进行调节。在坚持农村土地集体所有制的基础上，以市场化改革为导向，突破城乡土地二元分割，推动城乡生产要素自由流动，实现资源配置优化，解放和发展农村生产力。改革中效率和公平并重，在注重效率的同时，更要注重公平，对于不同地区，综合考虑人口流动和迁移的情况，在相关指标和财政转移支付方面，考虑地区公平。

（4）稳健性原则。中国的发展需要稳定，土地制度改革和完善也需要以稳定的社会环境为前提，一切从实际出发，而不是从理论和所谓的经济学原理出发，避免过激的做法引起不必要的社会动荡。由于改革中存在不确定的风险，以及各地情况差别较大，中国农村土地制度改革应在现有的基础上，总结成功经验，将各种风险控制在可控范围之内，分阶段稳步推进。同时，根据不同地区的实际情况，改革应因地制宜，结合土地功能的变化及农户的分化设计适应不同地区的农村人口退出的土地改革方案，分类推进。在改革中尊重各地的地方政府、村社组织的首创精神，鼓励他们自主探索，实践有利于发挥多种效益，推动农村人口退出、提高城镇化质量、提高农业综合生产能力、推进城乡统筹发展的土地改革创新模式。

体现稳健性原则的一个重要方面，就是实事求是，要尊重历史，农村土地制度改革涉及相关权益的明确与界定。对于一些因历史原因形成的相关问题，应完善相关法律和政策，保障当事人的利益。例如，集体经济组织成员的认定；一些私下交易的规范、确认与取缔等，一些跨省跨市农民购买的农用地和宅基地的确权与处置，一些城乡结合地带的农民开始利用自家宅基地自建房产出租或转让，或与他人合作建房，甚至直接转让地块等宅基地使用权的产权确认与取缔等。

8.1.2　农村土地制度完善和改革的方向

自农村土地承包制的制度绩效得到比较充分的释放后，如何选择农地制度进一步改革和完善的方向，理论和实践部门存在着较多的争论和较大的分歧。概括而言，大的方向上存在着三种路径。一是选择私有化的方向，二是选择国有化的方向，三是选择完善集体所有的方向。

农地制度改革能够选择私有化的方向吗？我们的回答是不能。

　　承包制之后农地制度如何走？私有化的主张一直是一种不可忽视的声音。虽然在主流的理论研究上还未大行其道，在现实中也囿于基本政治制度而未能实施，但其影响不可小觑。国内少数有影响的学者或明或暗加以提示，境外学者不遗余力加以鼓吹，将农地私有化视为中国农村土地制度进一步改革的不二法门。

　　在本书第 7 章介绍改革开放以来关于土地制度改革争论的部分，已经概括了土地私有制主张者的主要理由、基本主张。从理论逻辑的一致性和实践操作的可行性角度而言，作者认为，兴师动众的、大张旗鼓的土地私有化并非农村土地制度改革的首选方向。主要理由如下。

　　（1）从理论上讲，将私有化看成农业现代化的理论逻辑起点的理由并不充分。土地作为一种生产要素，相对于其他生产要素，最突出的特殊性在于其"不动"，因此被称为不动产。不动产的特性，决定了这种生产要素的权利核心在于使用权而非所有权。现代经济制度下出现的各种所有权、使用权分离的实现模式，已经可以方便地解决所有权和使用权不一带来的冲突与困扰。如果说现代经济制度下，一系列的制度创新已经将不同利益主体的生产要素整合在一起，按照市场原则发挥其最大经济效用。那么，土地作为特殊生产要素，其使用权的界定与确认，就相当于其他生产要素的所有权的界定。土地的使用、流转和交易，完全可以以使用权为标的，而不是非所有权不可。照搬经济理论教科书，认为市场中生产要素必须得有清晰的产权界定，也就是土地必须完全、彻底的私有化才能符合市场经济要求，才能满足市场交易需要，才能正常发挥其要素效能，其实是拿现实去套书本，而不是从丰富多彩的真实世界里获得认识去修正已有的认识。英美两国土地也非完全私有化，也没有妨碍他们实现农业现代化。尤其英国，其全部土地全部属于皇家所有，实际使用者都是通过租赁获得使用权，这是典型的市场经济国家，也没有人认为要在英国推行土地私有化。

　　（2）从现实的可操作性来讲，在现有条件下进行完全彻底的农地私有化，无异于一场激烈的社会革命，其牵涉的社会各利益群体范围之广、利益关系之复杂，可能引起的社会动荡，足以让人三思而后行。不得不顾虑的是，20 世纪 50 年代，我们是借助于暴力革命获得政权的东风，通过激烈的阶级斗争，将土地制度从私有化过渡到国有和集体所有的二元制度。20 世纪 80 年代，又是在集体所有制的前提下以平均主义的方式实行承包制改革，将一定时期的土地使用权赋予农民家庭。承包制实施的 30 余年时间里，人口自然变动和机械变动，已经将原有的使用权分配格局打乱。如果实行彻底的私有化，很现实的操作难题是私有化的依据是什么？起点在哪里？是以 50 年代的土改为起点，还是以 80 年代初的承包制为起点？在土地已经不再是纯粹的农业生产资料，非农化带来极大利益势差的现实面前，无论哪一种选择，势必掀起激烈的社会风暴，这是任何一个执政者不得不考虑的社会风险。

（3）进一步而言，私有化者强烈主张农地私有化、土地用途自主化。这也与国情乃至多数国家在农地的管理上的一般做法大相径庭。即便是土地私有化了，但土地的用途管理也不可完全放开。作为农业大国和人口大国，保有最低数量的农地是社会稳定的压舱石。那种认为土地私有后，土地主人根据自己利益决定其用途，实现微观土地收益最大化，从而实现宏观土地收益最大化的主张，说到底，还是以黑板上抽象的经济学教条来套用活生生的现实。须知，作为农业生产资源的土地，是千百年来自然进化和人类不断维护才能具有生产能力的稀缺资源。一块良田，可以在一夜之间改变用途，被用来盖高楼大厦。但要将非农用途土地资源转变为良田，其难度不只百倍，有时甚至是根本不可能的，这就是农地转变的不可逆性。因此，农地的使用，绝不是经济学教科书中描述的市场中生产要素在不同领域之间的无障碍的流动，可以通过不同领域的要素收益率进行调节。

综上所述，将农地私有化作为中国农村土地制度改革和完善必然的、唯一的选择方向的主张，既没有完全彻底的理论逻辑支撑，也毫无现实的可操作性。私有化绝不是现阶段农地制度改革和完善的选择方向。

农地制度改革能够选择国有化吗？我们的回答是也可行。

与农地私有化相比，农村土地国有化论者也不在少数，因为其政策主张与我国的意识形态相吻合，大家对此并没有太警觉，但是现阶段不具有现实性和操作性，也应该引起重视。农地国有化改革方案主张将农村土地由集体所有变为国家所有，在这种制度安排下，国家通过租赁、招标等方式授予农民土地使用权，土地使用年限又有有限期和无限期之说。例如，张德元主张中国农地所有制改革的方向应该是国家所有、农民永佃。周天勇认为，中国农地制度应该采取"国有＋999 年使用期"的方案。辛德树等主张农地收归国有，给予农民40 年的免费使用年限，到期后由国家无偿收回，然后农民再支付租金使用。

土地国有化论者的观点，概括起来就是"农地国有化-产权清晰化-经营规模化-社保同等化"路线。他们希望通过土地国有，统一规划，赋予农民永久使用权，或者一定期限的使用权，解决目前农村集体土地产权主体虚置、模糊的现象；解决农地细碎化、规模经营不足的问题，实现土地的规模化、产业化、企业化经营；解决农民的社会保障等问题，通过提取土地基金等建立社会保障基金，替代土地社会保障功能等。农地国有化的论证逻辑基于以下几种理由。

1. 产权主体清晰说

国有化主张者最常用的观点是土地国有化能解决农村土地所有权主体缺位的问题。按照他们的逻辑，农村集体土地国有化后，国家成为农地的主人，农村土地所有权和最终处置权归国家，土地使用权（规定年限或者无期限）归农民，从而明晰了农村产权主体，不仅可以避免集体所有制下征地农民利益受侵害的问题，也可以从根本上解决土地浪费问题。

听起来好像土地国有化一下子把产权主体不清的问题解决了，农民的利益就能得到保障，但实际上会有如此效果吗？答案是否定的。

从理论上看，产权归国家所有是清晰的，国家是由多层级政权组成的，国家只有委托自己的各级政府来管理与行使所有权，或者成立专门的机构来分级管理，在多重委托与代理关系中，如果没有有效的监督，能保障各级代理人按委托人的意志行事吗？地方政府作为一个理性的经济人，当然会以地方利益最大化而非农民利益最大化进行决策。

从实践上看，由于农民只有土地使用权，而且没有所有权，更失去了与政府谈判的权利。在产权主体为集体组织的情况下，农民集体产权还经常受到地方政府及集体组织少数人的侵害，在产权主体为国家的情况下，国家的代理人地方政府更是有各种理由行使产权，收回租赁土地，而且对农民的补偿以使用用途补偿似乎更"名正言顺"。陶振华的文章也说国家进行农业基础设施建设势必要经常征用农地，国有化方案可以摆脱名不正言不顺的尴尬局面。而且，农地国有下对租金的收取如何定价，如果政府定价过高，农民租种的积极性不高，如果定价过低、或者免费，并且没有有力的监督机构与人员也难以解决抛荒问题。

国有化并不像有些学者说的那样，拿走的仅是农村集体土地的一个"虚名"，农民的既得利益不会受到任何损失。农村集体所有权真的是一个"虚名"吗？如果是一个虚名，那集体转国有国家就不需要补偿了，国家征收农村土地就不需对集体组织进行补偿了，所有权是产权的核心，目前的问题是所有权的虚位，所有权没有落实到具体集体组织，使用权受到征用权的侵害。

2. 规模经营说

国有化主张者相信土地国有化能改变土地利用分散、细碎的状况，推动土地顺畅流转，促进土地的规模经营。土地国有化后，成了真正的生产或资本要素，能自由流动，发挥土地规模效益。而且，国有化后，国家还可以通过土地整理，土地规划，形成大片的土地，使土地形成一定规模的集中再交由农民耕种，或者规定购买土地的最低面积标准，形成规模效应。

规模经营的好处相信不但学者推崇，农民也明白，但是规模经营需要一定的条件，有个度，而且可以有多种形式，集体土地所有制与规模经营是不冲突的。

有国有化论者认为，随着农村经济的发展，农民对土地的依赖度减弱，土地的养育、承载功能将不只是针对农民，而是对全社会的，土地理所当然应该由集体占有变为代表全社会的国家占有。土地承载的粮食安全生产功能对全社会是至关重要的，但是它的生产主体是农民，它的生产形式必须是全社会的代表国家生产吗？规模经营和国家占有有必然关系吗？据多位学者和研究机构预测 2030 年中国人口将达 15 亿左右，农村人口也有约 4.5 亿，农业从业人员按 1/3 计算，也有 1.5 亿，人均耕作 12 亩，规模经营的程度也不过如此。如果非要通过国有化提高规模经营程度，如何安排租种不到耕地的农户的出路？农民当然可以到城市打工，如果没有工可打怎么办？如果打工收入不能解决生存的问题怎么办？他们中的很多人还必须以农为生。尽管规模经营是农业进步的必由之路，但它是一个循序渐进、水到渠成的过程，而不能采取激进的直接剥夺方法，只能在非农产业存在更多比较优势或获得更多收益的情况下引导农户自愿放弃（出售）土地，使土地逐步集中朝规模经营发展。

国家一直鼓励各地自主探索规模经营，其实，规模经营的形式可以是多样的，而且各地由于土地耕作情况的差异，规模经营的程度和方式应该有差异。赵俊臣曾举例，东北地区实行了以农户家庭为单位的生产责任制后，极大地调动了农民种植积极性，一般的家庭经营有十几亩，多者数十亩、数百亩、上千亩；人多地少、可以使用机械化的华北华中地区，小麦连片的累计面积多达上百万亩，也是一户户的家庭经营，一般的农户也就是十多亩，少的也就是几亩，也实现了机械化的规模经营，他认为这样分散小农户家庭联合起来后就是规模经营。事实上，这些分散的家庭经营尽管产权是家庭性的，但是生产方式已经实现规模化、机械化，据作者调查，在这些地方的农村，不管是外出人员或是留守人员他们从事农业生产的时间很短，农忙时外出务工人员请几天假回家聘请专业的机械队就可以完成收获播种，或者家里有老人、妇女也可以完成，由于这些地区耕作条件好，便于机械化操作，也很少有人抛荒。因此，在集体土地所有制下规模经营也是可以实现的，适度规模经营也是符合现阶段我国基本国情的。而且，农业经营的比较收益也不会因为农地国有而快速提高，故农地国有化也难以像有些学者说的那样有效推动规模经营，非要通过国有化强化规模经营未免有拔苗助长之嫌。

3. 同等社保障说

国有化主张者认为农村土地属于农民个人所有或者属于集体所有都不足以解决农村绝大多数农民的低水平社会保障问题，其唯一出路在于土地国有化。

有学者认为土地国有化有利于集聚社会保障所需的庞大社会资本，还有人认为土地国有化不仅是农地制度同城市土地市场利用导向接轨的必要前提，也是农民社会保障同城市居民社会保障同等化的必要制度基础，言外之意，如果没有土地国有化，农民是享受不到同城市居民同等的社会保障的。这里需要回答两个问题。

一是农村社会保障的完善必须与土地挂钩吗？答案是否定的。社会养老保障制度的核心理念是公平，所有国民的养老保障权益都应该公平实现，农村居民也不例外。按照土地国有化主张者的意见，农村土地国有化是城乡社会保障制度一体化的法制前提，好像农地不国有化农民就不能享受同等的社会保障。目前，土地的确是农民抵御风险保证最低生存要求的一种工具，是社会保障的替代物。但是推进包括社会保险在内的城乡公共服务均等化是经济社会发展的必然。我国城乡居民养老保险制度已经建立，并实现了政策全覆盖，农村建立了低水平的社会养老保险体系。而且，国家正在推进城乡社会保险的均等化，农民工参加社会保险可以有多种选择，既可以参加家乡城乡居民养老保险，也可以根据从业类型及形式参加务工所在地的城镇职工养老保险或者城乡居民养老保险。由此可见，农村土地的社会保障功能将逐步削弱，正规社会保障的完善是必然趋势。

二是农村社会保障建立的基础是什么？按照土地国有化论者主张建立健全农村社会保障基础依然是土地增值收益。按照他们的逻辑，土地国有化后政府将有更大的动力来完善农村社会保障体系，因为绝大部分土地收益归国家所有，国家有能力提供农村社会保障所需的资本。辛德树等提出，土地国有化后，可以通过土地增值收益，先解决失地农民的社会保障问题，然后逐步扩大到所有的农民。其实，通过提取土地增值收益解决失地农民的社会保障问题已在实践中运行，它与是否实现土地国有化并无必然的联系。既然如此，首要解决的问题是农村土地流转的增值收益分配问题。

希望通过土地国有建立农村社会保障体系有点过于乐观，忽视了我国庞大的农村人口群体，社会保障资金从何而来？连有些主张土地国有化者都称先建立失地农民的社会保障，然后再逐步完善其他多数农民的。农村土地的保障功能主要体现为两种形式，就业保障和养老保障，对于就业保障功能可以针对不同群体通过失业保险、农业保险等一定的手段进行调节，但养老保险统筹账户应保证稳定的增长机制，个人账户缴纳还有待于进一步提高农民收入，把更多的土地增值收益赋予农民，使农村土地能够在一定范围内实现财产功能应成为提高农民收入的方式之一。

除此之外，国有化主张者还列出了以下种种国有化的好处和优势：①农地国有化符合我国社会主义的本质要求，其不仅不会使社会主义公有制基础在农村丧失殆尽，而且还会在整体上强化我国公有制主体地位，毕竟全民所有制是一种比集体所有制更为高级的所有制形式。②便于国家统一规划与管理。③易于为农民所接受。理由是我国大部分农民潜意识地也承认了这种所有权现状。

土地国有化确实有符合我国的意识形态、便于国家的统一规划与管理等优点。但是，由于国家是一个抽象的组织，所有者的许多具体权利都要通过具体的基层机关和具体的工作人员加以行使，土地国有化并不能解决名义上产权主体明确后，农民权益受侵害的现象；以土地国有化推进农业生产规模经营，无异于"拔苗助长"，土地规模经营与集体所有并不冲突；土地国有化不应成为完善农村社会保障的"借口"，农村土地国有化并不是城乡社会保障制度一体化的前提。除了前面论述的三个方面，其具体实施现阶段在我国仍面临着很多难以逾越的障碍。

首先，土地国有化还不符合我国现阶段的农业生产力。国有化是公有化的最高层次，而我国现阶段的农业生产力水平较低，表现在农业灌溉等基础设施、农业社会化服务体系、农业经营管理人才等依然薄弱，而且各地的差距明显，同时农村社会保障体系还不完善，这与土地国有化对农业生产力的要求还存在很大的差距。

尽管我国有些地方农村农业生产力水平相对较高，如南街村、华西村等，农业基本实现了现代化和规模经营，但它是以农业劳动力大量转移非农就业和完善的社会保障为基础的。除去目前已经转移的农村人口，我国农村还存在大量的留守人口，这部分人口要么不具备转移的能力，要么是妇女儿童。即使已经转移的城镇的人口，除去一部分能够稳定就业和稳定生活人群（目标市民化群体），还有一部分是非稳定就业人口，农村集体土地对这些人不仅仅是一种生产资料，它还承担着重要的社会保障功能。

其次，土地国有化实践上不具有可行性。从国有化途径来看，目前，我国土地国有化的途径无非有两条，即无偿收归国有和有偿购买。采取有偿购买的方式，国家将无法支付这笔巨额资金。如果将农民集体的土地无偿地国有化，必将极大损害集体和农民的既得合法利益，很可能引发社会的剧烈动荡。农民也不会欣然接受，据作者对 159 位农民工的有效问卷调查，73 位农民工选择完善集体所有制，只有 17 位选择政府回购、土地国有。从土地国有化管理成本来看，有学者认为操作上简单易行，现有的机构改造即可。问题是我国现有 2.9 亿农户，国家不可能直接面对众多分散的土地使用权人，土地国有化，势必建立从上到下的国有农地管理机构，形成较多层级的委托代理关系，土地所有权行使过程中的经营、管理、监督等成本都将剧增。

综上所述，将农村土地制度进一步改革和完善的目标定位于国有化，与主张私有化一样，既存在理论逻辑方面的疑问，在现实的操作性方面也面临相当大的难题，同样不是我们应该选择的方向。

坚持和完善农村土地集体所有制，在集体所有制制度框架下通过一系列的制度创新，将土地资源、农村人口等生产要素激活，按照农业现代化的要求进行重新组合，既夯实农业生产基础的目标，又适应工业化和城市化发展的需要，推动整个国民经济结构的不断升级，这应该是后承包制时代中国农村土地制度进一步改革和完善的基本方向。

我们所理解的这个集体所有制框架下的进一步改革和完善内容要点包括以下几点。

第一，从法律意义上将农村土地集体所有制进一步明确，那就是运用现代技术手段，通过细致的工作将农村集体经济组织的土地进行确权。建立农村土地集体（社区）所有的法律基础。

第二，以承包制和农村人口宅基地使用现状为基础，进行农村人口土地使用权的全面确权，坚实而可靠地奠定 2008 年《中共中央关于推进农村改革发展若干重大问题的决定》中首次提出的、并且在十八大以来得到反复重申的土地承包关系"长久不变"改革思路的基础。

第三，以农村农地承包和宅基地使用确权为基础，以"农地农用"为准则，放开并全面激活农地使用权的流转和交易，推动农业生产的规模经营和农村人口的退出，并辅之以有利于农村人口退出农村和融入城镇的一系列社会经济政策。

简言之，未来农村土地制度改革的方向可以概括为："社区所有、一次锁定、物化赋权、用途管理"的十六字方针。这个思路可以总结为三点：①把农地产权和耕地保护制度"做死"；②把农民家庭的承包权"做实"；③把土地的经营权"做活"。

所谓把农地的产权和耕地保护制度"做死"，就是坚持农村土地集体所有的根本制度不动摇，排除私有化和国有化的纷争，坚持最严格的耕地保护制度，奠定农业发展和国民经济的资源基础。所谓把农民家庭的承包权"做实"，就是从法律上明确农民对承包土地使用权的"长久不变"内涵，使得农民对承包地占有、使用、收益、流转及承包经营权抵押、担保权能得到完全保障。所谓把土地的经营权"做活"，则是将农民家庭承包的土地经营权以前述两条为基础，通过自愿、有偿和依法的原则，基于市场机制的作用进行流转和重组，实现效率最佳的配置，促进农业现代化的发展。

8.1.3　推动农村人口退出

农村土地改革的经济社会效果是多元的，实践中土地改革创新与方案的选择也是多目标，有的改革以提高农民或集体收入为主要目标，如"土地股份合作制""集体建设用地入市"等，有的以推进农业规模经营为目标，如"两田制""土地银行"等，有的以提高土地利用效率增加城镇建设用地为目标，如重庆"地票""两分两换"等。这些改革探索虽然都取得一定的绩效，具有一定的优越性，但都不是以农村人口退出为目标。

现阶段，农村人口的退出具有特殊的重要意义，农村土地改革的应以农村人口退出为目标。农村人口退出不仅关系到城镇、农村健康发展，更是关系到我国"三化"协调发展和现代化建设的实现。第 2 章的分析结果显示农村人口退出主要受阻于农村土地制度，随着农村土地功能的变化，农村土地退出补偿制度缺失、流转机制不畅等阻碍了农村人口的退出，此外，农村土地产权主体缺位，使用权不稳定也影响了农村人口市民化的积累和退出。只有实现了农村人口的转移和退出，留在农村的人口才能获得更多生产资源，才能推动农业生产经营规模化，提高农业生产率，实现收入提高等。也可以说农村人口退出与提高农民收入、推进农业规模经营具有效果一致性，能够兼容这些目标。同时，农村人口的彻底退出也促进了城镇化的健康发展，工业化的顺利推进，稳定提供工业化发展所需的资源和要素，而目前农村土地改革、农村人口退出、城镇融合的良性循环机制尚未形成，农村土地改革的应以农村人口退出为目标。

从实践来看，从前面主要的土地制度创新综合绩效考量来看，综合绩效最好的成都模式、重庆模式、浙江模式其农村人口退出效果也最好。其中，成都模式、重庆模式都为综合型的制度设计，重视土地制度创新与人口迁移等其他配套条件的有机结合，如重庆的土地创新与户籍改革相结合，如成都的产权改革和"两分两换"相结合，发挥政策协同效应，农村人口的退出效果最好。

因此，农村土地制度创新与改革应该以是否有利于农村人口退出作为主要目标，以农村人口退出效果作为检验其绩效的主要标志。

8.2　推进农村人口退出改革的相关政策建议

适应农村土地功能变化，加快农村农用地和建设用地相关制度改革，按照"完善立法、土地确权、用途不变、价值显化、政府引导、市场运作、利益共享、有序退出"原则，明晰集体土地所有权主体，改革土地流转交易制度，完善退出制度，改革土地征收制度，让土地资产货币化收益成为农民工市民化的经济基础，推进农村人口有序退出，促进城乡人口合理分布与流动。

8.2.1　完善相关立法

1. 落实集体土地所有权主体

针对目前农村集体土地所有权主体模糊的现实，一方面，应在法律上明确集体经济组织为农村集体土地所有权主体，对相关的法律如《中华人民共和国宪法》《中华人民共和国土地管理法》《中华人民共和国土地承包法》《中华人民共和国民法通则》等进行修改，在土地所有权主体的规定及行使上形成一致法律条文，避免产权主体的模糊。另一方面，同时完善《农村集体经济组织法》，明晰农村集体经济组织的相关权利，与村委会相区别，针对现实中农村集体经济组织各地存在建立情况不一致，对于农村集体经济组织成立实行弹性设置，具备条件的地方鼓励成立，不具备条件的地方可以不成立或缓成立，但是当集体经济组织发生一些重要经济事项时必须成立临时集体经济组织，具有同等法律义务与责任。

2. 国家法律层次应明确集体建设用地使用权流转的合法性

完善现行的《中华人民共和国土地管理法》，允许集体经营性建设用地使用权在符合土地利用规划和用途管制的前提下合法自由流转，推动实现国有土地和集体土地的"同地、同价、同权"。完善农村宅基地使用权的立法，在面积的限额与"一宅一户"政策的相关规定下，明确规定农民宅基地使用权、保有权、继承权、转移权、收益权，明晰宅基地产权、流转、收益分配及宅基地登记发证等规定，制定"宅基地流转管理办法"，扩大农村宅基地转让主体的范围设定，突破集体组织成员内部转让的限度，在更大的范围内实行转让、交易、互换等。对"一户多宅"等制订退出及补偿办法。

3. 赋予农村土地承包经营权更充分物权

修改《中华人民共和国物权法》和《中华人民共和国农村土地承包法》，将农户的土地承包经营权进一步细化，对合法的经营权进行登记予以保护，赋予农民土地抵押权、租赁权以及部分土地发展权，为农村土地使用权流转提供法律支撑，强化农村人口退出意愿与支撑。取消对"两田制"的禁令，各地可以根据实际情况自主实施，完善经营田的收益分配。

4. 修改土地征收、征用相关法律法规

首先要明确公益性用地的范围，政府要逐步退出土地征收市场。根据经济社会发展阶段在相关法律中明确公共利益的范围，关于"公共"的界定，应使用"不特定的多数人"标准，采用抽象概括与列举的立法方式予以规定，国防设备、交通、水利、卫生、公共建筑、能源、教育学术及慈善事业以及其他社会公共事业用地，市政建设用地，以及为实施国家经济政策国家及地方重大经济建设项目用地等应列入公共利益的范围。其次，完善征地补偿标准与方式。按照农业用途进行补偿，没有体现土地财产的真实权益。目前依年产值倍数补偿的办法已不适应市场经济的发展，征地补偿应该引入市场机制，以市场价值进行补偿，市场价值可以通过评估确定。

5. 明确相关收益分配

在土地征收、土地整理、集体土地入市等重要涉及农村人口利益与权利的经济活动中，在相关法律中明确集体经济组织、农民、国家、企业等收益分配原则、指导标准。

8.2.2　建立土地退出权

在现行农村土地制度下，农民没有土地的"退出权"，不能平等地获得相应的土地收益与补偿，这使他们不能舍弃土地，从前面的调查也可以看出即使一部分农民工家庭已在城镇有稳定的住所，如果没有特别的政策支持退地的意愿也不强烈。

1. 建立土地有偿退出制度

按照"自愿、有偿、渐进、分类"原则，农村人口退出土地应当自愿，而不是强迫，可以通过合法的市场渠道，也可以通过政府的引导，办理相关法律手续；在退地选择上可以退出承包地、宅基地其中一种，也可以全部退出，由其自主决定，未退出相关权益如收益权等不发生变化，农民工退出的土地（含宅基地）退给农村集体经济组织。经济发达和城市郊区的农村退出人口可探索通过市场机制退出农村土地，通过完善土地市场，有条件地在市场交易中变现农村土地。大多数边远和经济落后的农村地区，可探索国家或地方政府给予农村退出人口补偿的方式，也可探索市场化交易方式。对于已经退出的农村人口，如果暂时不愿退出土地，可通过政策引导鼓励其将土地向专业大户、家庭农场等专业化生产组织流转，提高土地生产率。

2. 建立土地置换、整理机制

土地退出可以在城镇获得住房、社保等基本生活条件对等置换，土地整理指标可以进行市场交易。促进条件成熟的农民退出农村土地，土地退出可以置换城镇规划区住房、购买城镇优惠住房、养老生活补助等。建立合理的宅基地增值收益分享机制，对于宅基地整理置换，应由参与宅基地置换整理的企业、农村集体和农户合理分享节约出的土地增值的收益。

8.2.3　推进土地全面确权

1. 完善农村土地登记发证制度

农村土地确权对完善集体土地产权制度具有基础性作用，对农村人口的退出具有重要推动作用。截至 2014 年 8 月，农村集体土地所有权确权登记发证已经基本完成，需加快耕地、林地等承包经营权确权发证，推进包括宅基地在内的农村集体建设用地使用权确权登记颁证工作，尽早完成覆盖全国农村集体各类土地的所有权、使用权确权登记颁证。土地登记时以土地调查数据为基础，同时尊重历史因素，完成精确到村民小组一级、农户等的集体土地使用权登记，建立健全城乡建设用地统一登记信息查询系统。

2. 延长承包年限

根据农业部等《关于开展农村土地承包经营权确权登记颁证工作的意见》，新颁发的土地承包经营权证书中，土地承包起止日期要与土地承包合同中签订的时间一致，主要是二轮延包合同。长期有保障的承包经营权对于承包经营主体来说，不仅带来经营稳定的预期，而且土地使用年限的延长其经济价值进一步提升，土地的资产功能凸显。但是二轮延包合同大部分在 20 世纪 80 年代中后期签订，剩余年限只有十几年。在本轮承包到期后，可以进一步延长土地承包年限为 40～50 年。

8.2.4　引导和规范农村土地流转

1. 建立健全农村土地流转市场与平台

建立健全三级流转服务平台，在各县区、乡镇建立农村土地流转产权交易中心，在村级建立农村土地流转服务站，促进承包经营权、集体经济组织股权、农村房屋所有权、宅基地使用权、宅基地复垦指标等农村产权流转，转变农村资源配置和农业发展方式，推动农村人口分化和退出。逐步建立规范的土地流转中介服务机构，如土地评估事务所、土地银行、土地保险公司、委托代理机构等，对它们的业务和功能进行规范与导向。

2. 引导集体建设用地"入市"流转

推进集体建设用地和国有土地的"同地同价"，不仅解决征地方式的单一带来的垄断及其他问题，而且使集体经济组织和农民分享更多所有权和使用权收益，增强市民化和退出农村的能力。支持更多有条件的县（市、区）经过批准后，开展农村集体经营性建设用地入市试点，在符合规划和用途管制的前提下，探索同等入市、同权同价的具体做法。可参照国有土地使用权的分类，将集体建设用地的使用权分为三类：一类是划拨土地使用权，如农村的宅基地，采取有限制的流转，对于农村人口可以放开；一类是出租土地使用权，可以在符合规划和用途管制的前提下完全放开；一类是出让土地使用权，出让可以再分为协议出让和"招、拍、挂"。逐步建立地价格评估体系、产权流转和增值收入分配制度。试点成熟后向全国有条件的地区推广。

8.2.5　建立健全农村保障制度

较多土地制度创新涉及农户长时期失去土地的问题，对土地全部流出的农户，考虑农民就业的稳定性问题，万一国家形势变了或者外面打工出了问题要回家种田怎么办？不应轻率地割裂他们与土地的联系，并给予失地农民待遇。而且，有部分农民不具有从事非农产业的能力，具有种田愿望和种田能力的不愿意失去土地，土地以及副业收入依然是他们主要的生活来源。尊重农民的土地选择，逐步建立保障层次高的农村社会保障制度。积极探索从各种土地制度创新中提取一定的集体收益作为社会保障金，提高农民收入，提高农村基础养老金的额度和增长率等逐步完善农村社会保障制度，通过社会保障措施的完善，增强农民流出土地的"安全感"，稳定农民心理预期，推动农村人口的退出。

8.3　农村人口退出的改革模式选择

从前面分析可知，各种主要土地制度创新人口退出效果存在差异，"宅基地换住房，承包地换社保""集体建设用地置换城市建设用地指标""土地银行""土地市场"等模式人口退出效果很好或非常有利于农村人口退出，"承包权长久不变""两田制""宅基地流转"模式有利于农村人口退出，"集体土地入股""集体经营性建设用地入市"模式人口退出效果一般，长期来看人口退出效果较好。应根据各模式的特点实施并改进。

8.3.1　大力推进"双置换"和"土地整理"

在经济发达和就业机会稳定的一类地区和二三四类地区的大中城市郊区积极推进"宅基地换住房，承包地换社保"，这些地区或是即将城镇化的地区或已具备城镇的功能与形态。农村人口彻底放弃农村资源，置换城镇发展资源，农民的权益相对较好地得到保障，而且，地方政府整片推动的土地整理与农民集中居住，也是一种较为彻底的退出方式，有利于农村人口成建制的整体退出。从实践结果来看，成都温江和苏南吴中农业人口退出效果较好，而嘉兴农业退出效果一般，这其中跟模式具体设计有关，前两者需要同时进行宅基地和承包地的置换，后者以宅基地置换为核心，推动承包地的置换。该模式的关键是完善置换程序，让农民参与其中，给予农民选择权。

在二三四类地区相对偏远的农村地区，应大力推进"集体建设用地置换城市建设用地指标"。从重庆的实践来看，这种模式农村人口的退出效果较好。农民宅基地整理复垦后，拥有置换出的城市发展指标，农民有较大的自主选择，既可以在县（市、区）为范围，选择农民经济安居房，也可以获得置换指标交易价值补偿，偏远农村地区农民能够根据自己能力渐进城镇化。该模式主要解决住宅整理置换出的城市用地指标收益中农民的收益分配份额及权益保证问题，出台文件规范置换收益除去成本后应主要由集体组织和农民分享。

8.3.2　积极发展"土地市场"和"土地银行"

现阶段,对于一类地区和其他二三四类地区的大中城市郊区,可积极推行"土地银行"。"土地银行"又称土地信用合作社模式。作为专业性的流转服务组织,土地银行提供标准化的服务,降低了土地流转的交易费用,通过土地的零存整贷,实现土地规模化经营。该模式与土地股份制一样通过土地的集中经营模糊了土地的实际位置,变成了一种收益的权利,有利于农村人口做出长期迁移的决策,有利于推动农村人口的退出。

对全国大部分的农村地区,应积极推行"土地市场"模式。创造条件建立有形或无形土地市场,充分发挥土地市场的价格竞争机制优势,实现农地高效流转,通过农地的有效流转推动农村人口的逐步退出。土地市场的建立需要政府的财力和人力支持,可依托现有的国土系统形成县乡村规范的流转平台和服务体系。

8.3.3　鼓励发展"集体土地入股"

"集体土地入股"是农村土地"市场化"流转主导模式之一,在具备条件的地区积极鼓励发展土地股份合作。虽然在南海模式中农业人口的退出表现较为一般,但在苏南模式中效果较为明显,跟苏南土地股份制的股权的流动性较好不无关系。长期来看,股份合作制模式逐渐淡化了农村人口对农村土地的实际占有概念,逐步转化一种概念上的受益权,对于农村资产的流动和农村人口的退出具有重要的意义。通过土地股份合作把土地集中在一起之后,也便于吸纳社会资本进入进行规模化经营,提高土地利用效率。对于该模式的改进,一方面是完善相关规定推动股权的自由流转合法化,明确集体经济组织成员股权的流转性、继承性,考虑土地股份的特殊性,不宜将收益单纯按股份分配,可以探索地租+股份分配方式。另一方面是避免村集体及相关组织对农民权益的侵害,完善相关法律法规,制定《农村集体经济组织法》等,明晰农村集体经济组织的相关权利,与村委会相区别。

8.3.4　探索推进"承包权长久不变"和"宅基地流转"

全国大部分农村地区可以探索推广这两种模式。"土地承包权长久不变"稳定了农民的生产和投资预期,有利于土地的长期流转;便于长期流转又提高了土地的价值,长期流转和土地流转价值的提高,又有利于农民做出长期迁移决策、增强农村人口的退出能力,推动农村人口的退出。资金仍然是制约农村发展与农村人口退出进城的"软肋"。尽管"宅基地流转"模式目前还处于试点阶段，但它突破了村集体内的流转限制，用经济手段引导和规范宅基地跨集体组织流转、置换和有效配置，不仅提高了农村宅基地的利用率，也增加农民收入，增强农民市民化的经济积累。应鼓励各地积极探索"宅基地流转"的有效模式，探索建立农村宅基地在更大范围内的流转机制，还原宅基地的资产属性。

8.3.5　自由发展"两田制"

允许"两田制"合理发展。"两田制"提高了规模经营水平和生产效率，解放了部分农村劳动力，有利于农村人口的离农和迁移，从农村人口退出的角度来看具有积极意义。其存在集体组织损害农民利益的问题在目前农村新型自治体制下可以通过制度予以规范。特别对经营田的比例、经营田承包方式、经营田收益分配方式等通过相关制度予以规范，通过村集体自治组织予以监督落实。对于经营田的收益可以探索采取按集体经济组织成员折股等方式解决分配问题。

8.3.6　稳步推进"集体经营性建设用地入市"

集体经营性建设用地按照与国有建设用地"同地、同价、同权"入市，属于产权不变市场化流转方式，适于工业化和城镇化快速发展地区。在地方城市规划和土地规划的范围内，通过集体经济组织（或委托代理方）市场化方式操作，村集体农民参与收益分配，分享工业化和城镇化过程中土地增值收益，较好地维护了农民的土地权益。从芜湖模式来看，农业人口的退出的效应不太明显，另外可以看作该模式变形的昆山模式人口退出效果也不明显，可以看出，在集体土地产权不变更的情况下的土地创新模式，对农民的退出激励效应不明显。但该模式较好地维护了农民的利益，且多发生在工业化城镇化快速发展地区，长期来看，该类地区很可能发展为城镇化地区。由于集体产权不变，关键是处理好城市以及城镇规划区集体土地和国有土地的转化及衔接问题，以及集体经济组织成员的收益权流动问题，创新土地流转转化方式，在此基础上成建制的推动农村人口的市民化转化。

8.4　农村人口退出后配套保障措施完善

8.4.1　推进同享城镇基本公共服务

保障随迁子女平等享有受教育权利。将农村退出人口随迁子女教育纳入迁入地政府教育发展规划和财政保障范畴，保障农村退出人口子女在迁入地接受同等教育。根据农民工实际居住年限、参加社会保险年限、子女接受流入地义务教育年限等，将符合条件的农民工随迁子女纳入普通高中教育范围，实现在流入地参加中考和高考。

完善公共就业创业服务体系。促进农村退出人口与城镇原户籍就业人员同等享有就业与创业政策扶持、信息咨询、培训指导等相关服务。大力开展农村退出人口职业技能培训和引导性培训，深入落实职业培训补贴制度。

引导农业退出人口及早在城镇参保并连续参保。完善城镇社会保险体系，与用人单位建立劳动关系的农村退出人口，按照相关规定参加城镇职工社会保险、医疗保险；在城镇居住的灵活就业人员，可自愿选择参加职工基本养老、基本医疗保险或城镇居民养老、医疗保险。引导农村退出人口及早参保，着力解决城乡社会保障制度衔接问题，逐步实现各类参保人员在地区之间、制度之间顺畅转移和衔接。

提供同等住房、医疗卫生保障。推进城镇住房保障体系覆盖全部农村退出人口，对有稳定职业并在城镇居住一定年限的进城务工人员提供公共租赁住房。加快完善医疗保险制度，将农村退出人口纳入居住地医疗和基本公共卫生保障体系，享有与原户籍人口无差异的相关服务。

8.4.2　建立退出利益保障机制

根据自愿的原则，农村人口进城后不愿退出土地的，保留进城落户农民土地承包经营权、宅基地使用权、林地承包权和林木所有权、土地入股分红权、原村集体经济组织资产收益分配权不变。以"土地不撂荒、种地有效益"为政策设计底线，完善转户农民有序处置土地的体制机制，促进转户农民向农业种养大户、专业合作社、家庭农场规模化流转土地。积极探索退出人口农村住房就近置换城镇商品房、宅基地退出补偿等相关权益的实现形式，解除农村退出人口进城的后顾之忧。

8.4.3　完善社会参与机制

引导农村退出人口积极融入迁入地社会生活，增强其归属感和认同感。引导农村退出人口有序参政议政和参加社会管理，引导农村退出人口积极参与社区公共活动、建设和管理，通过参加社区民主选举、参与社会事务管理融入城镇社区。

参 考 文 献

安希伋. 1988. 论土地国有永佃制. 中国农村经济,（11）: 22-25.

北京天则经济研究所《中国土地问题》课题组，张曙光. 2010. 土地流转与农业现代化. 管理世
　　界,（7）: 66-85, 97.

蔡昉. 2007. 中国流动人口问题. 郑州: 河南人民出版社.

蔡继明. 2009. 中国土地私有的分步改革方案//蔡继明，邝梅. 论中国土地制度改革——中国土
　　地制度改革国际研讨会论文集. 北京: 中国财政经济出版社: 151-165.

蔡永飞. 2002. 能否把土地承包经营权变为养老金卡——为建立农村社会保障制度献策. 调研
　　世界,（4）: 36-43.

蔡志荣. 2010. 农村土地流转方式综述. 湖北农业科学, 49（5）: 1209-1212.

陈宝森. 2001. 当代美国经济. 北京: 社会科学文献出版社: 92.

陈芳，张洪河. 2004-04-06. 常州 800 万吨钢铁项目被叫停. 经济日报.

陈露. 2014. 土地制度对经济增长的影响研究. 长沙: 湖南师范大学.

陈平. 2002. 建立统一的社会保障体系是短视国策. 中国改革,（4）: 18-19.

陈志刚. 2005. 农地产权结构与农业绩效: 对转型期中国的实证研究. 南京: 南京农业大学: 19.

邓大松. 2002. 论农户承包土地流动的条件和模式. 南方农村,（2）: 29-32.

邓大松，谢圣远，钟建威. 2002. 农村社会保障制度改革中的政策建议. 中国软科学,（7）: 24-27.

刁其怀. 2010. 农村房屋产权流转: 一个实证描述及分析——以成都市三区（市）县九乡镇为例.
　　西南民族大学学报（人文社会科学版）,（6）: 102-105.

杜宇. 2013. 城镇化进程与农民工市民化成本核算. 中国劳动关系学院学报, 27（6）: 46-50.

关江华，黄朝禧，胡银根. 2013. 基于 Logistic 回归模型的农户宅基地流转意愿研究: 以微观福
　　利为视角. 经济地理, 33（8）: 129-133.

郭书田. 1990. 失衡的中国. 石家庄: 河北人民出版社.

国家卫生和计划生育委员会流动人口服务管理司. 2012. 中国流动人口发展报告 2012. 北京: 中
　　国人口出版社: 4.

国家卫生和计划生育委员会流动人口服务管理司. 2013. 中国流动人口发展报告 2013. 北京: 中
　　国人口出版社: 4-5, 9.

国务院发展研究中心课题组. 2011. 农民工市民化进程的总体态势与战略取向. 改革,（5）: 5-29.

国务院发展研究中心农村经济研究部课题组. 2012. 中国特色农业现代化道路研究. 北京: 中国发
　　展出版社.

韩俊. 2012. 中国农业现代化六大问题. 北京: 中国发展出版社: 6-7.

何传启. 2012. 中国现代化报告 2012. 北京: 北京大学出版社.

何红卫，王再虎. 2013. 农机合作的"华丰模式". www. china. com. cnm[2013-06-24].

何红卫，余爱民. 2013-10-29. 湖北天门市华丰农业专业合作社调查与思考. 农民日报.

何新易，廖淑华. 2005. 劳动歧视下的人口流动模型. 统计与决策，（2）：8-9.

贺雪峰. 2010. 小农经济还至少要维持 30 年. 贵州社会科学，（10）：4-9.

贺雪峰. 2012-05-15. 评"增人不增地、减人不减地". 中国乡村发现.

贺雪峰. 2013. 关于中国式小农经济的几点认识. 三农中国网，http：//www.snzg.cn/article/2013/
1125/ article_35991. html[2013-11-25].

胡鞍钢. 2001. 利国利民、长治久安的奠基石——关于建立全国统一基本社会保障制度、开征社
会保障税的建议. 改革，（4）：12-18.

胡洋. 2003. 新时期农村家庭养老的出路选择. 农村经济，（4）：39-41.

黄祖辉. 2008. 转型、发展与制度变革. 上海：上海人民出版社：173-174.

蒋扬敬. 2012. 农村外出务工群体宅基地流转研究：以重庆为例. 重庆：重庆工商大学.

焦玉良. 2005. 鲁中传统农业区农户土地流转意愿的实证研究. 山东农业大学学报（社会科学版），
（1）：83.

李昌平. 2002. 我向总理说实话. 西安：陕西人民出版社.

李昌平. 2010-04-08. 土地流转的过去、现在和将来. 光明日报.

李俊高，李俊松. 2016. 新一轮的农村土地流转：理论争论、实践困境与机制创新. 农村经济，
（1）：39-43.

李梦凡，张良. 2011. 人口流动现象和城市化的影响因素：基于改进的乡城人口流动模型的经济
学分析. 企业经济，（11）：141-144.

李珍. 2001. 社会保障理论. 北京：中国劳动社会保障出版社.

梁鸿. 2000. 苏南富裕农村社区的贫困问题. 中国农村经济，（11）：25-27.

梁流涛，梅艳. 2011. 中国耕地生产率变化及影响因素分析——基于 Malmquist 指数视角的研究.
干旱区资源与环境，（8）：1-6.

林毅夫. 1994. 制度、技术与中国农业发展. 上海：上海人民出版社.

刘华军，鲍振，杨骞. 2013a. 中国二氧化碳排放的分布动态与演进趋势. 资源科学，35（10）：
1925-1932.

刘华军，鲍振，杨骞. 2013b. 中国农业碳排放的地区差距及其分布动态演进——基于 Dagum 基
尼系数分解与非参数估计方法的实证研究. 农业技术经济，（3）：72-81.

刘华军，赵浩. 2013. 中国高技术产业发展的空间非均衡与极化研究. 研究与发展管理，（5）：
44-53.

刘守英. 2012a-11-27. 贵州湄潭实行"增人不增地，减人不减地" 24 年的效果与启示. 中国乡村
发现.

刘守英. 2012b-11-27. 湄潭土地改革：实践意义与未来走向. 中国乡村发现.

刘卫柏. 2011. 基于 Logistic 模型的中部地区农村土地流转意愿分析：来自湖南百村千户调查的
实证研究. 求索，（9）：81-83.

刘燕舞. 2009. 要反思湄潭土地试验经验——基于贵州鸣村的个案研究. 学习与实践，（6）：
116-120.

茅于轼. 2007-05-29. 要不要保护耕地？. 经济观察报.

茅于轼. 2011-01-27. 让农民有自由选择权. 财经.

牛文元. 2003. 土地流转是中国城市化起飞的先期准备//中国城市发展报告2001—2002. 北京：西苑出版社.

潘维. 2009. 农地"流转集中"到谁手里. 天涯，（1）：180-190.

皮特 H. 2008. 谁是中国土地的拥有者？——制度变迁、产权和社会冲突. 林韵然译. 北京：社会科学文献出版社：263.

秦光远，谭淑豪. 2013. 农户风险认知对其土地流转意愿的影响. 西北农林科技大学学报（社会科学版），13（4）：61-67.

秦晖. 2003. 农民中国：历史反思与现实选择. 郑州：河南人民出版社.

商伯成. 1995. 我国农业适度规模经营模式与途径的探索. 学习与探索，（1）：39-45.

申鹏. 2012. 农村劳动力转移的制度创新. 北京：社会科学文献出版社：114，117.

沈丽，鲍建慧. 2013. 中国金融发展的分布动态演进：1978~2008 年——基于非参数估计方法的实证研究. 数量经济技术经济研究，（5）：33-47.

盛大林. 2006. 农村土地到底该不该私有化. http：//finance：sina.com.cn/review/zlhd/20060920/09262930881shtml [2006-09-20].

舒尔茨. 1990. 论人力资本投资. 吴珠华译. 北京：北京经济学院出版社：31.

宋亚平. 2012. 祸兮福之所倚，福兮祸之所伏——政府主导下的农村土地流转调查. 北京大学中国与世界研究中心编《研究报告》，No. 2012-11. 38.

苏静. 2015. 中国农村金融发展的减贫效应研究. 长沙：湖南大学.

速水佑次郎，拉坦 V. 2000. 农业发展的国际分析. 郭熙保，张进铭译. 北京：中国社会科学出版社：290-291.

唐卫彬，黄艳. 2012-07-09. "资本下乡"可走多远：三问湖北土地流转"春晖模式". 经济参考报.

田克明，王建设，陈白淼. 2011. 农户宅基地流转意愿影响因素定量研究. 安徽农业科学，39（8）：4781-4783.

童大林. 1978-12-08. 关于农业现代化的几点看法. 人民日报.

王文波，温钰，李彤. 2007. 城市化过程中人口流动二元结构模型研究. 大连理工大学学报（社会科学版），28（3）：60-63.

王晓静，李琼，林德明. 2014. 江苏省农村土地承包经营权流转情况调查及建议. 现代农业科技，（7）：347-348.

温铁军. 2001. 市场失灵＋政府失灵：双重困境下的"三农"问题. 读书，（10）：22-29.

温铁军. 2009. 我国为什么不能实行农村土地私有化？. 红旗文稿，（2）：15-17.

文斌. 2012-08-09. 湖北春晖集团"春晖模式"的实践与探索. 农民日报.

文贯中. 2006. 解决三农问题不能回避农地私有化. 中国经济学教育科研网[2006-07-10].

吴帮帮，吴华安. 2011. 户籍制度改革背景下农户转市民意愿研究：基于重庆江北农户的调查. 当代经济，（1）：34-36.

吴建钦，陈旺松，姚逸舟. 2011. 农户的集体建设用地流转意愿和模式选择调查结果分析——基于对浙江省杭、嘉、湖、台、甬的实地调查. 经营管理者，（6）：170-171.

吴明发，杜盛珍，欧国良. 2013. 农民宅基地产权要素认知与流转意愿调查：基于广东省农户调查. 调研世界，（8）：35-40.

夏永祥，魏玮. 2012. 三重二元结构下的人口流动模型：对民工荒的一个新的研究框架. 当代经济科学，34（1）：12-17.

辛岭，蒋和平. 2010. 我国农业现代化发展水平评价指标体系的构建和测算. 农业现代化研究，（6）：646-650.

徐滇庆. 2012. 粮价与粮食安全. 中国乡村发现网. http：//www.zgxcfx.com/Article/28538.html [2012-04-25].

徐倩，夏敏. 2010. 农户宅基地使用权流转意愿及其影响因素研究：以山东省齐河县为例. 安徽农业科学，38（21）：11394-11396.

徐星璐. 2012. 基于农户视角的农村宅基地流转研究：以江西省为例. 南昌：江西农业大学：38-48.

杨小凯. 2001. 中国土地所有权私有化的意义. 爱思想网. http：//www.aisixiang.com/data/425.html [2001-04-12].

姚波，覃正，柴国荣. 2003. 二元劳动力市场下的人口流动模型及其政策含义. 西安交通大学学报（社会科学版），23（2）：56-58，64.

衣光春，徐蔚. 2004. 对托达罗模型前提、变量及政策含义的新思考. 北京行政学院学报，（4）：36-40.

于建嵘，陈志武. 2008-02-05. 给农民土地永佃权可不可行？——于建嵘、陈志武对话中国农村土地制度. 南方周末.

余爱民. 2008. 解读全国种田冠军侯安杰. 中国乡村发现，（3）：25-30.

余爱民. 2009. 土地流转发展适度规模经营的若干思考. 湖湘三农论坛，（10）：56-60.

曾福生，高鸣. 2013. 中国农业现代化、工业化和城镇化协调发展及其影响因素分析——基于现代农业视角. 中国农村经济，（1）：24-39.

张帆. 2012. 户籍制度束缚下中国人口流动模型研究及政策建议. 北京：首都经济贸易大学：13-15.

张国胜. 2009. 基于社会成本考虑的农民工市民化：一个转轨中发展大国的视角与政策选择. 中国软科学，（4）：57-69.

张杰飞. 2008. 基于二元结构人口流动模型的"民工荒"现象分析. 中国市场，（13）：88-89.

张五常. 2011. 学术上的老人与海. 北京：社会科学文献出版社：112-113.

张晓峰，张爱虎. 2013-01-18. "禾丰模式"会走向成熟. 湖北日报.

张笑寒，张瑛. 2009. 效率与公平视角下的农村土地股份合作制绩效分析. 农村经济，（1）：20-23.

张忠明，钱文荣. 2014. 不同兼业程度下的农户土地流转意愿研究：基于浙江的调查与实证. 农业经济问题，（3）：19-24.

赵国玲，杨钢桥. 2009. 农户宅基地流转意愿的影响因素分析：基于湖北二县市的农户调查研究. 长江流域资源与环境，18（12）：1121-1124.

赵俊，刘新平，李玉. 2012. 新疆农村宅基地流转的意愿调查及制约因素分析. 国土资源科技管理，29（3）：17-23.

赵俊臣. 2012-06-01. 贺雪峰错评"增人不增地、减人不减地". 中国乡村发现.

赵武，蔡宏波. 2007. 我国农村劳动力流动现状研究：关于托达罗人口流动模型的理论修正. 郑州航空工业管理学院学报（社会科学版），26（2）：165-168.

钟水映，李魁. 2009. 中国工业化和城市化过程中的农地非农化. 济南：山东人民出版社：136-140.

钟水映，李强谊，徐飞. 2016. 中国农业现代化发展水平的空间非均衡及动态演进. 中国人口资源与环境，（7）：145-152.

钟晓兰，李江涛. 2013. 农户认知视角下广东省农村土地流转意愿与流转行为研究. 资源科学，35（10）：2082-2092.

周冲，吴玲，周思山. 2011. 安徽农村土地流转实证研究. 宿州学院学报，26（6）：18.

周迪，程慧平. 2015. 中国农业现代化发展水平时空格局及趋同演变. 华南农业大学学报（社会科学版），（1）：25-35.

周妮笛，李明贤. 2013. 城市郊区农户土地流转意愿及其影响因素：基于长沙市 8 乡镇农户调查数据. 湖南农业大学学报（社会科学版），14（6）：23.

周其仁. 2013-04-16. 湄潭的贡献. 经济观察报.

周天勇，胡锋. 2007. 托达罗人口流动模型的反思和改进. 中国人口科学，（1）：18-26.

朱劲松. 2009. 我国农村剩余劳动力转移理论研究及模型分析. 商业时代，（15）：8-9.

Dagum C. 1997. A new approach to the decomposition of the gini income inequality ratio. Empirical Economics，22（4）：515-531.

Quah D. 1996. Twin peaks growth and convergence in models of distribution dynamics. The Economic Journal，106（437）：1045-1055.

后　记

　　本书是教育部人文社会科学重点研究基地重大项目"中国土地制度改革与农业现代化道路研究"的研究成果。在项目准备、开题和研究过程中得到了郭熙保教授、简新华教授、马颖教授、文建东教授的帮助和指点。研究期间，作者除了尽可能广泛涉猎相关领域理论研究成果，还在湖北、江西、安徽、河南、湖南等地农村进行了实地调查研究。这些实地调查研究，增强了作者对农业生产和土地问题认识的直观感受，对课题研究颇有启迪。尤其是参与"中国农地制度和农业经营方式创新高峰论坛"，从华生教授、贺雪峰教授、文贯中教授等一大批与会者发表的真知灼见中，受益良多。本书的出版得到教育部人文社会科学重点研究基地武汉大学经济发展研究中心的资助。在此谨对上述机构和人员表示衷心感谢。

　　课题研究计划和书稿大纲，由钟水映拟定。各章节的完成经历了初稿、集体讨论修改、最后再由钟水映改写和统筹的诸多环节。各章的参与者有：钟水映，第1～第3章与第5～第8章；李春香，第3、4、6、8章；李强谊，第1、2、7、8章；翁建发，第1、3、5章；吴珊珊，第2、6、8章。此外，王雪和肖小梅为第1章和第2章的部分内容写作进行了资料准备工作，李强谊在各章文稿统编和校对方面承担了大量工作，在此一并表示感谢。

钟水映

2017 年 5 月